ज्ञान गरिमा के
70 वर्ष

भारतीय
ज्ञानपीठ

णाणं
पयासयं
वीर नि. सं. 2470
भारतीय ज्ञानपीठ
ई. सन् 1944

संस्कार-संहिता

(जैन संस्कार-विधि)

संस्कार-संहिता

कृतिकार
पं. सनतकुमार, विनोदकुमार जैन

भारतीय ज्ञानपीठ

मूर्तिदेवी ग्रन्थमाला : हिन्दी ग्रन्थांक 59

संस्कार-संहिता
(जैन संस्कार-विधि)
पं. सनतकुमार, विनोदकुमार जैन

प्रथम संस्करण : 2016
मूल्य : 320 रुपये

ISBN 978-93-263-5471-4

प्रकाशक : **भारतीय ज्ञानपीठ**
18, इन्स्टीट्यूशनल एरिया, लोदी रोड, नयी दिल्ली-110 003

मुद्रक : विकास कम्प्यूटर ऐंड प्रिंटर्स, दिल्ली

आवरण : चन्द्रकान्त शर्मा

SANSKAR-SAHITA
(Jain Dharm)
by Pt. Sanatkumar, Vinodkumar Jain

Published by : **Bharatiya Jnanpith**
18, Institutional Area, Lodi Road, New Delhi-110 003

e-mail : bjnanpith@gmail.com, sales@jnanpith.net
website : www.jnanpith.net

First Edition : 2016
Price : Rs. 320

भूमिका

संस्कार संस्कृति के परिचायक ही नहीं, उसके नियामक भी होते हैं। संस्कार नहीं, तो संस्कृति नहीं। बात इतनी ही नहीं, संस्कार सम्यक् नहीं, तो संस्कृति भी सम्यक् नहीं, बल्कि संस्कार यदि बुरे पड़ जाएँ, तो निश्चय मानिए कि संस्कृति भी अच्छी न हो पाएगी, इसलिए संस्कारों की सजगता समृद्धशाली संस्कृति के लिए बहुत आवश्यक है, और जब संस्कार समृद्ध होंगे, तो निश्चय मानिए कि संस्कृति भी समृद्ध होगी। कुछ लोग कहते हैं कि संस्कार बन्धन बनते हैं, पर मुझे लगता है कि संस्कार बन्धन नहीं होते, संस्कार तो परम्परा के पोषक होते हैं। कई बार तो ऐसा भी लगता है कि संस्कारों से परम्परा बनती है, पर कई बार लगता है कि परम्परा के संस्कारों से जीवन बनता है। जीवन बनता ही नहीं, वह अपने चरम लक्ष्य की पूर्ति तक पहुँचता है, इसलिए मुझे तो लगता है कि संस्कार मानवीय जीवन की आधार-भूमि हैं। संस्कार सजग और सम्यक् हों, तो निश्चय है कि जीवन की गति भी अपने चरम-लक्ष्य के प्रति सजग और सम्यक् होगी, बल्कि उसे पाकर ही रहेगी।

वर्षों पहले मेरी भेंट पण्डितद्वय पण्डित सनतकुमार एवं पण्डित विनोदकुमार, रजबाँस वालों से हुई और धीरे-धीरे वह भेंट कब उनके अनन्य होने का रूप ले गयी, यह पता नहीं। इसके साथ ही साथ उनसे हुई अनेक भेंटों के दौरान न जाने कब यह बात रूप ले गयी कि संस्कारों की क्रिया में वे बड़े ही सजग व निष्ठावान् रोपयिता हैं। मैं जब से उन्हें मिला, तब से मैं यह देखता आया हूँ कि प्रतिष्ठाचार्य एवं विधानाचार्य के रूप में वे जो भी सांस्कारिक क्रियाएँ करते हैं, वे क्रियाएँ बड़ी निष्ठा और सजगता के साथ करते हैं, इसलिए उनकी क्रियाएँ फलगामी क्रियाएँ होती हैं, पर इस सब के मूल में मैंने यह पाया है कि उनके भीतर हमारी प्राचीन और वर्तमान आचार्य-परम्परा व विचार-परम्परा के गम्भीर संस्कार हैं, जिनके कारण ही वे अपनी क्रियाओं में फलदायी सिद्ध होते हैं और उन्हीं की यह 'संस्कार-संहिता' कृति आप-सब के हाथों सौंपते हुए मैं अत्यन्त आनन्द का अनुभव कर रहा हूँ। आप-सब यह जानते ही हैं कि जिस ग्रन्थ में नियम सिद्धान्तों का क्रमबद्ध निरूपण या संकलन किया गया हो, वह ग्रन्थ संहिता-ग्रन्थ कहलाता है। इस पुस्तक में संस्कारों

के सिद्धान्त नियम एवं विधि–विधान को सँजोया गया है। अतः इसका संस्कार-संहिता नाम अन्वर्थ-संज्ञा वाला है।

वस्तुतः हमारी जैन परम्परा के सैद्धान्तिक ग्रन्थ यह मानते हैं कि जीव में पड़े संस्कार जन्म-जन्मान्तर तक साथ जाते हैं, पर फिर-भी संज्ञी पञ्चेन्द्रिय–मनुष्य–जाति के जीवों को अपने इस जीवन को मनुष्य के चरम लक्ष्य सिद्धत्व की प्राप्ति में सहायक बनने हेतु वहाँ 108 संस्कारों की बात कही गयी है। यद्यपि वे-सब संस्कार अब आज कहीं होते दिखाई नहीं देते, पर शास्त्रोल्लेख तो हैं ही। इससे यह बात भी साफ है कि जैनों की संस्कार के विचार की परम्परा 108 संस्कारों का पोषण करती है, पर वहीं वर्तमान आपा-धापी और कलिकाल के मशीनी युग में हम उनमें से कुछ संस्कार ही आज कर पाते हैं, लेकिन वे संस्कार भी ठीक से हो जाएँ, हमारी विचार-परम्परा के अनुसार हो जाएँ, हमारी तन, मन, धन की शुद्धि के साथ हो जाएँ, हमारे वचन, काय व उपकरण की परिशुद्धि को भी साथ लेकर विधि-विधान से हो जाएँ, तो निश्चय ही हम लक्ष्य–गामी हो जाएँ। यद्यपि जैन विधि–विधान की फुटकर पुस्तकें व संस्कारों पर छुट-पुट लेख बहुत समय से प्रकाशित होते रहे हैं, पर जैनों की पञ्च-पाप-रहित पंचाणुव्रत व पंच–महाव्रत के पोषण की परम्परा के संस्कारों का सम्यक् शास्त्रानुकूल प्रकाशन अब तक न हो पाया था और सम्यक् विधि–विधान को आधिकारिक सन्दर्भों के आधार पर रखनेवाली पुस्तक की कमी लम्बे अन्तराल से खटक रही थी। मुझे प्रसन्नता है कि यह पुस्तक उस कमी को बहुत अंशों में पूरा करती है।

इस कृति के लेखक इसलिए बधाई के पात्र हैं कि उन्होंने इस लक्ष्य की पूर्ति में इस कृति को रचकर कदम बढ़ाया।

यद्यपि मैं संस्कारों का कोई निष्णात ज्ञाता नहीं हूँ और कर्ता भी नहीं, पर न जाने क्यों, इस कृति के लेखक कृति के लेखन काल से ही मुझे अपने से जोड़े रहे व सुझाव माँगते रहे और मैं भी अ-विषय-ज्ञ उन्हें यथा–संभव सलाह भी देता रहा तथा वे दोनों लेखक मुझ धृष्ट की सलाहों को स्वीकारते रहे, इसलिए मैं इनका और-आभारी हूँ । मैं आभारी इसलिए भी हूँ कि उन्होंने अपनी इस महत्त्वपूर्ण कृति की भूमिका लिखने के लिए मुझसे अनुरोध किया। मैं कुछ दिनों तक असमंजस में था कि मैं भूमिका उन-जैसे विधि के विद्वान् की कृति की कैसे लिखूँ, पर फिर मुझे ख्याल आया कि भूमिका लिखनी ही उसे चाहिए कि जो व्यक्ति की भूमि का हो अर्थात् जमीन का हो, जमीन से जुड़ा हुआ हो; चूँकि मैं इस कृति की जमीन से अर्थात् रचे जाने की प्रक्रिया से जुड़ा रहा हूँ, इसलिए ही शायद मुझसे भूमिका लिखने को कहा और इस भूमिका के बहाने मैंने आप-सब के सम्मुख संस्कारों को

लेकर दो-चार बातें रखीं।

कई बार ऐसा भी हुआ कि उनकी कृति तैयार हो गयी और टंकित होते-होते मैंने कृति में कुछ-और जोड़ने का उनसे अनुरोध कर दिया। जैसे पूरी कृति के तैयार होने के बाद मैंने उनसे कहा कि आप प्रत्येक संस्कार के बारे में शास्त्राधार से यह कहिए कि यह संस्कार क्यों किया जाना चाहिए?...यदि ऐसा आप कह पाये, तो कृति निश्चय ही प्रयोजन को सिद्ध करनेवाली बनेगी; और बस, मेरे अनुरोध पर वे जुट गये, उसे पूरा करने पर, परिणाम-स्वरूप उन्होंने हर संस्कार के मूल में संस्कार के प्रयोजन को उल्लिखित कर दिया। मुझे लगता है कि इससे ग्रन्थ का चमत्कार तो बढ़ा है, पर मैं आभारी हूँ अपने इन अनन्य विनम्र लेखकों का कि उन्होंने बड़ी सहजता से मेरा अनुरोध स्वीकार किया।

पूरी कृति पाँच भागों में बँटी है, पहले भाग में संस्कार के आधार-भूत विधि-विधान व आवश्यक सामग्री का उल्लेख है, दूसरे भाग में संस्कारों के स्वरूप, महत्त्व, उद्देश्य एवं विधि को प्रकाशित किया गया है। तृतीय भाग,संस्कार का है, इसमें गर्भाधान से लेकर अन्तिम-संस्कार तक के संस्कारों का स्वरूप, महत्त्व, उद्देश्य और संस्कारों की विधि का वर्णन किया गया है। चतुर्थ भाग, गृह एवं प्रतिष्ठान शुद्धि नाम से है। जिसमें गृहारम्भ, शिलान्यास, जलाशय-शुद्धि एवं वाहन-शुद्धि आदि की विधि दी है। पंचम भाग, उपसर्ग एवं दोष निवारण के लिए निश्चित किया है। इसमें उपसर्ग निवारण के साथ अशुभयोग कालसर्प, शनि साढ़ेसाती, मूल एवं नवग्रहादि दोष निवारण की विधि का संक्षेप में कथन किया है। इसलिए सम्पूर्ण कृति जैन संस्कारों की समग्रता को सम्यक् व संक्षिप्त रूप से प्रस्तुत करती है।

मुझे विश्वास है कि इस कृति से जहाँ संस्कारों को वर्षों से करने वाले अधिकारी विद्वान् लाभान्वित होंगे, वहीं संस्कारों के नवीन प्रशिक्षु अध्येता-कारयिता व कर्ता भी लाभ लेंगे और अन्त में भारतीय ज्ञानपीठ के पदाधिकारियों को मैं इसलिए बधाई देना चाहता हूँ , क्योंकि उन्होंने इसे सहर्ष प्रकाशन के लिए स्वीकारा व इसे शीघ्र प्रकाशित कर रहे हैं।

वसन्त पंचमी 2015

वृषभ प्रसाद जैन
लखनऊ

प्रस्तावना

जिस प्रकार जल में घुलनेवाली मिट्टी का घड़ा अग्नि के संस्कार से जल धारण की क्षमता प्रकट कर लेता है, उसी प्रकार सु-संस्कारों से संस्कारित आत्मा भी गुणों को प्रकट करने की क्षमता प्राप्त करता है। संस्कार प्रत्येक वस्तु एवं व्यक्ति पर अपना प्रभाव डालते हैं। निर्जीव वस्तु भी जहाँ संस्कारित होकर सामान्य से विशेष हो जाती है, वहीं व्यक्ति भी सु-संस्कार प्राप्त कर महानता प्राप्त करते हैं। संस्कारों की सभी को अनिवार्य आवश्यकता होती है।

जब तीर्थंकर प्रकृति का बन्ध करनेवाला जीव जन्म लेता है, तो गर्भ में आने के पहले से ही इसे संस्कारों की भूमिका प्रारम्भ हो जाती है। जब तद्भव मोक्ष-गामी जीव को भी संस्कारों की आवश्यकता होती है, क्योंकि दीक्षा के संस्कार के बिना उसकी कर्म-ध्वंसन की प्रक्रिया प्रारम्भ ही नहीं होती। तब-फिर सामान्य व्यक्ति यों के सन्दर्भ में तो संस्कार का महत्त्व और-अधिक बढ़ जाता है। वर्तमान में व्यक्ति संस्कारों की सम्यक् प्रक्रिया की जानकारी न होने या व्यस्ततम जीवन शैली के कारण संस्कारों के लाभ से वञ्चित हो रहे हैं। अतः व्यक्ति और समाज के निर्माण की भावना से संस्कारों के लाभ, आवश्यकता, उद्देश्य, एवं विधि की जानकारी जन-जन तक पहुँचाने के उद्देश्य से यह पुस्तक रची गयी है।

जिस ग्रन्थ में नियम सिद्धान्तों का क्रम-बद्ध-निरूपण या संकलन किया गया हो, वह ग्रन्थ संहिता-ग्रन्थ कहलाता है। इस पुस्तक में संस्कारों के सिद्धान्त, नियम एवं विधि-विधान को सँजोया गया है। इसलिए इसका नाम संस्कार संहिता रखा गया है।

संस्कारों में द्रव्य, क्षेत्र, काल, भव और भावों का विशेष महत्त्व है। कोई संस्कार कब, कैसे, क्यों, किसे, कहाँ के आधार पर ही करना श्रेयस्कर होता है, इसके सम्यक् निर्धारण के लिए इस पुस्तक में संस्कारों के क्रम, समय, मुहूर्त, अवस्था तथा संस्कारों की विधि का निरूपण किया गया है। संस्कारों की विधि के कथन का आधार मूलरूप से आचार्य जिनसेन प्रणीत आदिपुराण भाग दो है। शेष विषय अन्य आचार्यों, आर्यिका माताओं एवं विद्वानों के कथन के आधार पर है।

शक्ति -भर प्रयास यह रहा है कि इसमें कहीं भी मिथ्यात्व का पोषण न हो।

अन्य धर्म-दर्शनों की परम्परा में भी षोडश संस्कारों का कथन किया है, किन्तु जैन दर्शन में 108 संस्कारों का उल्लेख प्राप्त होता है। जिन परम्परा में ये सभी संस्कार तीर्थंकरों को केन्द्र रखकर कहे गये हैं। इनमें मनुष्य-जन्म प्राप्त कर सिद्धावस्था प्राप्ति तक की स्थिति को अनवरतता बनाने का उपाय बताया गया है। भौतिक रूप में तीर्थंकर को लक्ष्य बनाना उचित भी है, किन्तु व्यक्ति की साधना का लक्ष्य सिद्ध-दशा ही है, वह सामान्य केवली होकर भी प्राप्त किया जा सकता है। कथन आदर्श रूप में ही किया जाना उचित होता है। जिस प्रकार अर्हन्त के छियालीस मूल गुण कहे हैं, परन्तु ये मात्र तीर्थंकर अरहन्त में ही घटित होते हैं। सामान्य अरहन्त में छियालीस मूल गुण नहीं होते हैं, भाव यह है कि कथन की शैली आदर्श रूप ही होती है।

आचार्यों ने जो संस्कारों का कथन किया है, वह मूल रूप से तीर्थंकरों को ही मुख्य करके किया है। इन संस्कारों में तीर्थंकरों के साथ चक्रवर्ती का भी ग्रहण हुआ है, जो सभी तीर्थंकरों के सन्दर्भ में संभव नहीं होते। वर्तमान के चौबीस तीर्थंकरों में मात्र तीन तीर्थंकर ही चक्रवर्ती भी हुए हैं। इसी प्रकार कुछ संस्कार देव पर्याय सम्बन्धी हैं और कुछ तीर्थंकरत्व के लिए अगले भव सम्बन्धी हैं, जो पंचम काल में संभव प्रतीत नहीं होते हैं। अत: 108 संस्कार की क्रियाओं में से जो क्रियाएँ गृहस्थ श्रावक के लिए अनिवार्य, आवश्यक एवं अपनाने योग्य हैं, उन्हें गृहस्थ की भूमिकानुसार इस पुस्तक में दिया जा रहा है। इसके साथ ही काल-सर्प, शनि की साढ़ेसाती, मूल एवं नवग्रहादि दोष, वाहन-शुद्धि-संस्कार, जल-शुद्धि आदि के स्वरूप का उल्लेख करते हुए इनके निवारण की विधि, जाप आदि उपायों को दिया गया है, क्योंकि वर्तमान में जो लोग इनके स्वरूप से अनविज्ञ हैं, वे इनसे भयभीत होकर मिथ्यात्व में लग जाते हैं। इसी प्रकार अन्तिम संस्कार में भी जानकारी के अभाव में अनेक मिथ्या क्रियाएँ की जाती हैं। इन सब के निराकरण के लिए आगमोक्त विधि-विधान दिये गये हैं, जिससे गृहस्थ श्रावक-जन लाभ ले सकें।

संस्कारों की समस्त विषय-वस्तु को पाँच खंडों में विभाजित किया गया है। प्रथम खंड पूजा-विधि का है। इसमें पूजा करने के लिए आवश्यक सामग्री दी गयी है। दूसरा खंड अनुष्ठान-विधि का है, इसमें जाप और हवन की विधि को सँजोया गया है। जो प्रत्येक संस्कार में की जाती है। तृतीय खंड संस्कार का है, इसमें गर्भाधान से लेकर अन्तिम संस्कार तक के संस्कारों का स्वरूप, महत्त्व, उद्देश्य और संस्कारों की विधि का वर्णन किया गया है। चतुर्थ खंड गृह एवं प्रतिष्ठान शुद्धि नाम से है। जिसमें गृहारम्भ, शिलान्यास, जलाशय-शुद्धि एवं वाहन-शुद्धि आदि की विधि दी है। पंचम खंड उपसर्ग एवं दोष निवारण के लिए निश्चित किया है। इसमें

उपसर्ग निवारण के साथ अशुभयोग कालसर्प, शनि साढ़ेसाती, मूल एवं नवग्रहादि-दोष निवारण की विधि का संक्षेप में कथन किया है। जिससे गृहस्थ श्रावक-जन मिथ्यात्व से बच सकें।

इस पुस्तक के लेखन में संस्कारों की अनेक पुस्तकों का आश्रय लिया है। उसकी सूची इस पुस्तक के अन्त में दी गयी है। हम उन सभी लेखकों का आभार मानते हैं।

अनेक आचार्य, मुनि, आर्यिका माताओं का आशीर्वाद प्राप्त कर हम इस कार्य को करने में सक्षम हो सके। आचार्य विद्यानन्द जी, गणाचार्य विरागसागर जी, आचार्य विशुद्धसागर जी, आचार्य विभवसागर जी, ऐलाचार्य प्रज्ञसागर जी, ऐलाचार्य अतिवीर सागर जी, मुनि श्री सुधासागर जी, गणिनी आर्यिका ज्ञानमती माताजी आदि अनेक साधु-सन्तों से विचार-विमर्श कर विषय को परिमार्जित किया गया है। उनके चरणों में हम सादर नमोस्तु/वन्दामि निवेदित करते हैं।

डॉ. वृषभप्रसाद जी का हमें विशेष निर्देश एवं विषय को गम्भीरता प्रदान करने में अपूर्व सहयोग प्राप्त हुआ, उनके हम सदा ऋणी रहेंगे। पं.गुलाबचन्द्र जी पुष्प, टीकमगढ., पं. रतनलाल जी, बैनाड़ा आगरा, ब्र.जयकुमार जी निशान्त, डॉ. श्रेयांसकुमार जी जैन, बड़ौत, प्राचार्य अरुणकुमार जैन, ब्यावर और डॉ. सुरेन्द्रकुमार जैन, बुरहानपुर, आदि मनीषी विद्वानों से मार्गदर्शन प्राप्त हुआ, हम आप-सभी विद्वानों के प्रति श्रद्धावनत हैं। डॉ. भरतकुमार शास्त्री, इन्दौर, डॉ. बाहुबलीकुमार शास्त्री, किशनगढ़ ने इस पुस्तक के लेखन, सामग्री संकलन, कम्पोजिंग, प्रूफरीडिंग आदि कार्यों में सहयोग प्रदान किया है, उसके लिए वे धन्यवाद के पात्र हैं।

इसके प्रकाशन की स्वीकृति भारतीय ज्ञानपीठ, नयी दिल्ली ने प्रदान की, उनके प्रति हम कृतज्ञता ज्ञापित करते हैं जिन्होंने इसके प्रकाशन में प्रत्यक्ष या परोक्ष रूप से सहयोग दिया है, उन-सबका भी हम आभार मानते हैं।

इस कृति से संस्कार प्राप्त कर संसारी जीव मोक्ष-मार्ग में अग्रणी हो सकें, तो मैं अपना श्रम सार्थक समझूँगा ।

पं. सनतकुमार, विनोदकुमार जैन

रजबाँस, (सागर म. प्र.)

विषयानुक्रम

प्रथम खण्ड

विधि-विधान

जिनाभिषेक

जिन-बिम्ब के ऊपर प्रासुक जल की धारा करना, एवं साक्षात भगवान के स्पर्श करने का भाव अभिषेक है। भगवान के स्पर्श से मन आह्लाद से भर जाता है। भगवान की निकटता से भावों की विशुद्धि होती है, कषाय मन्द होते-जाते हैं, जिससे शुभास्रव होता है। अत: श्रावकों को पापों की निवृत्ति के लिए प्रतिदिन जिनाभिषेक करना चाहिए।

प्राकृतभाषा की भक्तियों में आचार्य कुन्दकुन्द स्वामी ने दूसरी (127 से 179 ई.)शताब्दी एवं संस्कृतभाषा की भक्ति यों में आचार्य पूज्यपाद स्वामी ने पाँचवीं शताब्दी में **दिव्वेण ण्हाणेण** अर्थात् न्हवन शब्द का उल्लेख किया है। आचार्य यतिवृषभस्वामी ने दूसरी शताब्दी में **जिणाभिसेयं** का कथन किया है। आचार्य जिनसेन स्वामी ने आदिपुराण में जिनाभिषेक का वर्णन कर अभिषेक की प्राचीनता की पुष्टि की है। अभिषेक, प्रक्षाल, न्हवन और स्नपन आदि एकार्थवाची हैं।

जब से मन्दिर और प्रतिमा का अस्तित्व है, तब से ही अभिषेक, पूजा का सद्भाव प्राप्त होता है। अकृत्रिम जिनालय और जिनबिम्ब अनादि-अनिधन हैं, अत: अभिषेक एवं पूजा भी अनादिकाल से गतिमान है।

अभिषेक के भेद–आचार्यों ने चार प्रकार के अभिषेक का वर्णन किया है।

1. जन्माभिषेक–जिसमें सौधर्म इन्द्र तीर्थंकर बालक को पाण्डुक शिला पर ले जाकर जो अभिषेक किया जाता है, वह जन्माभिषेक है।

2. राज्याभिषेक–तीर्थंकर कुमार का राज्य-तिलक के समय जो अभिषेक किया जाता है, वह राज्याभिषेक है।

3. दीक्षाभिषेक–तीर्थंकर के वैराग्य प्रकट होने पर, दीक्षा लेने के पूर्व जो अभिषेक किया जाता है, वह दीक्षाभिषेक है।

4. जिनबिम्बाभिषेक–जिनबिम्ब प्रतिष्ठा में केवलज्ञान कल्याणक के पश्चात् या अर्हन्त् भगवान के बिम्ब की पूजन के समय जो अभिषेक किया जाता है, वह जिनाभिषेक, जिनबिम्बाभिषेक या प्रतिमाभिषेक है।[1]

अभिषेक-विधि–स्नानकर शुद्ध धोती दुपट्टा धारणकर अभिषेक की प्रतिज्ञा

पूर्वक, पीठिका पर केशर से श्रीकार लिखें, सिंहासन पर जिनबिम्ब को पूर्व या उत्तर मुख विराजमान कर स्थिति के अनुसार स्वयं उत्तर या पूर्व मुख खड़े हों, अर्घ्य चढ़ाएँ, चारों कोणों पर चार कलश स्थापित करें, पाप रूपी मैल के प्रक्षालन के लिए आत्म-शुद्धि के भाव से शुद्ध प्रासुक जल से मन्त्रोच्चारण-पूर्वक जिनेन्द्र भगवान का अभिषेक करना चाहिए।

शान्तिधारा–भगवान के समक्ष मन्त्रोच्चार पूर्वक धारा देने में ऐसी विद्युत-शक्ति उत्पन्न होती है, जिससे व्यक्ति का अन्तर्द्वन्द शान्त हो जाता है। नैतिक भावनाओं का उदय होता है परिणाम-स्वरूप अनैतिक वासनाओं का दमन होकर नैतिक संस्कार उत्पन्न होते हैं, ज्ञान का प्रकाश फैलता है। मन्त्रों के निरन्तर उच्चारण, स्मरण और चिन्तन से आत्मा की बहु-विध शक्तियाँ जागृत होती हैं। इस प्रकार भावों की विशुद्धि, आत्म-शोधन एवं मन के विकारी भाव समाप्त हो जाते हैं।

गृहस्थ के जीवन में मानसिक, वाचनिक, कायिक अन्तरंग एवं बाह्य दोष लगने पर शान्तिधारा कर दोषों के शमन विधान है। शान्तिधारा के समय णमोकार मन्त्र का स्मरण एवं सभी जीवों के कल्याण की भावना करनी चाहिए।

अभिषेक की सावधानियाँ–

1. छने हुए जल से स्नानकर, शुद्ध धोती दुपट्टा पहनकर अभिषेक करें।
2. प्राशुक जल से अभिषेक करें। दोहरे मोटे वस्त्र से छना गर्म जल प्रासुक होता है। यदि लौंग से प्रासुक करें, तो लौंग पीसकर इतनी डालें कि पानी का स्वाद और रंग बदल जाए।
3. जल से सर्वांग शुद्धि करके शरीर/अंग में नौ स्थानों पर चन्दन लगाकर ही अभिषेक करें।
4. अभिषेक के कलश से हाथ न धोएँ। हाथ धोने का जल अलग रखें।
5. प्रतिमा के ऊपर वस्त्र रखकर अभिषेक न करें।
6. प्रतिमा उठाने के पहले नौ बार णमोकार मन्त्र का जाप करें।
7. प्रतिमा को विनय-पूर्वक दोनों हाथों से उठाएँ।
8. अभिषेक के लिए धातु की प्रतिमा ही उठाएँ। पाषाण की प्रतिमा का वहीं गीले कपड़े से मार्जन करें।
9. प्रतिमा को अभिषेक के लिए पाण्डुकशिला पर विराजमान न करें।
10. प्रतिमा अरहन्त अवस्था की है अतः जिनबिम्ब का जन्माभिषेक पाठ पढ़ते हुए अभिषेक न करें।
11. दोनों हाथों से कलश लेकर मन्त्रोच्चारण करते हुए अभिषेक करें।
12. एकदम सामने खड़े होकर भगवान का अभिषेक न करें। ध्यान रखें कि

अभिषेक देखनेवालों को परेशानी न हो।

13. अभिषेक करते समय गन्धोदक नीचे या इधर-उधर नहीं गिरना चाहिए।
14. यदि अधिक लोग हों, तो पंक्ति से आकर क्रम-पूर्वक अभिषेक करें।
15. मार्जन करते समय प्रतिमा को आड़ा, तिरछा या उल्टा न करें।
16. प्रतिमा के भीतर से जल निकालने के लिए नुकीले तार आदि का प्रयोग न करें।
17. परिमार्जन का वस्त्र स्वच्छ एवं धुला होना चाहिए।
18. प्रतिमा को वेदी में विराजमान करने के बाद ही गन्धोदक लेना चाहिए।
19. बिना हाथ धोये गन्धोदक न लेवें।
20. महाव्रती, देशव्रती, विद्वान् एवं पूजा करने वालों को पहले गन्धोदक लेना चाहिए।
21. एक दिन में एक प्रतिमा का अनेक बार अभिषेक न हो, ऐसा प्रयास करना चाहिए।
22. शान्तिधारा के समय वाद्य-यन्त्रों की ध्वनि एवं किसी प्रकार का शोर नहीं होना चाहिए। सभी लोग मौन-पूर्वक शान्तिधारा की अनुमोदना करें।
23. शान्तिधारा के समय जल निकालने की समुचित व्यवस्था होना चाहिए।

अभिषेक की सामग्री–अष्ट द्रव्य, प्रासुक जल, अभिषेक के चार कलश, झारी, हाथ धोने का जल एवं पात्र, मार्जन का वस्त्र, केशर, अभिषेक की पीठिका, थाल, चौका, सिंहासन, गन्धोदक का बर्तन आदि।

मंगलाचरण

मंगलं भगवान वीरो, मंगलं गौतमो गणी।
मंगलं कुन्दकुन्दार्यो, जैनधर्मोऽस्तु मंगलम्॥ 1॥
नमः स्यादर्हद्भ्यो, विततगुण-राड्भ्यस्त्रिभुवने,
नमः स्यात्सिद्धेभ्यो, विगतगुणवद्भ्यःसविनयम्।
नमो ह्याचार्येभ्यः, सुरगुरुनिकारो भवति यैः,
उपाध्येभ्योऽथ, प्रवरमति धृद्भ्योऽस्तु च नमः॥ 2॥
नमः स्यात् साधुभ्यो, जगदुदधिनौभ्यः सुरुचितः,
इदं तत्त्वं मन्त्रं, पठति शुभकार्ये यदि जनः।
असारे संसारे, तव पदयुग-ध्यान-निरतः।
सुसिद्धः सम्पन्नः, स हि भवति दीर्घायुररुजः॥ 3॥
अर्हन्तो भगवन्त इन्द्रमहिताः, सिद्धाश्च सिद्धीश्वराः,
आचार्या जिनशासनोन्नतिकराः, पूज्या उपाध्यायकाः।
श्री सिद्धान्त-सुपाठका मुनिवराः, रत्नत्रयाराधकाः,
पञ्चैते परमेष्ठिनः प्रतिदिनं, कुर्वन्तु नो मंगलम्॥ 4॥

मंगलाष्टक

श्रीमन्नम्र-सुरासुरेन्द्र-मुकुट-प्रद्योतरत्नप्रभा,
भास्वत्पाद नखेन्दवः प्रवचनाम्भोधीन्दवः स्थायिनः।
ये सर्वे जिन-सिद्ध-सूर्यनुगतास्ते पाठक साधवः,
स्तुत्या योगिजनैश्च पञ्च गुरुवः कुर्वन्तु नो मंगलम्॥ 1॥
सम्यग्दर्शनं बोध वृत्तममलं रत्नत्रयं पावनं,
मुक्ति-श्री नगराधिनाथ जिनपत्युक्तोऽपवर्गप्रदः।

धर्मः सूक्ति सुधा च चैत्यमखिलं चैत्यालयं श्रयालयं,
प्रोक्तं च त्रिविधं चतुर्विधममी कुर्वन्तु नो मंगलम्॥ 2॥
नाभेयादि-जिनाः प्रशस्त-वदनाः ख्याताश्चतुर्विंशतिः,
श्रीमन्तो भरतेश्वर-प्रभृतयो ये चक्रिणो द्वादश।
ये विष्णु प्रतिविष्णु लांगलधराः सप्तोत्तरा विंशतिस्,
त्रैकाल्ये प्रथितास्त्रिषष्टिपुरुषाः कुर्वन्तु नो मंगलम्॥ 3॥
ये सर्वौषधि ऋद्धयः सुतपसो वृद्धिं गता पञ्च ये ,
ये चाष्टांग महानिमित्त कुशलाश्चाष्टौ वियच्चारिणः।
पञ्चज्ञान धरास्त्रयोऽपि बलिनो ये बुद्धिऋद्धीश्वरा,
सप्तैते सकलार्चिता मुनिवराः कुर्वन्तु नो मंगलम्॥ 4॥
ज्योतिर्व्यन्तर भावनामर गृहे मेरौ कुलाद्रौ स्थिताः,
जम्बू शाल्मलि चैत्यशाखिषु तथा वक्षार रूप्याद्रिषु।
इष्वाकारगिरौ च कुंडलनगे द्वीपे च नन्दीश्वरे,
शैले ये मनुजोत्तरे जिनगृहाः कुर्वन्तु नो मंगलम्॥ 5॥
कैलासे वृषभस्य निर्वृतिमही वीरस्य पावापुरे,
चम्पायां वसुपूज्य सज्जिनपते सम्मेदशैलेऽर्हताम्।
शेषाणामपि चोर्जयन्त शिखरे नेमीश्वरस्यार्हतो,
निर्वाणावनयः प्रसिद्ध विभवाः कुर्वन्तु नो मंगलम्॥ 6॥
सर्पो हारलता भवत्यसि लता सत्पुष्पदामायते,
सम्पद्येत रसायनं विषमपि प्रीतिं विधत्ते रिपुः।
देवा यान्ति वशं प्रसन्न मनसः किं वा बहु ब्रूमहे,
धर्मादेव नभोऽपि वर्षतितरां कुर्वन्तु नो मंगलम् ॥ 7॥
यो गर्भावतरोत्सवो भगवतां जन्माभिषेकोत्सवो,
यो जातः परिनिष्क्रमेण विभवो यः केवलज्ञानभाक् ।
यः कैवल्यपुरप्रवेश महिमा सम्पादितः स्वर्गिभिः,
कल्याणानि च तानि पंच सततं कुर्वन्तु नो मंगलम्॥ 8॥
इत्थं श्री जिनमंगलाष्टकमिदं सौभाग्य सम्पतकरम्,
कल्याणेषु महोत्सवेषु सुधियस्तीर्थंकराणामुषा ।
ये शृण्वन्ति पठन्ति तैश्च सुजनैर्धर्मार्थ कामान्विता,
लक्ष्मीराश्रयते व्यपायरहिता निर्वाणलक्ष्मीरपि॥ 9॥

प्रत्येक श्लोक के बाद पुष्प क्षेपण करें।

ॐ ह्रां ह्रीं ह्रूं ह्रौं ह्रः नमोऽर्हते भगवते श्रीमत्पद्म महापद्म तिगिञ्छ केसरि

महापुण्डरीक पुण्डरीक गंगा सिन्धु रोहिद्रोहितास्या हरिद्धरिकान्ता सीता-सीतोदा नारीनरकान्ता सुवर्णरूप्यकूला रक्ता-रक्तोदा क्षीराम्भोनिधि जलं सुवर्ण घट प्रक्षिप्तं नवरत्नगन्धाक्षत पुष्पार्चितामोदकं पवित्रं कुरु-कुरु झं झं झ्रौं झ्रौं वं वं मं मं हं हं सं सं तं तं पं पं द्रां द्रां द्रीं द्रीं हं सः स्वाहा।

जल शुद्धि करें

ॐ ह्रीं अमृते अमृतोद्भवे अमृतवर्षिणी अमृतं स्रावय-स्रावय सं सं क्लीं क्लीं ब्लूं ब्लूं द्रां द्रां द्रीं द्रीं द्रावय द्रावय हं सं वीं क्ष्वीं हं सः स्वाहा।

शिर पर जल डालें

शोधये सर्व पात्राणि पूजार्थानपि वारिभिः।
समाहितो यथाम्नायं करोमि सकलीक्रियाम्॥

ॐ ह्रां ह्रीं ह्रूं ह्रौं ह्रः नमोऽर्हते श्रीमते पवित्रतर जलेन पात्रशुद्धिं करोमि स्वाहा॥

प्रासुक जल से पूजा के वर्तन चौकी चटाई आदि की शुद्धि करें

ॐ ह्रीं अर्हं झ्रौं झ्रौं वं मं हं सं तं पं वीं क्ष्वीं हं सः अ सि आ उ सा समस्त तीर्थ पवित्रजलेन शुद्धपात्रनिक्षिप्त पूजा द्रव्याणि शोधयामि स्वाहा।

पूजा द्रव्य शुद्ध करें

पात्रे.र्पितं चन्दनमोषधीशं शुभ्रं सुगन्धाहृच्-चञ्चरीकं।
स्थाने नवांकेतिलकायचर्च्यं न केवलं देहविकारहेतोः॥
ॐ ह्रां ह्रीं ह्रूं ह्रौं ह्रः मम सर्वांग शुद्धिं कुरु-कुरु।

नव तिलक करें

श्रीमन्मन्दर मस्तके शुचिजलैर्धौते सदर्भाक्षतैः।
पीठे मुक्ति वरं निधाय रचितां त्वत्पादपद्मस्त्रजं॥
इन्द्रो-हं निजभूषणार्थकमिदं यज्ञोपवीतं दधे।
मुद्राकंकण शेखराण्यपि तथा जैनाभिषेकोत्सवे।
ॐ ह्रीं इन्द्रोचिताभूषणानि अवधारयामि।

हार, मुकुट, यज्ञोपवीत आदि धारण करें

ॐ ह्रीं मही पूतां कुरु-कुरु हूं फट् स्वाहा ।

भूमि को जल से शुद्ध करें

ॐ ह्रीं श्रीं क्षीं भूः स्वाहा ।

भूमि पर पुष्प क्षेपण करें

ॐ ह्रां णमो अरहन्ताणं ह्रां पूर्व दिशातः आगत विघ्नान् निवारय निवारय मां रक्ष रक्ष हूं फट् स्वाहा।

ॐ ह्रीं णमो सिद्धाणं ह्रीं दक्षिण दिशातः आगत विघ्नान् निवारय निवारय मां रक्ष रक्ष हूं फट् स्वाहा।

ॐ ह्रूं णमो आइरियाणं ह्रूं पश्चिम दिशातः आगत विघ्नान् निवारय निवारय मां रक्ष रक्ष हूं फट् स्वाहा।

ॐ ह्रौं णमो उवज्झायाणं ह्रौं उत्तर दिशातः आगत विघ्नान् निवारय निवारय मां रक्ष रक्ष हूं फट् स्वाहा ।

ॐ ह्रः णमो लोएसव्वसाहूणं ह्रः सर्व दिशातः आगत विघ्नान् निवारय निवारय मां रक्ष रक्ष हूं फट् स्वाहा ।

दिग्बन्धन करें

ॐ हूं क्षूं फट् किरिटिं किरिटिं घातय घातय पर विघ्नान् स्फोटय स्फोटय सहस्त्र खंडान् कुरु-कुरु परमुद्रां छिन्द-छिन्द परमन्त्रान् भिन्द-भिन्द क्षः क्षः हूं फट् स्वाहा।

स्वयं के ऊपर पुष्प क्षेपण करें

ॐ नमोऽर्हते भगवते प्रक्षीणाशेषदोष-कल्मषाय दिव्य तेजोमूर्तये नमः श्रीशान्तिनाथाय शान्तिकराय सर्व विघ्नप्रणाशनाय सर्वरोगापमृत्यु विनाशनाय सर्वपरकृच्छुद्रोपद्रव विनाशनाय सर्व- क्षाम-डामर-विनाशनाय ॐ ह्रां ह्रीं ह्रूं ह्रौं ह्रः अ सि आ उ सा नमः सर्वशान्तिं तुष्टिं पुष्टिं च कुरु-कुरु स्वाहा ।

सभी दिशाओं में पुष्प क्षेपण करें।

अभिषेक पाठ

श्रीमन्नतामरशिरस्तट-रत्नदीप्ति,तोयाव-भासिचरणाम्बुज-युग्ममीशम्।
अर्हन्तमुन्नत-पद-प्रदमाभिनम्य,त्वन्मूर्ति-षूद्यदभिषेक-विधिं करिष्ये॥

अथ पौर्वाह्निक/माध्याह्निक/आपराह्निक देववन्दनायां पूर्वाचार्यानुक्रमेण सकल कर्मक्षयार्थं भावपूजा-वन्दना-स्तव-समेतं श्रीपञ्च-महागुरुभक्ति-कायोत्सर्गं करोम्यहम्।

या: कृत्रिमास्तदितरा: प्रतिमा जिनस्य,
संस्नापयन्ति पुरुहूत-मुखादयस्ता:।
सद्भाव-लब्धि-समयादि-निमित्त-योगात्,
तत्रैवमुज्ज्वल-धिया कुसुमं क्षिपामि॥

ॐ ह्रीं अभिषेक-प्रतिज्ञायै पुष्पाञ्जलिं क्षिपामि।

श्रीपीठक्लृप्ते विशदाक्षतौघै:, श्रीप्रस्तरे पूर्ण- शशांककल्पे।
श्रीवर्तके चन्द्रमसीति वार्ता, सत्यापयन्तीं श्रियमालिखामि॥

ॐ ह्रीं अर्हं श्रीकार-लेखनं करोमि।

कनकाद्रि-निभं कम्रं पावनं पुण्य-कारणं।
स्थापयामि परं पीठं जिनस्नपनाय भक्तित:॥

ॐ ह्रीं पीठ (सिंहासन) स्थापनं करोमि।

भृंगारचामर-सुदर्पण-पीठकुम्भ-
तालध्वजातप-निवारक-भूषिताग्रे।
वर्धस्वनन्द जयपाठपदावलीभि:,
सिंहासनेजिन! भवन्तमहं श्रयामि॥
वृषवादिसुवीरान्तान् जन्माप्तौ जिष्णुचर्चितान्।
स्थापयाम्यभिषेकाय भक्त्या पीठे महोत्सवम्॥

ॐ ह्रीं श्रीधर्मतीर्थाधिनाथ! भगवन्निह स्नपन-पीठे सिंहासने तिष्ठ-

तिष्ठ इति-प्रतिमा-स्थापनं करोमि।

श्रीतीर्थकृत्स्नपन - वर्य-विधौ - सुरेन्द्रः,
क्षीराब्धि-वारिभि-रपूरय-दुद्घ-कुम्भान्।
यास्तांदृशानिव विभाव्य यथार्हणीयान्,
संस्थापये कुसुम - चन्दन - भूषिताग्रान्॥
शात-कुम्भीय-कुम्भौघान् क्षीराब्धेस्तोय-पूरितान्।
स्थापयामि जिनस्नान-चन्दनादि-सुचर्चितान्।

ॐ ह्रीं स्वस्तये चतुःकोणेषु चतुःकलश-स्थापनं करोमि।

आनन्द - निर्भर - सुर - प्रमदादिगानै-
र्वादित्र - पूर जय - शब्द - कलप्रशस्तैः।
उद्गीयमान - जगतीपति - कीर्तिमेनाम्,
पीठस्थलीं वसु-विधार्चन-योल्लसामि॥

ॐ ह्रीं स्नपनपीठ-स्थितजिनायार्घ्यं निर्वपामीति स्वाहा ।

कर्मप्रबन्ध-निगडै-रपि हीनताप्तम्,
ज्ञात्वापि भक्ति-वशतः परमादिदेवम्
त्वां स्वीय-कल्मष-गणोन्मथनाय देव,
शुद्धोदकै-रभिनयामि नयार्थ तत्त्वम्॥

ॐ ह्रीं श्रीं क्लीं ऐं अर्हं वं मं हं सं तं पं वं वं मं मं हं हं सं सं तं तं पं पं झं झं झ्वीं झ्वीं क्ष्वीं क्ष्वीं द्रां द्रां द्रीं द्रीं द्रावय द्रावय नमोऽर्हते भगवते श्रीमते पवित्रतरजलेन जिनमभिषेचयामि स्वाहा।

तीर्थोत्तम-भवै-नीरै-क्षीर-वारिधि-रूपकैः।
स्नपयामि सुजन्माप्तान् जिनान् सर्वार्थ-सिद्धिदान्॥

ॐ ह्रीं श्री वृषभादिवीरान्तान् जलेन स्नपयामि।

सकल भुवननाथं जिनेन्द्रं सुरेन्द्रै-
रभिषव-विधि माप्तं स्नातकं स्नापयामः।
यदभिषवन-वारां, बिन्दु-रेकोऽपि नृणां।
प्रभवति हि विधातुं भुक्ति सन्मुक्ति लक्ष्मीम्॥

ॐ ह्रीं श्रीं क्लीं ऐं अर्हं वं मं हं सं तं पं वं वं मं मं हं हं सं सं तं तं पं पं झं झं झ्वीं झ्वीं क्ष्वीं क्ष्वीं द्रां द्रां द्रीं द्रीं हं झं झ्वीं क्ष्वीं हं सः झं वं ह्रः यः सः क्षां क्षीं क्षूं क्षें क्षैं क्षों क्षौं क्षं क्षः क्ष्वीं ह्रां ह्रीं ह्रूं ह्रें ह्रैं ह्रों ह्रौं ह्रं ह्रः ह्रीं द्रां द्रीं नमोऽर्हते भगवते श्रीमते ठः ठः इति वृहच्छान्ति मन्त्रेणाभिषेकं करोमि।

यहाँ शान्तिधारा करें

पानीय-चन्दन-सदक्षत-पुष्पपुञ्ज-नैवेद्य-दीपक-सुधूप-फल-व्रजेन।
कर्माष्टक-क्रथनवीर-मनन्तशक्तिं, सम्पूजयामि महसा महसां निधानम्

ॐ ह्रीं अभिषेकान्ते श्रीवृषभादि वीरान्तेभ्योऽर्घ्यं निर्व. स्वाहा।

हे तीर्थपा! निज-यशोधवली-कृताशाः,
सिद्धौषधाश्च भवदुःख-महा-गदानाम्।
सद्भव्य-हृज्जनित-पंक-कबन्ध-कल्पाः,
यूयं जिनाः सतत-शान्तिकरा भवन्तु॥

शान्त्यर्थं पुष्पांजलिं क्षिपामि।

नत्वा मुहुर्निज-करै-रमृतोप मेयैः, स्वच्छै-र्जिनेन्द्र तव चन्द्रकरावदातैः
शुद्धांशुकेन विमलेन नितान्तरम्ये, देहेस्थितान् जलकणान्परिमार्जयामि

ॐ ह्रीं अमलांशुकेन जिनबिम्ब मार्जनं करोमि।

स्नानं विधाय भवतोष्ट-सहस्रनाम्ना-
मुच्चारणेन मनसो वचसो विशुद्धिम्।
जिघृक्षु-रिष्ट-मिनते-ष्ट-मयीं विधातुं,
सिंहासने विधि-वदत्र निवेशयामि॥

ॐ ह्रीं सिंहासने जिनबिम्बं स्थापयामि।

जल-गन्धाक्षतैः पुष्पैश्चरु-दीप-सुधूपकैः।
फलैरर्घ्यै-र्जिनमर्चे जन्मदुःखापहानये॥

ॐ ह्रीं श्री पीठस्थितजिनायार्घ्यं निर्वपामीति स्वाहा।

नत्वा परीत्य निजनेत्र-ललाटयोश्च, व्याप्तं क्षणेन हरतादघ-सञ्चयं मे।
शुद्धोदकं जिनपते! तव पाद-योगाद्, भूयाद् भवातपहरं धृत-मादरेण॥
मुक्तिश्री-वनिताकरोदकमिदं पुण्यांकुरोत्पादकं,
नागेन्द्र-त्रिदशेन्द्रचक्रपदवी-राज्याभिषेकोदकम्।
सम्यग्ज्ञान-चरित्र-दर्शन-लता-संवृद्धि-सम्पादकं,
कीर्तिश्री जयसाधकं तव जिन! स्नानस्य गन्धोदकम्॥

ॐ ह्रीं जिनगन्धोदकं स्वललाटे धारयामि।

गन्धोदक मस्तक पर लगावें।

इमे नेत्रे जाते सुकृत-जलसिक्ते सफलिते,
ममेदं मानुष्यं कृतीजन-गणादेय-मभवत्।
मदीयाद् भल्लाटा-दशुभतर-कर्माटन मभूत्,
सदेदृक् पुण्यौघौ मम भवतु ते पूजनविधौ॥

पुष्पाञ्जलिं क्षिपेत्।

शान्तिधारा

ॐ ह्रीं श्रीं क्लीं ऐं अर्हं वं मं हं सं तं पं वं वं मं मं हं हं सं सं तं तं पं पं झं झं झ्वीं झ्वीं क्ष्वीं क्ष्वीं द्रां द्रां द्रीं द्रीं द्रावय द्रावय नमोऽर्हते भगवते श्रीमते ॐ ह्रीं क्रौं अस्माकं................. पापं खंड खंड हन हन दह दह पच पच पाचय पाचय अर्हन् झं झ्वीं क्ष्वीं हं सः झं वं हः पः हः क्षां क्षीं क्षूं क्षें क्षैं क्षों क्षौं क्षं क्षः क्ष्वीं ह्रां ह्रीं ह्रूं ह्रें ह्रैं ह्रों ह्रौं ह्रं ह्रः द्रां द्रां द्रीं द्रीं द्रावय द्रावय नमोऽर्हते भगवते श्रीमते ठः ठः अस्माकं........श्रीरस्तु, वृद्धिरस्तु, तुष्टिरस्तु, पुष्टिरस्तु, शान्तिरस्तु कान्तिरस्तु, कल्याणमस्तु स्वाहा एवं अस्माकं........... कार्यसिद्ध्यर्थं, सर्वविघ्ननिवारणार्थं, श्रीमद् भगवदर्हत्सर्वज्ञ परमेष्ठि परम पवित्राय नमो नमः श्रीशान्ति-भट्टारक- पादपद्मप्रसादाद् अस्माकं........... सद्धर्म-श्री बलायुरारोग्यैश्वर्याभिवृद्धिरस्तु। स्वशिष्य-परशिष्य-वर्गाः प्रसीदन्तु नः श्रीवृषभादिवर्धमान-पर्यन्ताश्च चतुर्विंशत्यर्हन्तो भगवन्तः सर्वज्ञाः परम मङ्गल-नामधेया इहामुत्र च सिद्धिं तन्वन्तु सद्धर्मकार्येषु इहामुत्र च सिद्धिं प्रयच्छन्तु नः।

ॐ नमः सिद्धेभ्यः श्रीवीतरागाय नमः नमोऽर्हते भगवते श्रीमते श्रीपार्श्वतीर्थंकराय द्वादशगण परिवेष्टिताय,शुक्लध्यान पवित्राय, सर्वज्ञाय, स्वयंभुवे, सिद्धाय, बुद्धाय, परमात्मने, परमसुखाय, त्रैलोक्य महीव्याप्ताय, अनन्तसंसारचक्र परिमर्दनाय, अनन्तदर्शनाय, अनन्तज्ञानाय, अनन्तवीर्याय, अनन्तसुखाय, त्रैलोक्यवशंकराय सत्यज्ञानाय, सत्यब्रह्मणे, धरणेन्द्र फणामण्डल-मण्डिताय, ऋष्यार्यिका-श्रावक-श्राविका चतुःसंघोपसर्ग विनाशनाय, श्रीजिनपूजनप्रसादात् अस्माकं................. सेवकानां सर्व-रोग-शोक-भय-पीड़ा विनाशनं भवतु। नमोऽर्हते भगवते प्रक्षीणाशेष-दोष-कल्मषाय दिव्यतेजोमूर्तये-श्रीशान्तिनाथाय-शान्तिकराय सर्वविघ्नप्रणाशनाय सर्वरोगापमृत्यु-विनाशनाय सर्वपरकृतक्षुद्रोपद्रव-विनाशनाय सर्वारिष्ट शान्तिकराय ॐ ह्रां ह्रीं ह्रूं ह्रौं ह्रः अ सि आ उ सा नमः मम सर्वशान्तिं कुरु-कुरु स्वाहा। अपवादमस्माकं छिन्धि छिन्धि भिन्धि भिन्धि, मृत्युं छिन्धि छिन्धि भिन्धि भिन्धि, क्रोधं-पापं-वैरं च छिन्धि छिन्धि भिन्धि भिन्धि, अग्निवायुभयं छिन्धि छिन्धि भिन्धि भिन्धि, सर्वशत्रुविघ्नं छिन्धि छिन्धि भिन्धि भिन्धि, सर्वोपसर्गं छिन्धि छिन्धि भिन्धि भिन्धि, सर्वराज्यभयं छिन्धि छिन्धि भिन्धि भिन्धि, सर्वपरमन्त्रं छिन्धि छिन्धि भिन्धि भिन्धि, सर्वात्मघातं

परघातं च छिन्धि छिन्धि भिन्धि भिन्धि, सर्वशूलरोगं, कुक्षिरोगं, अक्षिरोगं, शिरोरोगं, ज्वररोगं च छिन्धि छिन्धि भिन्धि भिन्धि, सर्वनरमारिं छिन्धि छिन्धि भिन्धि भिन्धि, सर्वगजाश्व-गोमहिष-अजमारिं छिन्धि छिन्धि भिन्धि भिन्धि,सर्वासस्य-धान्य-वृक्ष लतागुल्म -पत्रपुष्प -फलमारिं छिन्धि छिन्धि भिन्धि भिन्धि, सर्वराष्ट्रमारिं छिन्धि छिन्धि भिन्धि भिन्धि, सर्व-मोहनीयं छिन्धि छिन्धि भिन्धि भिन्धि, अस्माकं...अशुभ कर्मजनित दुःखानि छिन्धि छिन्धि भिन्धि भिन्धि, परशत्रुकृत-मारणोच्चाटन-विद्वेषण-मोहन-वशीकरणादि-दोषान् छिन्धि छिन्धि भिन्धि भिन्धि, सर्वदुष्टदेव-दानव-वीरनर-नाहर-सिंह-योगिनी-कृत-दोषान् छिन्धि छिन्धि भिन्धि भिन्धि।

सुदर्शन-महाराज-चक्रविक्रमतेजो बलशौर्य-शान्तिं कुरु-कुरु, भव्यानन्दनं कुरु-कुरु, सर्वगोकुलानन्दनं कुरु-कुरु, सर्वग्राम-नगर- खेटखर्वट-मटम्बनपत्तन-द्रोणमुख-संवाहनानन्दनं कुरु-कुरु, सर्वलोकानन्दनं कुरु-कुरु, सर्वदेशानन्दनं कुरु-कुरु, सर्वयजमानानन्दनं कुरु-कुरु।

यत्सुखं त्रिषु लोकेषु व्याधिव्यसन-वर्जितम्।
अभयं-क्षेमारोग्यं स्वस्तिरस्तु विधीयते॥

शान्तिरस्तु, शिवमस्तु, कुल-गोत्र धनं-धान्यं सदास्तु चन्द्रप्रभ- वासुपूज्य-मल्लिनाथ-वर्धमान-पुष्पदन्त-शीतल-मुनिसुव्रतनाथ-पार्श्वनाथ, परमदेवा सदा शान्तिं कुर्वन्तु कुर्वन्तु कुर्वन्तु।

सम्पूजकानां प्रतिपालकानां यतीन्द्र-सामान्य-तपोधननानाम्।
देशस्य राष्ट्रस्य पुरस्य राज्ञः करोतु शान्तिं भगवज्जिनेन्द्रः॥

॥ इति शान्तिधारा॥

पूजन

पूज्य के गुणों में अनुराग एवं भक्ति करना पूजा है। पूजा मन को शुद्ध करती है। मूर्ति के माध्यम से मूर्तिमान की पूजा होती है। मूर्ति पूजा व्यवहार पूजा है, एवं परम पद में स्थित केवलज्ञान आदि से पूर्ण शुद्धात्म के चिन्तन रूप निश्चय पूजा है। मूर्तिमान के गुण दोषों का स्मरण कराने में मूर्ति समर्थ होती है। अरहन्त व सिद्धभगवान के अनन्त चतुष्टय आदि गुण प्रतिमा में प्रत्यक्ष नहीं हैं, फिर भी प्रतिमा के शान्त स्वरूप, ध्यानावस्था, दृढ़ासन, नासादृष्टि, नग्नता, निराभरण, निर्विकारता, आदि गुणों से अरहन्त-सिद्धभगवान के स्वरूप का चिन्तन सहज होता है, जिससे मन विशुद्ध होता है।

विनय, प्रसन्नता, प्रफुल्लता, एवं उत्साह पूजक के गुण हैं। संसार के दुःखों से भयभीत, अपनी कुशलता चाहने वाला, आत्मान्वेषी, अपने हित का विचार करनेवाला, भगवान के चरणों में प्रीति करनेवाला, सांसारिक सुखों की कामना से रहित एवं सच्चे देव, शास्त्र, गुरु का निर्णय और श्रद्धा करनेवाला श्रेष्ठ पूजक होता है।

हमारे यहाँ पूजा के भेद कई तरह से माने गए हैं। दो भेदों के प्रमुख प्रकार निम्न हैं–

1. **द्रव्यपूजा**–वचन और काय का संकोच करना;
   भावपूजा–मन का संकोच करना।
2. **सापेक्ष पूजा**–सांसारिक सुख की अपेक्षा से की जानेवाली पूजा;
   निरपेक्षपूजा–मोक्ष प्राप्तकर अनन्तसुख की अपेक्षा की जानेवाली पूजा।
3. **नित्यपूजा**–जिन भक्तों द्वारा प्रतिदिन किया जानेवाला अभिषेक पूजा;
   नैमित्तिक पूजा–पर्व, उत्सव, एवं विशेष प्रसंगों पर किया जानेवाला अभिषेक पूजा, प्रतिष्ठा, रथयात्रा आदि।

पूजा के तीन भेद–

सचित्त पूजा–प्रत्यक्ष रूप से जिनेन्द्र भगवान, गुरु एवं जिनवाणी की पूजा करना;

अचित्त पूजा–अप्रत्यक्ष रूप से जिनेन्द्र भगवान, गुरु एवं जिनवाणी की

पूजा करना;

सचित्तासचित्त पूजा–प्रत्यक्ष और अप्रत्यक्ष रूप से जिनेन्द्र भगवान, गुरु एवं जिनवाणी की पूजा करना।

पूजा के पाँच भेद–

1. **नित्यपूजा**–प्रतिदिन घर से द्रव्य ले जाकर पूजन करना या जिनमंदिर, जिनबिम्ब बनवाना एवं उनके संरक्षण के लिए गृह, खेतादि दान देना नित्य पूजा में परिगणित किया गया है, क्योंकि जिनबिम्ब, मन्दिर आदि बनवाने से नित्य पूजा होती रहती है;

2. **चतुर्मुख**–महामण्डलेश्वर एवं मुकुटबद्ध राजाओं द्वारा की जानेवाली पूजा;

3. **कल्पद्रुम**–चक्रवर्ति द्वारा किमिच्छकदान पूर्वक की जानेवाली पूजा;

4. **अष्टाह्निक**–अष्टाह्निकपर्व में सर्व साधारण जनों द्वारा की जानेवाली पूजा;

5. **इन्द्रध्वज**–इन्द्रों द्वारा की जानेवाली पूजा एवं जिनबिम्ब प्रतिष्ठा आदि।

पूजा के छह भेद–

1. **नामपूजा**–जिनदेव का नाम उच्चारण कर की जानेवाली पूजा;

2. **स्थापनापूजा**–साकार वस्तु प्रतिमा आदि में गुणों का आरोपण कर की जाने वाली पूजा;

3. **द्रव्यपूजा**–जलादि अष्टद्रव्य से की जाने वाली पूजा;

4. **क्षेत्रपूजा**–पञ्चकल्याणकों के स्थानों की पूजा करना;

5. **कालपूजा**–पञ्चकल्याणकों की तिथियों की पूजा करना;

भावपूजा–भगवान के गुणों की स्तुति पूर्वक त्रिकाल सामायिक करना।

पूजा की सावधानियाँ–

1. पूजा के लिए धुले हुए शुद्ध वस्त्र, धोती-दुपट्टा दो वस्त्र हों।
2. शुद्ध वस्त्रों में ही गर्भ गृह में प्रवेश करें।
3. द्रव्य सामग्री शुद्ध प्रासुक जल से धुली हो।
4. अभिषेक-पूर्वक ही पूजा करें।
5. थाली, ठोना एवं पूजा के वर्तनों में स्वस्तिक बनाएँ।
6. यदि भगवान पूर्व मुख हों, तो उत्तर दिशा की ओर मुख करके और यदि भगवान उत्तर मुख हों, तो पूर्वदिशा की ओर मुख करके पूजा करना चाहिए। आमने-सामने खड़े होने पर दिशा-दोष नहीं रहता है।
7. पूजा चटाई या आसन पर खड़े होकर ही करें।

8. आह्वान, स्थापन, सन्निाधिकरण, अष्टक और विसर्जन सभी क्रियाएँ विधि-पूर्वक करें। इनको छोड़ने से पूजा अधूरी रहती है।
9. पूजा में मन, वचन, काय की स्थिरता महत्त्वपूर्ण है।
10. अष्ट द्रव्य, शुद्ध मन्त्रोच्चारण एवं भाव-पूर्वक चढ़ाना चाहिए।
11. पूजा पढ़ने के साथ-साथ उसके शब्दों की भाव भासना अवश्य करना चाहिए।
12. पूजा उच्च स्वर में न पढ़े। इससे दूसरों को बाधा उत्पन्न होती है।
13. पूजा मौन-पूर्वक करें।
14. पूजा की पुस्तक की विनय करें। उसमें चावल आदि न रहने दें।
15. सामग्री विनयपूर्वक चढ़ाएँ।

पूजा की सामग्री–

थाली 2, कलश 2, चम्मच 2, कटोरी 2, प्लेट 1, ठोना 1, आरती 1, धूपदान 1, घी, केशर, जल, चावल, चटक गोला, धूप, बादाम, लौंग, रुई, माचिस, चौका, चौकी, आसन चटाई, पुस्तक, जाप माला आदि।

पूजन पीठिका

ॐ जय जय जय नमोऽस्तु नमोऽस्तु नमोऽस्तु।
णमो अरहंताणं णमो सिद्धाणं णमो आइरियाणं
णमो उवज्झायाणं णमो लोए सव्वसाहूणं।

ॐ ह्रीं अनादिमूल-मन्त्रेभ्यो नमः पुष्पाञ्जलिं क्षिपेत्।

चत्तारि मंगलं, अरहंता मंगलं, सिद्धा मंगलं, साहू मंगलं, केवलि पण्णत्तो धम्मो मंगलं। चत्तारि लोगुत्तमा, अरहंता लोगुत्तमा, सिद्धा लोगुत्तमा, साहू लोगुत्तमा, केवलि पण्णत्तो धम्मो लोगुत्तमो। चत्तारि सरणं पव्वज्जामि, अरहंते सरणं पव्वज्जामि, सिद्धे सरणं पव्वज्जामि, साहू सरणं पव्वज्जामि, केवलि पण्णत्तं धम्मं सरणं पव्वज्जामि।

ॐ नमोऽर्हते स्वाहा पुष्पाञ्जलिं क्षिपेत् ।

अपवित्रः पवित्रो वा सुस्थितो दुःस्थितोऽपिवा।
ध्यायेत्पञ्च नमस्कारं सर्वपापैः प्रमुच्यते ॥
अपवित्रः पवित्रो वा सर्वावस्थां गतोऽपि वा।
यः स्मरेत्परमात्मानं सः बाह्याभ्यंतरे शुचिः॥
अपराजित-मन्त्रोऽयं, सर्व विघ्नविनाशनः।
मंगलेषु च सर्वेषु , प्रथमं मंगलं मतः॥
एसो पञ्च णमोयारो सव्वपावप्पणासणो।
मंगलाणं च सव्वेसिं पढमं होइ मंगलं॥
अर्हमित्यक्षरं ब्रह्मवाचकं, परमेष्ठिनः।
सिद्धचक्रस्य सद्बीजं सर्वतः प्रणमाम्यहम्॥
कर्माष्टक विनिर्मुक्तं मोक्षलक्ष्मी निकेतनम्।
सम्यक्त्वादि-गुणोपेतं, सिद्धचक्रं नमाम्यहम्॥
विघ्नौघाः प्रलयं यान्ति, शाकिनी भूत पन्नगाः।
विषं निर्विषतां याति, स्तूयमाने जिनेश्वरे॥

पुष्पाञ्जलिं क्षिपेत्

उदक-चन्दन-तण्डुल-पुष्पकैश्चरु-सुदीपसुधूप-फलार्घ्यकैः।
धवल-मंगल-गान-रवाकुले जिनगृहे-कल्याण-महं-यजे॥

ॐ ह्रीं श्रीभगवतो गर्भजन्मतपज्ञाननिर्वाणपञ्च कल्याणकेभ्योऽर्घ्यं निर्वपामीति स्वाहा।

उदक-चन्दन-तण्डुल-पुष्पकैश्चरु-सुदीपसुधूप-फलार्घ्यकैः।
धवल-मंगल-गान-रवाकुले जिनगृहे-जिननाथ-महं-यजे।

ॐ ह्रीं श्रीअर्हत्सिद्धाचार्योपाध्याय-सर्वसाधुभ्योऽर्घ्यं निर्वपामीति स्वाहा।

उदक-चन्दन-तण्डुल-पुष्पकैश्चरु-सुदीपसुधूप-फलार्घ्यकैः।
धवल-मंगल-गान-रवाकुले जिनगृहे-जिननाम-महं-यजे।

ॐ ह्रीं श्रीभगवज्जिनस्य-अष्टाधिकसहस्त्रनामेभ्योऽर्घ्यं निर्वपामीति स्वाहा।

उदक-चन्दन-तण्डुल-पुष्पकैश्चरु-सुदीपसुधूप-फलार्घ्यकैः।
धवल-मंगल-गान-रवाकुले जिनगृहे-जिनसूत्र-महं-यजे।

ॐ ह्रीं तत्त्वार्थसूत्रस्य दशाध्यायेभ्योऽर्घ्यं निर्वपामीति स्वाहा।

श्रीमज्जिनेन्द्र - मभिवन्द्य जगत् - त्रयेशं,
स्याद्वाद - नायक - मनन्त - चतुष्टयार्हम्।
श्रीमूल - संघ - सुदृशां सुकृतैक - हेतुर्
जैनेन्द्रयज्ञ - विधि - रेष मयाभ्यधायि॥
स्वस्ति त्रिलोक - गुरुवे जिन-पुंगवाय,
स्वस्ति स्वभाव-महिमोदय-सुस्थितिताय।
स्वस्ति प्रकाश-सहजोर्जित-दृङ्मयाय,
स्वस्ति प्रसन्न-ललिताद्भुत-वैभवाय॥
स्वस्-त्युच्छलद्-विमलबोधसुधा-प्लवाय,
स्वस्ति स्वभाव-परभाव-विभासकाय।
स्वस्ति त्रिलोक-विततैक-चिदुद्गमाय,
स्वस्ति त्रिकाल-सकलायत-विस्तृताय॥
द्रवस्य शुद्धि - मधि - गम्य यथानुरूपं,
भावस्य शुद्धि-मधिकामधि-गन्तु-कामः।
आलम्बनानि विविधान्यव-लम्ब्य वल्गन्,
भूतार्थ - यज्ञ - पुरुषस्य करोमि यज्ञम्॥
अर्हन् पुराण - पुरुषोत्तम - पावनानि,

वस्तून्य-नून-मखिलान्यय-मेक एव।
अस्मिन्-ज्वलद्विमल-केवल-बोध वह्नौ,
पुण्यं समग्र-मह-मेक-मना जुहोमि॥

ॐ ह्रीं विधियज्ञ-प्रतिज्ञानाय जिनप्रतिमाग्रे पुष्पाञ्जलिं क्षिपेत्।

श्रीवृषभो नः स्वस्ति, स्वस्ति श्रीअजितः।
श्रीसंभवः स्वस्ति, स्वस्ति श्रीअभिनन्दनः।
श्रीसुमतिः स्वस्ति, स्वस्ति श्रीपद्मप्रभः।
श्रीसुपार्श्वः स्वस्ति, स्वस्ति श्रीचन्दप्रभः।
श्रीपुष्पदन्तः स्वस्ति, स्वस्ति श्रीशीतलः।
श्रीश्रेयान् स्वस्ति, स्वस्ति श्रीवासुपूज्यः।
श्रीविमलः स्वस्ति, स्वस्ति श्रीअनन्तः।
श्रीधर्मः स्वस्ति, स्वस्ति श्रीशान्तिः।
श्रीकुन्थुः स्वस्ति, स्वस्ति श्रीअरनाथः।
श्रीमल्लिः स्वस्ति, स्वस्ति श्रीमुनिसुव्रतः।
श्रीनमिः स्वस्ति, स्वस्ति श्रीनेमिनाथः।
श्रीपार्श्वः स्वस्ति, स्वस्ति श्रीवर्द्धमानः।

इति चतुर्विंशतिजिनेन्द्र-स्वस्ति-मंगलविधानं पुष्पाञ्जलिं क्षिपेत्।

नित्याप्रकम्पाद्भुत-केवलौघाः,स्फुरन्मनःपर्यय-शुद्धबोधाः।
दिव्यावधिज्ञान-बलप्रबोधाः,स्वस्ति क्रियासुः परमर्षयो नः।
कोष्ठस्थ-धान्योपममेक-बीजं,संभिन्नसंश्रोतृ-पदानुसारि।
चतुर्विधं बुद्धिबलं दधानाः,स्वस्ति क्रियासुः परमर्षयो नः।
संस्पर्शनं संश्रवणं च दूरादास्वादन-घ्राण-विलोकनानि।
दिव्यान् मतिज्ञान-बलाद्वहन्तः,स्वस्ति क्रियासुःपरमर्षयो नः।
प्रज्ञा प्रधानाः श्रमणाः समृद्धाः प्रत्येक - बुद्धा दशसर्वपूर्वैः।
प्रवादिनोऽष्टांग-निमित्त-विज्ञाः,स्वस्ति क्रियासुः परमर्षयो नः।
जंघानल - श्रेणि - फलाम्बु-तन्तु-प्रसून-बीजाङ्कुर-चारणाह्वाः।
नभोऽङ्गण - स्वैर-विहारिणश्च, स्वस्ति क्रियासुः परमर्षयो नः।
अणिम्नि दक्षाः कुशला महिम्नि, लघिम्नि शक्ताः कृतिनो गरिम्णि।
मनो-वपु-र्वाग्बलिनश्च नित्यं, स्वस्ति क्रियासुः परमर्षयो नः।
सकाम-रूपित्व-वशित्वमैश्यं, प्राकाम्य-मन्तर्द्धिमथाप्तिमाप्ताः।
तथाऽप्रतिघातगुणप्रधानाः, स्वस्ति क्रियासुः परमर्षयो नः।
दीप्तं च तप्तं च तथा महोग्रं, घोरं तपो घोरपराक्रमस्थाः।
ब्रह्मापरं घोर-गुणाश्चरन्तः,स्वस्ति क्रियासुः परमर्षयो नः।

आमर्ष-सर्वौषधयस्तथाशी-र्विषाविषा दृष्टिविषा-विषाश्च।
सखिल्लविड्जल्ल-मलौषधीशाः स्वस्ति क्रियासुः परमर्षयो नः।
क्षीरं स्रवंतोऽत्र घृतं स्रवन्तो, मधु स्रवन्तोऽप्यमृतं स्रवन्तः।
अक्षीण-संवास-महानसाश्च, स्वस्ति क्रियासुः परमर्षयो नः॥

इति परमर्षिस्वस्तिमंगल-विधानं परिपुष्पाञ्जलिं क्षिपेत्।

अर्घ्यावली

अकृत्रिम चैत्यालयों का अर्घ्य

कृत्याकृत्रिम-चारु-चैत्य-निलयान् नित्यं त्रिलोकीगतान्।
वन्दे भावन-व्यन्तर-द्युतिवरान् स्वर्गामरा-वासगान्॥
सद्-गन्धाक्षत-पुष्पदामचरुकैः सद्दीपधूपैः फलै-
र्नीराद्यैश्च यजे प्रणम्य शिरसा दुष्कर्मणां शान्तये॥

ॐ ह्रीं कृत्रिमाकृत्रिम चैत्यालयसम्बन्धि जिनबिम्बेभ्योऽर्घ्यं निर्व. स्वाहा

वर्षेषु वर्षान्तर-पर्वतेषु नन्दीश्वरे यानि च मन्दरेषु।
यावन्ति चैत्यायतनानि लोके सर्वाणि वन्दे जिनपुंगवानाम्।
अवनितल गतानां कृत्रिमाकृत्रिमाणां।
वन - भवन - गतानां दिव्य वैमानिकानाम्॥
इह मनुज - कृतानां देवराजार्चितानां।
जिनवर - निलयानां भावतोऽहं स्मरामि॥
जम्बू - धातकि - पुष्करार्ध - वसुधा क्षेत्रत्रये ये भवा-
श्चन्द्राम्भोज शिखण्डिकण्ठ कनक प्रावृड्घनाभा-जिनाः।
सम्यग्ज्ञान - चरित्र - लक्षणधरा दग्धाष्ट कर्मेन्धनाः,
भूतानागत - वर्तमान - समये तेभ्यो जिनेभ्यो नमः॥
श्रीमन्मेरौ कुलाद्रौ रजतगिरिवरे शाल्मलौ जम्बुवृक्षे,
वक्षारे चैत्यवृक्षे रतिकर रुचके - कुंडले मानुषांके।
इष्वाकारेऽञ्जनाद्रौ दधिमुख-शिखरे व्यन्तरे स्वर्गलोके,
ज्योतिर्लोकेऽभिवन्दे भवन-महितले यानि चैत्यालयानि।
द्वौ कुन्देन्दु - तुषार - हार धवलौ द्वाविन्द्रनीलप्रभौ।
द्वौ बन्धूक - सम - प्रभौ जिनवृषौ द्वौ च प्रियंगुप्रभौ।
शेषाः षोडश जन्म-मृत्यु-रहिताः सन्तप्त हेम-प्रभा-
स्ते संज्ञान-दिवाकराः सुर-नुताः सिद्धिं प्रयच्छन्तु नः॥

ॐ ह्रीं त्रिलोकसम्बन्धि कृत्रिमाकृत्रिम जिनचैत्यालयेभ्यो ऽर्घ्यं निर्वपामीति स्वाहा।

इच्छामि भंते। चेइयभक्ति काउसग्गो कओ तस्सालोचेउं अहोलोय-तिरियलोय-उड्ढलोयम्मि किट्टिमाकिट्टिमाणि जाणि-जिण-चेइयाणि-ताणि सव्वाणि तीसु वि लोएसु भवणवासिय-वाण-विंतर-जोइसिय कप्पवासिय त्ति चउव्विहा देवा सपरिवारा दिव्वेण गंधेण दिव्वेण पुप्फेण दिव्वेण धूवेण दिव्वेण चुण्णेण दिव्वेण वासेण दिव्वेण ण्हाणेण सया णिच्चकालं अच्चंति पूजंति वंदंति णमस्संति अहमवि इह सन्तो तत्थ संताइ णिच्चकालं अच्चेमि पुज्जेमि वंदामि णमस्सामि दुक्खक्खओ कम्मक्खओ बोहिलाहो सुगइगमणं समाहिमरणं जिणगुण-सम्पत्ति होउ मज्झं।

इति पौर्वाह्णिक/माध्याह्निक/आपराह्णिक-देववन्दनायां पूर्वाचार्यानुक्रमेण सकलकर्म क्षयार्थं भावपूजा वन्दना स्तव समेतं चैत्यभक्ति कायोत्सर्गं करोम्यहम्।

विद्यमान बीस तीर्थंकर अर्घ्य

जल फल आठों दर्व अरघ कर प्रीति धरी है,
गणधर इन्द्रनिहू तैं थुति पूरी न करी है।
द्यानत सेवक जानके हो जगतें लेहु निकार,
सीमन्धर जिन आदि दे बीस विदेह मँझार।
श्री जिनराज हो भव तारण तरण जहाज॥

ॐ ह्रीं श्रीविद्यमानविंशति-तीर्थंकरेभ्योऽर्घ्यं निर्वपामीति स्वाहा।

सिद्ध परमेष्ठी का अर्घ्य

गन्धाढ्यं सुपयो मधुव्रत-गणैः संगं वरं चन्दनं,
पुष्पौघं विमलं सदक्षत-चयं, रम्यं चरुं दीपकम्।
धूपं गन्धयुतं ददामि विविधं, श्रेष्ठं फलं लब्धये,
सिद्धानां युगपत्क्रमाय विमलं, सेनोत्तरं वाञ्छितम्॥

ॐ ह्रीं सिद्धचक्राधिपतये सिद्धपरमेष्ठिनेऽर्घ्यं निर्वपामीति स्वाहा।

तीस चौबीसी अर्घ्य

द्रव्य आठों जु लीना है, अर्घ कर में नवीना है,
पूजता पाप छीना है, भानुमल जोर कीना है।
द्वीप अढ़ाई सरस राजै, क्षेत्र दस ता विषैं छाजै,
सातशत बीस जिनराजे, पूजता पाप सब भाजै॥

ॐ ह्रीं पञ्चभरतैरावेतक्षेत्रस्य-त्रिंशचतुर्विंशति-जिनेन्द्रेभ्योऽर्घ्यं निर्वपामीति स्वाहा।

वर्तमान चौबीसी अर्घ्य

जल फल आठों शुचिसार, ताको अर्घ्य करों।
तुमको अरपों भवतार, भवतरि मोक्ष वरों।
चौबीसों श्री जिनचन्द, आनन्द कन्द सही।
पद जजत हरत भव फन्द, पावत मोक्ष मही।

ॐ ह्रीं श्रीवृषभादिवीरान्त चतुर्विंशति तीर्थंकरेभ्योऽर्घ्यं निर्वपामीति स्वाहा।

श्री आदिनाथ अर्घ्य

शुचि निर्मल नीरं गन्ध सुअक्षत, पुष्प चरु ले मन हरषाय।
दीप धूप फल आदि सु लेकर, नाचत ताल मृदंग बजाय॥
श्रीआदिनाथ के चरणकमल पर, बलि बलि जाऊँ मन वच काय।
हो करुणानिधि भव दुःख मेटो, यातें मैं पूजों प्रभु पाँय॥

ॐ ह्रींश्री आदिनाथजिनेन्द्राय अर्घ्यं निर्वपामीति स्वाहा।

श्री अजितनाथ अर्घ्य

जल फल सब सज्जै बाजत बज्जै, गुनगन रज्जै मनमज्जै।
तुम पदजुगमज्जै सज्जन जज्जै, ते भव भज्जै निज कज्जै॥
तुम अजित जिनेशं नुत चक्रेशं चक्रधरेशं खग्गेशं।
मन वाञ्छित दाता त्रिभुवन त्राता, पूजों ख्याता जग्गेशं॥

ॐ ह्रीं श्री आजितनाथ-जिनेन्द्राय अर्घ्यं निर्वपामीति स्वाहा।

श्री संभवनाथ अर्घ्य

जल चन्दन तन्दुल पुष्प चरु, दीप धूप फल अर्घ्य किया।
तुमको अरपों भाव भगति धर, जै जै जै शिवरमनि पिया॥
सम्भव जिन के चरन चरचते, सब आकुलता मिट जावै।
निज निधि ज्ञान दरश सुख वीरज, निराबाध भविजन पावै॥

ॐ ह्रीं श्री संभवनाथ-जिनेन्द्राय अर्घ्यं निर्वपामीति स्वाहा।

श्री अभिनन्दननाथ अर्घ्य

अष्ट द्रव्य संवारि सुन्दर, सुजस गाय रसाल ही।
नचत रजत जजों चरन युग, नाय नाय सु भाल ही।
कलुष ताप निकन्द श्री अभिनन्द, अनुपम चन्द हैं।
पदवन्द वृन्द जजे प्रभु, भवद्वन्द फन्द निकन्द हैं॥

ॐ ह्रीं श्री अभिनन्दननाथ-जिनेन्द्राय अर्घ्यं निर्वपामीति स्वाहा।

श्री सुमतिनाथ अर्घ्य

जल चन्दन तन्दुल प्रसून चरु, दीप धूप फल सकल मिलाय।
नाचिराचि शिरनाय समरचों, जय जय जय जय जय जिनराय॥
हरिहर वन्दित पाप निकन्दित, सुमतिनाथ त्रिभुवन के राय।
तुम पद पद्म सद्म शिवदायक, जजत मुदित मन उदित सुभाय॥

ॐ ह्रीं श्री सुमतिनाथ-जिनेन्द्राय अर्घ्यं निर्वपामीति स्वाहा।

श्री पद्मप्रभ अर्घ्य

जल फल आदि मिलाय गाय गुन, भगति भाव उमगाय।
जजों तुमहिं शिव तियवर जिनवर, आवागमन मिटाय॥
पूजों भाव सों श्री पद्मनाथ पद सार, पूजों भाव सों।

ॐ ह्रीं श्री पद्मप्रभ-जिनेन्द्राय अर्घ्यं निर्वपामीति स्वाहा।

श्री सुपार्श्वनाथ अर्घ्य

आठों दरव साजि गुनगाय नाचत राचत भगति बढ़ाय।
दया निधि हो, जय जगबन्धु दया निधि हो॥
तुम पद पूजों मन वच काय देव सुपारस शिवपुर राय।
दया निधि हो, जय जगबन्धु दया निधि हो॥

ॐ ह्रीं श्री सुपार्श्वनाथ-जिनेन्द्राय अर्घ्यं निर्वपामीति स्वाहा।

श्री चन्द्रप्रभ अर्घ्य

वसु विधि अर्घ्य बनाय मनोहर, श्री जिन मन्दिर जावो।
अष्ट कर्म के नाश करन को, श्री जिन चरण चढ़ावो॥
चञ्चल चित को रोक चतुर्गति, चक्रभ्रमण निरवारो।
चारु चरण आचरण चतुरनर, चन्द्रप्रभ चित धारो॥

ॐ ह्रीं श्री चन्द्रप्रभ-जिनेन्द्राय अर्घ्यं निर्वपामीति स्वाहा।

श्री पुष्पदन्त अर्घ्य

जल फल सकल मिलाय मनोहर मन वच तन हुलसाय।
तुम पद पूजों प्रीति लायकें जय जय त्रिभुवन राय।॥
मेरी अरज सुनीजे, पुष्पदन्त जिनराय मेरी अरज सुनीजे॥

ॐ ह्रीं श्री पुष्पदन्त-जिनेन्द्राय अर्घ्यं निर्वपामीति स्वाहा।

श्री शीतलनाथ अर्घ्य

कं श्रीफलादि वसु प्रासुक द्रव्य साजे,
नाचे रचे मचत बज्जत सज्ज बाजे।

रागादि दोष मल मर्द्दन हेतु येवा,
चर्चों पदाब्ज तव शीतलनाथ देवा॥

ॐ ह्रीं श्री शीतलनाथ-जिनेन्द्राय अर्घ्यं निर्वपामीति स्वाहा।

श्री श्रेयांसनाथ अर्घ्य

जल मलय तन्दुल सुमन चरु, अरु दीप धूप फलावली।
करि अर्घ्य चरचों चरन जुग, प्रभु मोहि तार उतावली॥
श्रेयांसनाथ जिनेन्द्र त्रिभुवन, वन्द्य आनन्द कन्द हैं।
दुख द्वन्द फन्द निकन्द पूरन, चन्द्र जोति अमन्द हैं॥

ॐ ह्रीं श्री श्रेयांसनाथ-जिनेन्द्राय अर्घ्यं निर्वपामीति स्वाहा।

श्री वासुपूज्य अर्घ्य

जल फल दरब मिलाय गाय गुन, आठों अंग नमाई।
शिवपद राज हेतु हे श्री पति, निकट धरों यह लाई॥
वासुपूज्य वसुपूज तनुज पद, वासव सेवत आई।
बाल ब्रह्मचारी लखि जिनको, शिवतिय सन्मुख धाई॥

ॐ ह्रीं श्री वासुपूज्य-जिनेन्द्राय अर्घ्यं निर्वपामीति स्वाहा।

श्री विमलनाथ अर्घ्य

आठों दरब सँवार, मन सुख दायक पावने।
जजों अर्घ्य भर थार, विमल विमल शिव तिय रमन॥

ॐ ह्रीं श्री विमलनाथ-जिनेन्द्राय अर्घ्यं निर्वपामीति स्वाहा।

श्री अनन्तनाथ अर्घ्य

शुचि नीर चन्दन शालि तन्दुल, सुमन चरु दीपक धरों।
धूप फल जुत अरघ करके, जोर जुग विनती करों॥
जगपूज परम पुनीत मीत, अनन्त सन्त सुहावनें।
शिवकन्त वन्त महन्त ध्यावों, भ्रमण तन्त नशावनें॥

ॐ ह्रीं श्री अनन्तनाथ-जिनेन्द्राय अर्घ्यं निर्वपामीति स्वाहा।

श्री धर्मनाथ अर्घ्य

आठों दरव साज शुचि चितहर, हरषि हरषि गुन गाई।
बाजत दृमदृम दृम मृदंग गत, नाचत ता थेई थाई॥
परम धरम शम रमण धरम निज, अशरन शरन तिहारी।
पूजूँ पाय गाय गुन सुन्दर, नाचूँ दे दे तारी॥

ॐ ह्रीं श्री धर्मनाथ-जिनेन्द्राय अर्घ्यं निर्वपामीति स्वाहा।

श्री शान्तिनाथ अर्घ्य

वसु द्रव्य सँवारी तुम ढिंगधारी, आनँदकारी दृग् प्यारी।
तुम हो भवतारी करुणाधारी, यातें थारी शरनारी॥
श्री शान्ति जिनेशं, नुत शक्रेशं, ृष चक्रेशं चक्रेशं।
हनि अरि चक्रेशं, हे गुणधेशं, दयामृतेशं मक्रेशं॥

ॐ ह्रीं श्रीशान्तिनाथ-जिनेन्द्राय अर्घ्यं निर्वपामीति स्वाहा।

श्री कुन्थुनाथ अर्घ्य

जल चन्दन तन्दुल प्रसून चरु, दीप धूप लेरी।
फलजुत जजन करों मन सुखधरि, हरों जगत फेरी॥
कुन्थु सुन अरज दास केरी, नाथ सुन अरज दास केरी।
भव सिन्धु पर्यो हों नाथ, निकारो बाँह पकर मेरी॥

ॐ ह्रीं श्री कुन्थुनाथ-जिनेन्द्राय अर्घ्यं निर्वपामीति स्वाहा।

श्री अरनाथ अर्घ्य

शुचि स्वच्छ पटीरं, गन्धगहीरं, तन्दुल शीरं पुष्प चरूँ।
वर दीपं धूपं, आनन्दरूपं, लै फल भूपं अर्घ्य करूँ॥
प्रभु दीनदयालं, अरिकुल कालं, विरद विशालं सुकुमालं।
हरि मम जञ्जालं, हे जगपालं, अरगुनमालं वरमालं॥

ॐ ह्रीं श्री अरनाथ-जिनेन्द्राय अर्घ्यं निर्वपामीति स्वाहा।

श्री मल्लिनाथ अर्घ्य

जल फल अरघ मिलाय गाय गुन, पूजों भगति बढ़ाई।
शिवपद राज हेत हे श्रीधर, शरन गहो मैं आई॥
राग द्वेष मद मोह हरन को, तुम ही हो वर वीरा।
यातें शरन गही जगपति जी, वेग हरो भव पीरा॥

ॐ ह्रीं श्री मल्लिनाथ-जिनेन्द्राय अर्घ्यं निर्वपामीति स्वाहा।

श्री मुनिसुव्रतनाथ अर्घ्य

जल गन्ध आदि मिलाय आठों, दरब अरघ सजों वरों।
पूजों चरनरज भगत जुत, जातें जगत सागर तरों॥
शिव साथ करत सनाथ, सुव्रतनाथ मुनि गुनमाल है।
तुम चरन आनन्द भरन तारन, तरन विरद विशाल है॥

ॐ ह्रीं श्री मुनिसुव्रतनाथ-जिनेन्द्राय अर्घ्यं निर्वपामीति स्वाहा।

श्री नमिनाथ अर्घ्य

जल फलादि मिलाय मनोहरं, अरघ धारय ही भय भव हरं।
जजतु हों नमि के गुन गाय कें, जुगपदाम्बुज प्रीति लगाय कें॥

ॐ ह्रीं श्री नमिनाथ-जिनेन्द्राय अर्घ्यं निर्वपामीति स्वाहा।

श्री नेमीनाथ अर्घ्य

जल फल आदि साज शुचि लीने आठों दरब मिलाय।
अष्टम क्षिति के राज करन को जजों अंग वसु नाय॥
दाता मोक्ष के श्री नेमीनाथ जिनराय दाता मोक्ष के॥

ॐ ह्रीं श्री नेमीनाथ-जिनेन्द्राय अर्घ्यं निर्वपामीति स्वाहा।

श्री पार्श्वनाथ अर्घ्य

नीर गन्ध अक्षतान् पुष्प चरु लीजिए।
दीप धूप श्रीफलादि अर्घ्य तें जजीजिये।
पार्श्वनाथ देव सेव आपकी करूँ सदा,
दीजिए निवास मोक्ष भूलिए नहीं कदा॥

ॐ ह्रीं श्री पार्श्वनाथ-जिनेन्द्राय अर्घ्यं निर्वपामीति स्वाहा।

श्री महावीर अर्घ्य

जलफल वसु सज हिमथार, तन मनमोद धरूँ,
गुण गाऊँ भवदधितार, पूजत पाप हरूँ।
श्री वीर महा अतिवीर सन्मति नायक हो,
जय वर्धमान गुणधीर सन्मति दायक हो॥

ॐ ह्रीं श्री वर्धमान-जिनेन्द्राय अर्घ्यं निर्वपामीति स्वाहा।

श्री बाहुबलि अर्घ्य -1

वसु विधि के वश वसुधा सब ही, परवश अति दुःख पावें।
तिहिं दुःख दूर करन को भविजन, अर्घ्य जिनाग्र चढ़ावें॥
परम पूज्य वीराधिवीर जिन, बाहुबलि बलधारी।
तिनके चरण कमल को नितप्रति धोक त्रिकाल हमारी॥

ॐ ह्रीं श्री बाहुबलि-जिनेन्द्राय अर्घ्यं निर्वपामीति स्वाहा।

श्री बाहुबलि अर्घ्य -2

अब तक जो पद पाया मैंने, उसका तो कुछ भी अर्थ नहीं।

दमड़ी के रूकन में बिककर अरु, पाया कितना कष्ट नहीं॥
श्री बाहुबलि जी जिनेन्द्र आपने, वह अनर्घ्य पद प्राप्त किया।
इसलिए ये अर्घ्यावलि लेकर के, मैंने तेरा शरण लिया॥

ॐ ह्रीं श्री बाहुबलि-जिनेन्द्राय अर्घ्यं निर्वपामीति स्वाहा।

सोलहकारण अर्घ्य

जल फल आठों दरब चढ़ाय द्यानत वरत करौं मनलाय।
परम गुरु हो, जय जय नाथ परम गुरु हो॥
दरश विशुद्धि भावना भाय, सोलह तीर्थंकर पद पाय।
परम गुरु हो, जय जय नाथ परम गुरु हो॥

ॐ ह्रीं दर्शनविशुद्ध्यादि-षोडशकारणेभ्योऽर्घ्यं निर्वपामीति स्वाहा

पंचमेरु अर्घ्य

आठ दरबमय अरघ बनाय, द्यानत पूजों श्रीजिनराय।
महासुख होय, देखे नाथ परमसुख होय।
पाँचों मेरु असी जिनधाम, सब प्रतिमा को करों प्रणाम।
महासुख होय, देखे नाथ परमसुख होय।

ॐ ह्रीं पंचमेरुसम्बन्धिअशीति जिनचैत्यालयस्थ जिनबिम्बेभ्योऽर्घ्यं निर्वपामीति स्वाहा।

नन्दीश्वरद्वीप अर्घ्य

यह अरघ कियो निज हेत, तुमको अरपत हों।
द्यानत कीजो शिव खेत, भूमि समरपतु हों॥
नन्दीश्वर श्री जिनधाम, बावन पूज करों।
वसु दिन प्रतिमा अभिराम, आनन्द भाव धरों॥

ॐ ह्रीं नन्दीश्वरद्वीपे द्विपञ्चाशत्-जिनालयस्थ जिनबिम्बेभ्योऽर्घ्यं निर्वपामीति स्वाहा।

दशलक्षण अर्घ्य

आठों दरब सँवार, द्यानत अधिक उछाह सों।
भव आताप निवार, दशलक्षण पूजों सदा॥

ॐ ह्रीं उत्तमक्षमादि-दशलक्षणधर्माय अर्घ्यं निर्वपामीति स्वाहा।

रत्नत्रय अर्घ्य

आठ दरब निरधार, उत्तम सों उत्तम लिये।
जनम रोग निरवार, सम्यक् रत्नत्रय भजूँ॥

ॐ ह्रीं सम्यग्रत्नत्रयाय अर्घ्यं निर्वपामीति स्वाहा।

सरस्वती अर्घ्य

जल चन्दन अक्षत फूल चरु, अरु दीप धूप फल अतिलावैं।
पूजा को ठानत, सो तुम जानत, सो नर द्यानत सुख पावैं॥
तीर्थंकर की धुनि,गणधर ने सुनि, अंग रचे चुनि ज्ञान मयी।
सो जिनवरवाणी, शिवसुख दानी, त्रिभुवन मानी पूज्य भयी॥

ॐ ह्रीं श्रीजिनमुखोद्भव सरस्वती वाग्वादिनीभ्योऽर्घ्यं निर्व. स्वाहा।

सप्तर्षि अर्घ्य

जल गन्ध अक्षत पुष्प चरुवर, दीप धूप सु लावना।
फल ललित आठों द्रव्य मिश्रित, अर्घ्य कीजे पावना॥
मन्वादि चारण ऋद्धि धारी, मुनिन की पूजा करूँ।
ता करें पातक हरें सारे, सकल आनन्द विस्तरूँ॥

ॐ ह्रीं श्री मन्वादि-चारण-सप्तऋर्षिभ्योऽर्घ्यं निर्वपामीति स्वाहा।

निर्वाण क्षेत्र अर्घ्य

जल गन्ध अक्षत पुष्प चरुवर, दीप धूपायन धरों,
द्यानत करो निर्भय जगत् सों, जोरकर विनती करों।
सम्मेदगढ़ गिरनार चम्पा, पावापुर कैलाश को,
पूजों सदा चौबीस जिन निर्वाण भूमि निवास को॥

ॐ ह्रीं श्री चतुर्विंशतितीर्थंकर निर्वाणक्षेत्रेभ्योऽर्घ्यं निर्व. स्वाहा।

समुच्चय महार्घ्य

मैं देव श्री अर्हन्त पूजूँ सिद्ध पूजूँ चाव सों।
आचार्य श्री उवझाय पूजूँ साधु पूजूँ भाव सों॥
अर्हन्त भाषित बैन पूजूँ द्वादशांग रची गनी।
पूजूँ दिगम्बर गुरुचरन शिव हेतु सब आशा हनी॥
सर्वज्ञ भाषित धर्म दशविधि दयामय पूजूँ सदा।
जजूँ भावना षोडश रत्नत्रय,जा बिना शिव नहीं कदा।
त्रैलोक्य के कृत्रिम अकृत्रिम चैत्य चैत्यालय जजूँ।
पंचमेरु नन्दीश्वर जिनालय खचर सुर पूजित भजूँ॥
कैलाश श्रीसम्मेद श्रीगिरनार गिरि पूजूँ सदा।
चम्पापुरी पावापुरी पुनि और तीरथ सर्वदा॥
चौबीस श्रीजिनराज पूजूँ बीस क्षेत्र विदेह के।
नामावली इक सहस-वसु जय होय पति शिव गेह के।

दोहा–जल गन्धाक्षत पुष्प चरु, दीप धूप फल लाय।
सर्व पूज्य पद पूजहूँ ,बहु विधि भक्ति बढ़ाय॥

ॐ ह्रीं अर्हत्सिद्धाचार्योपाध्याय-सर्वसाधुभ्यो, द्वादशांग-जिनागमेभ्यो, उत्तमक्षमादि दशलक्षण-धर्मेभ्यो, दर्शनविशुद्धयादि षोडशकारणेभ्यो, सम्यग्दर्शन-ज्ञान-चारित्रेभ्यो, त्रिलोकस्थित जिनबिम्बेभ्यो, पंचमेरु-सम्बन्धि-असीति-चैत्यालयस्थ-जिनबिम्बेभ्यो नन्दीश्वरद्वीप-स्थित-द्विपञ्चाशत्-जिनालयस्थ-जिनबिम्बेभ्यो, श्री सम्मेदाष्टापदूर्जयन्त-गिरि-चम्पा-पावापुरादि-सिद्धक्षेत्रेभ्यो, सातिशयक्षेत्रेभ्यो, विद्यमान-विंशति-तीर्थंकरेभ्यो, अष्टाधिक-सहस्त्र-जिननामेभ्यः श्रीवृषभादि-चतुर्विंशति- तीर्थंकरेभ्यो, जलादि-महाऽर्घ्यं निर्वपामीति स्वाहा।

शान्ति पाठ

शान्तिनाथ मुख शशि उनहारी, शीलगुणव्रत-संयमधारी।
लखन एकसौ आठ विराजे, निरखत नयन कमलदल लाजे॥
पंचम चक्रवर्ती पद धारी, सोलम तीर्थंकर सुखकारी।
इन्द्र नरेन्द्र पूज्य जिननायक, नमो शान्तिहित शान्ति विधायक।
दिव्य विटप पुहुपन की वरषा, दुन्दुभि आसन वाणी सरसा।
छत्र चमर भामण्डल भारी, ये तुम प्रातिहार्य मनहारी॥
शान्तिजिनेश शान्ति सुखदाई, जगत्पूज्य पूजों शिर नाई।
परमशान्ति दीजे हम सबको, पढ़ैं तिन्हें पुनि चार संघ को॥
पूजें जिन्हें मुकुट हार किरीट लाके।
इन्द्रादि देव अरु पूज्य पदाब्ज जाके॥
सो शान्तिनाथ वरवंश जगत्प्रदीप।
मेरे लिए करहिं शान्ति सदा अनूप॥
सम्पूजकों को प्रतिपालकों को, यतीनकों को यतिनायकों को
राजा प्रजा राष्ट्र सुदेशको ले, कीजे सुखी हे जिनशान्ति को दे।
होवे सारी प्रजा को सुख, बलयुत हो धर्मधारी नरेशा।
होवे वर्षा समय पै तिल भर न रहे व्याधियों का अन्देशा॥
होवे चोरी न जारी, सुसमय वरतै हो न दुष्काल मारी।
सारे ही देश धारैं,जिनवर वृष को जो सदा सौख्यकारी।
घातिकर्म जिन नाशकर, पायो केवलराज।
शान्ति करो सब जगत् में, वृषभादिक जिनराज॥
शास्त्रों का हो पठन सुखदा, लाभ सत्संगति का।
सद्वृत्तों का सुजश कहके दोष ढाकूँ सभी का॥
बोलूँ प्यारे वचन हित के आपका रूप ध्याऊँ।
तो लौं सेऊँ चरण जिनके मोक्ष जो लौं न पाऊँ॥
तव पद मेरे हिय में, मम हिय तेरे पुनीत चरणों में।

तब लौं लीन रहों प्रभु, जब लौं न पाया मुक्ति पद मैंने॥
अक्षर पद मात्रा से दूषित, जो कुछ कहा गया मुझसे।
क्षमा करो प्रभु सो सब करुणा करि, पुनि छुड़ाहु भव दुःख से।
हे जगबन्धु जिनेश्वर! पाऊँ तव चरण शरण बलिहारी।
मरण समाधि सुदुर्लभ, कर्मों का क्षय हो सुबोध सुखकारी॥

शान्तिभक्तिं समाधिभक्तिं च पठित्वा कायोत्सर्गं करोम्यहम्।

विसर्जन

बिन जाने वा जानके, रही टूट जो कोय।
तुम प्रसाद तैं परम गुरु, सो सब पूरण होय॥
पूजन विधि जानूँ नहीं, नहिं जानूँ आह्वान।
और विसर्जन हू नहीं, क्षमा करहु भगवान॥
मन्त्रहीन धनहीन हूँ , क्रियाहीन जिनदेव।
क्षमा करहु राखहु मुझे, देहु चरण की सेव॥
श्रद्धा से आराध्य पद, पूजे भक्ति प्रमाण।
पूजा विसर्जन मैं करूँ, सदा करो कल्याण ॥

ॐ ह्रां ह्रीं ह्रूं ह्रौं ह्रः अ सि आ उ सा अर्हदादि-परमेष्ठिनः पूजा-विधि-विसर्जनं करोमि, अपराध-क्षमापणं भवतु यः यः यः।

ठोने पर पुष्प क्षेपण कर विसर्जन करें।

श्री जिनवर की आशिका, लीजे शीश चढ़ाय।
भव भव के पातक कटैं, दुःख दूर हो जाय॥

भगवान से आशीर्वाद ग्रहण करें।

द्वितीय-खंड

अनुष्ठान

यन्त्र-प्रतिष्ठा

मंगलाष्टक, दिग्बन्धन, रक्षामन्त्र एवं शान्तिमन्त्राराधन करके, जिन यन्त्रों की प्रतिष्ठा करना हो उन्हें सर्वौषधि के जल से शुद्ध करें।

ॐ ह्रां ह्रीं ह्रूं ह्रौं ह्रः अप्रतिचक्रे फट् विचक्राय स्वाहा।

यन्त्र पर केशर लगायें।

ॐ ह्रीं अर्हं श्रीजिनाय परमजिनाय नमः यन्त्रं स्नपयामि।

21 बार मन्त्रोच्चारण कर जल की धारा देवें।

शान्तिधारा

णमो अरहंताणं, णमो सिद्धाणं, णमो आइरियाणं।
णमो उवज्झायाणं, णमो लोए सव्व साहूणं॥

चत्तारि मंगलं अरहंता मंगलं सिद्धा मंगलं साहू मंगलं केवलि पण्णत्तो धम्मो मंगलं। चत्तारि लोगुत्तमा अरहंता लोगुत्तमा सिद्धा लोगुत्तमा साहू लोगुत्तमा केवलि पण्णत्तो धम्मो लोगुत्तमो। चत्तारि सरणं पव्वज्जामि, अरहंते सरणं पव्वज्जामि, सिद्धे सरणं पव्वज्जामि, साहू सरणं पव्वज्जामि, केवलिपण्णत्तं धम्मं सरणं पव्वज्जामि। श्रीशान्तिरस्तु। शिवमस्तु। जयोऽस्तु । नित्यमारोग्य-मस्तु। सर्वेषां पुष्टिरस्तु। तुष्टिरस्तु। समृद्धिरस्तु । कल्याणमस्तु । सुखमस्तु ।

ॐ ह्रीं श्रीं क्लीं सर्वशान्तिर्भवतु शान्तिर्भवतु शान्तिर्भवतु।

शान्तिधारा करें। यन्त्रों का शुद्ध वस्त्र से मार्जन करें।

ॐ परमहंसाय नमः हं सः हं सः हं हं हें हैं हौं हः अ सि आ उ सा सम्यग्दर्शन-ज्ञान-चारित्रेभ्यो नमः।

यह मन्त्र 19 बार पढ़ते हुए पुष्प क्षेपण करें।

ॐ आं क्रौं ह्रीं अ सि आ उ सा अ आ इ ई उ ऊ ऋ ॠ ऌ ॡ ए ऐ ओ औ

अं अः, क ख ग घ ङ, च छ ज झ ञ, ट ठ ड ढ ण, त थ द ध न, प फ ब भ म, य र ल व, श ष स ह, आयुष्यप्राणाः अमुष्य जीवाः इह स्थिताः अमुष्य (अमुष्य के स्थान पर यन्त्र का नाम लेवें) यन्त्र मन्त्र तन्त्रस्य सर्वेन्द्रियाणि काय-वाङ्मनश्चक्षुश्रोत्रघ्राण-प्राणाः इहैवायन्तु अहं अत्र सुखं चिरं तिष्ठन्तु ।

यह मन्त्र 3 बार पढ़ते हुए पुष्प क्षेपण कर 9 बार णमोकार मन्त्र पढ़ें।

यन्त्र-पूजा

करोमि विघ्नौघ-विनाशहेतु, आह्वानसंस्थापन सन्निधानम्।
यन्त्रस्य पूजाविधयोघसर्वरक्षाभिधानस्य मनो मुहूर्तम्॥

ॐ ह्रां ह्रीं ह्रूं ह्रौं ह्रः अ सि उ सा ह्रूं फट् रक्षय रक्षय यन्त्रस्य अत्र एहि एहि संवौषट् आह्वानम्। अत्र तिष्ठ तिष्ठ ठः ठः स्थापनम्। अत्र मम सन्निहितो भव भव वषट् सन्निधिकरणम्।

श्रीमत्कनत्कांचननिर्मितोरु, भृंगारनालाद्वलितैः पयोभिः।
यन्त्रस्य विघ्नौघशमाय सर्वरक्षाभिधानस्य करोमि पूजाम्॥

ॐ ह्रां ह्रीं ह्रूं ह्रौं ह्रः अ सि आ उ सा अर्हं नमः।

ॐ ह्रीं भगवते ह्म्ल्व्यूंक्ष्रीं झ्रौं यन्त्राधिपतये चौरारिमारि शाकिनी-प्रभृति घोरोपसर्ग- दुष्टग्रहराक्षस-भूतप्रेत-पिशाचादीन्-अपनय अपनय सर्वरोगापमृत्यु-विनाशाय फट् आयुषे वर्धय वर्धय सर्वयजमानस्य रक्षां कुरु-कुरु लक्ष्मी-प्रभावोदितं तुष्टि-पुष्टि आयुरारोग्य-क्षेमकल्याण-विभव-वितरणोपेतवर प्रसाद-सद्धर्म-वृद्ध्यर्थं सिद्ध्यर्थं शान्त्यर्थं यन्त्रराजाय.................(यन्त्र का नाम) जलं समर्पयामि स्वाहा।

प्रक्षीणपंकैक सुसारसारैः सौरभ्य सम्प्रीणित विश्वलोकैः।
यन्त्रस्य विघ्नौघशमाय सर्वरक्षाभिधानस्य करोमि पूजाम्॥

ॐ ह्रां ह्रीं ह्रूं ह्रौं ह्रः......यन्त्रराजस्य......चन्दनं समर्पयामि स्वाहा।

शाल्यक्षतैः क्षीरपयोभिफेन-पिण्डौपमै रक्षत तुक्तलक्ष्म्यैः।
यन्त्रस्य विघ्नौघशमाय सर्वरक्षाभिधानस्य करोमि पूजाम्

ॐ ह्रां ह्रीं ह्रूं ह्रौं ह्रः.......यन्त्रराजस्य ....अक्षतान् समर्पयामि स्वाहा।

मन्दारजाती-वकुलादिमुक्त-कुन्दादिपुष्पैःसुरभी कृताशैः।
यन्त्रस्य विघ्नौघशमाय सर्व-रक्षाभिधानस्य करोमि पूजाम्॥

ॐ ह्रां ह्रीं ह्रूं ह्रौं ह्रः.........यन्त्रराजस्य.......पुष्पं समर्पयामि स्वाहा।

शाल्यन्नपक्वान्नसमस्तशाकैः क्षीरान्नयुक्तैश्चरुभिर्विचित्रैः
यन्त्रस्य विघ्नौघशमाय सर्व-रक्षाभिधानस्य करोमि पूजाम्॥

ॐ ह्रां ह्रीं ह्रूं ह्रौं ह्रः...........यन्त्रराजस्य......नैवेद्यं समर्पयामि स्वाहा।

कर्पूरदीप्रज्वलितैः प्रदीपैः निश्शेषता शेषदिगन्धकारैः।
यन्त्रस्य विघ्नौघशमाय सर्व-रक्षाभिधानस्य करोमि पूजाम्॥

ॐ ह्रां ह्रीं ह्रूं ह्रौं ह्रः .....यन्त्रराजस्य...........दीपं समर्पयामि स्वाहा।

पापौघपूर्णैः घनधूपधूपैः धूमैः सुकालांगरु चन्दनौघैः।
यन्त्रस्य विघ्नौघशमाय सर्व-रक्षाभिधानस्य करोमि पूजाम्॥

ॐ ह्रां ह्रीं ह्रूं ह्रौं ह्रः ....यन्त्रराजस्य...........धूपं समर्पयामि स्वाहा।

नारंगपूगाम्र सुमातुलिंग-कञ्जार मोच्यादिफलै र्मनौज्ञैः।
यन्त्रस्य विघ्नौघशमाय सर्व-रक्षाभिधानस्य करोमि पूजाम्॥

ॐ ह्रां ह्रीं ह्रूं ह्रौं ह्रः.........यन्त्रराजस्य.........फलं समर्पयामि स्वाहा ।

शीताम्बु-गन्धाक्षत-पुष्पमुख्यैः द्रव्यैः कृतं चार्घ्यमिदं ददेऽहम्।
यन्त्रस्य विघ्नौघशमाय सर्व-रक्षाभिधानस्य करोमि पूजाम्॥

ॐ ह्रां ह्रीं ह्रूं ह्रौं ह्रः ....यन्त्रराजस्य......अर्घ्यं समर्पयामि स्वाहा ।

जयमाला

बीजाक्षरैरुत्कटश्शक्तिपूतैः ह्रीमादितीर्थंकरवाच्यभूतैः।
सुमन्त्रितं यन्त्रमिदं जगत्सु, करोतु रक्षां परितो विपत्सु॥ 1॥
प्रतिष्ठिता यत्र समस्तदेवा, ज्योतिष्कवैमानिकभावना वा।
पातालदेवाः सकलार्तशक्त्या, निघ्नन्तु विघ्नानि जिनेन्द्रभक्त्या
धर्मायकामार्थ महार्थसिद्धये, जन्मार्त कामार्तजरार्तमुक्त्यै।
संस्थापयन्तु प्रचुरेण लोका, महीमधो यन्त्रमिदं सदैव॥ 3॥
राज्ञे स्वस्तिचतुर्विधाय बृहते संघाय यज्ञाय च।
सद्धर्माय सधर्मिणोऽस्तु सुकृतां भो वृष्टिरस्तुक्षणं।
मा भूयाद शुभे क्षणं शुभयुजां भूयात्पुनर्दर्शनम्॥
श्री जिन चरणाग्रे पुष्पाञ्जलिं क्षिपेत् ।
देवैर्मनुष्यैः पशुभिः प्रकृत्या, चतुर्विधैर्वै प्रचुरोपसर्गैः।
रक्षां प्रकर्तुं प्रभवन्ति लोके, यद्यन्त्रपूजाविधयो सदैव॥ 4॥
जिनालयादिप्रभवादिकार्ये, बिम्बस्य चौर्यक्षरणादिवार्ये।
निर्मापणे मंगलकार्यभूते, संस्थापयेद् यन्त्रमिदं जगत्सु॥ 5॥
सर्वकार्यप्रसिध्यर्थं विश्वविघ्नौघशान्तये।
यन्त्रपूजाविधिर्नित्य - माशीर्वादं प्रयच्छतु॥6॥

ॐ ह्रां ह्रीं ह्रूं ह्रौं ह्रः ...... यन्त्रराजस्य ..... अर्घ्यं समर्पयामि स्वाहा।

महार्घ्य, शान्तिपाठ, विसर्जन एवं शान्तिभक्ति पढ़कर कार्य समाप्त करें।

माला-शुद्धि

ॐ ह्रीं रत्नैः स्वर्णैः सूतैर्बीजैः रचिता जपमालिका सर्वजपेषु सर्वाणि वाञ्छितानि प्रयच्छन्तु।

माला को प्रासुक जल से धोकर, थाली में स्वस्तिक बनाकर स्वस्तिक के ऊपर माला रखें।

उक्त मन्त्र को 7 बार पढ़कर पुष्प क्षेपण करें।

जाप

जकारो जन्म-विच्छेदः पकारः पाप- नाशकम्।
तस्माज्जप इति प्रोक्त : जन्म-पाप-विनाशकम्।

जाप करने से अनेक जन्मों के सञ्चित पाप नष्ट हो जाते हैं। विषय-कषाय-जन्य अशान्ति, बेचैनी, मानसिक अस्थिरता दूर करने के लिए एवं कार्य की निर्विघ्न समाप्ति के लिए मन्त्रों का जाप किया जाता है। मन्त्र-जाप से मन पवित्र होता है, आत्मस्वरूप का श्रद्धान होता है। विषय, कषाय की आसक्ति कम होती है। विकारों पर विजय प्राप्त होती है। मन की चञ्चलता समाप्त हो जाती है। दृढ़ संकल्प, उत्साह, एवं स्फूर्ति का संचार होता है। उद्देश्य की अपेक्षा से मन्त्रों के अनेक भेद-प्रभेद हैं। उनका विधि-पूर्वक जाप करने से समीचीन फल की प्राप्ति होती है। मन्त्र-जाप तीन प्रकार से किया जा सकता है-

1. वाचनिक-मन्त्र जाप- उच्च स्वर में मन्त्र का जाप करना वाचनिक मन्त्र जाप है।
2. उपांशु-मन्त्र जाप-ओठों को हिलाते हुए धीरे-धीरे मन्द स्वर में मन्त्र जाप करना उपांशु-मन्त्र जाप है।
3. मानसिक-मन्त्र जाप- मन ही मन में मन्त्र जाप करना मानसिक मन्त्र जाप है। इनमें मानसिक मन्त्र-जाप का सबसे ज्यादा महत्त्व है।

जाप की सावधानियाँ-

1. जाप करनेवाला मानसिक विकृतिवाला न हो।
2. स्वस्थ, नीरोग एवं अति वृद्ध न हो।
3. आठ वर्ष से कम उम्र का न हो।
4. ब्रह्मचर्य का पालन करने वाला हो।
5. सप्त व्यसन का त्यागी हो।
6. बीड़ी, पान, तम्बाकू, सिगरेट, आदि नशीले पदार्थों का त्याग करनेवाला हो।

7. बाजार की बनी वस्तुएँ एवं रात्रि भोजन का त्यागी हो।
8. हिंसक तरीके से बनी वस्तुओं का त्याग करने वाला हो।
9. शुद्ध धोती दुपट्टा पहिन कर ही जाप करें।
10. माला दाहिने हाथ से फेरें और माला पूर्ण होने पर धूप खेवें।
11. जाप करनेवाले शुद्ध भोजन करें एवं ब्रह्मचर्य से रहें।
12. मन्त्र का शुद्ध उच्चारण करना चाहिए।
13. धूप शुद्ध एवं मर्यादित हो।
14. जाप करने वाले का मुख पूर्व या उत्तर दिशा में होना चाहिए। यदि आमने सामने बैठते हैं, तो दिशा दोष नहीं है।
15. सामूहिक स्थल पर मन्त्र को मन में जपें, आवाज़ करने से दूसरों को बाधा होती है।
16. अनुष्ठान जाप रात्रि में न करें।
17. जाप शुरु करने के पूर्व और समाप्ति पर नौ बार णमोकार मन्त्र पढ़ें।
18. दीपक जलाकर ही जाप करें। जाप के बाद दीपक को खाली दीपक से ढक दें।
19. जप-स्थल एकान्त में हो। सार्वजनिक स्थान एवं आने-जाने के रास्ते को जप-स्थल न बनावें।
20. विनायकयन्त्र या सिद्धयन्त्र का मुख पूर्व या उत्तर दिशा में करें।
21. जब तक जाप चले, तब तक प्रतिदिन यन्त्र पूजा करें।
22. यन्त्र के ऊपर छत्र और चँदोवा लगाएँ।
23. यन्त्र दीवार से सटाकर न रखें।
24 जाप करने पद्मासन या खड्गासन में ही बैठें।

जाप की सामग्री–

थाली 2, कलश 2, चम्मच 2, कटोरी 2, प्लेट 1, ठोना 1, आरती 1, धूपदान 1, घी, केशर, जल, चावल, चटक गोला, धूप, बादाम, लौंग, रुई, माचिस, चौका, चौकी, आसन चटाई, मन्त्र लिखा हुआ, विनायक या सिद्धयन्त्र, सिंहासन, छत्र, अखंड दीपक, कलावा, यज्ञोपवीत (जनेऊ), मंगल कलश (श्रीफल,पीला कपड़ा, हल्दीगाँठ, सुपाड़ी, पीलीसरसों, रजतस्वास्तिक, पंचरत्न, चाँदी का सिक्का सहित), जाप, माला ,कापी, पेन आदि।

जाप विधि–

सिद्धभक्ति, मंगलाष्टक

ॐ क्षां क्षीं क्षूं क्षौं क्षः मेघकुमार धरां प्रक्षालय प्रक्षालय स्वाहा।

भो मेघकुमार धरां प्रक्षालय प्रक्षालय अं हं सं वं ठं झं यः क्षः फट् स्वाहा।

ॐ ह्रीं श्रीं भू स्वाहा।

जल के छींटे देकर भूमि शुद्धि करें।

अंगन्यास सकलीकरण

ॐ ह्रीं अमृते अमृतोद्भवे अमृतवर्षिणी अमृतं स्रावयस्रावय सं सं क्लीं क्लीं ब्लूं ब्लूं द्रां द्रां द्रीं द्रीं द्रावय द्रावय हं सं वीं क्ष्वीं हं सः स्वाहा।

शिर पर जल डालें ।

ॐ ह्रां णमो अरहन्ताणं ह्रां अगुष्ठाभ्यां नमः।

ॐ ह्रीं णमो सिद्धाणं ह्रीं तर्जनीभ्यां नमः।

ॐ ह्रूं णमो आइरियाणं ह्रूं मध्यमाभ्यां नमः।

ॐ ह्रौं णमो उवज्झायाणं ह्रौं अनामिकाभ्यां नमः।

ॐ ह्रः णमो लोए सव्वसाहूणं ह्रः कनिष्ठिकाभ्यां नमः।

जल में क्रमशः अँगुलियाँ डुबोकर पञ्चपरमेष्ठी को नमस्कार करें।

ॐ ह्रां ह्री ह्रूं ह्रौं ह्रः करतलाभ्यां नमः।

दोनों हथेली सीधी फैलाकर नमन करें।

ॐ ह्रां ह्री ह्रूं ह्रौं ह्रः करपृष्ठाभ्यां नमः।

दोनों हथेली उल्टी फैलाकर नमन करें।

ॐ ह्रां णमो अरहंताणं ह्रां मम शीर्षं रक्ष रक्ष स्वाहा।

शिर का स्पर्श करें।

ॐ ह्रीं णमो सिद्धाणं ह्रीं मम वदनं रक्ष रक्ष स्वाहा।

मुख का स्पर्श करें।

ॐ ह्रूं णमो आइरियाणं ह्रूं मम हृदयं रक्ष रक्ष स्वाहा।

हृदय का स्पर्श करें।

ॐ ह्रौं णमो उवज्झायाणं ह्रौं ममनाभिं रक्ष रक्ष स्वाहा।

नाभि का स्पर्श करें।

ॐ ह्रः णमो लोए सव्वसाहूणं ह्रः मम पादौ रक्ष रक्ष स्वाहा।

पैरों का स्पर्श करें।

ॐ ह्रां णमो अरहंताणं ह्रां मां रक्ष रक्ष स्वाहा।

शरीर पर पुष्प छोड़ें।

ॐ ह्रीं णमो सिद्धाणं ह्रीं मम वस्त्रं रक्ष रक्ष स्वाहा।

वस्त्रों पर पुष्प छोड़ें।

ॐ हूं णमो आइरियाणं हूं मम पूजा द्रव्यं रक्ष रक्ष स्वाहा।

पूजन सामग्री के पास पुष्प छोड़ें।

ॐ ह्रौं णमो उवज्झायाणं ह्रौं ममस्थलं रक्ष रक्ष स्वाहा।

पूजा स्थल पर पुष्प छोड़ें।

ॐ ह्रः णमो लोए सव्वसाहूणं ह्रः सर्व जगत् रक्ष रक्ष स्वाहा।

सब यजमानों पर पुष्प छोड़ें।

ॐ नमः अ सि आ उ सा मम शिरो रक्ष रक्ष स्वाहा।

सिर पर 'अ' लिखें।

ॐ नमः अ सि आ उ सा मम वक्षस्थलं रक्ष रक्ष स्वाहा।

वक्षस्थल पर 'सि' लिखें।

ॐ नमः अ सि आ उ सा मम नेत्रे रक्ष रक्ष स्वाहा।

पलकों पर 'आ' लिखें।

ॐ नमः अ सि आ उ सा मम कण्ठं रक्ष रक्ष स्वाहा।

कंठ पर 'उ' लिखें।

ॐ नमः अ सि आ उ सा मम ललाटं रक्ष रक्ष स्वाहा।

ललाट पर 'सा' लिखें।

पात्रेऽर्पितं चन्दनमौषधीशं शुभ्रं सुगन्धाहृत चञ्चरीकम्।
स्थाने नवांके तिलकाय चर्च्यं न केवलं देहविकार हेतोः।

ॐ ह्रां ह्रीं ह्रूं ह्रौं ह्रःअ सि आ उ सा सर्वांग-शुद्धिं कुरु-कुरु स्वाहा।

नौ स्थानों पर तिलक लगावें।

मस्तक, शिखा, ग्रीवा, कान, हृदय, भुजा, कलाई, नाभि, पीठ।

जिनेन्द्र गुरु पूजनं श्रुत वचः सदा धारणं
स्व शील यम रक्षणं ददन सत्तपो वृहणं।
इति प्रथितषट् क्रिया निरतिचारमास्तांतवे
त्यथप्रथन कर्मणे विहित रक्षिकाबन्धनम्॥

ॐ ह्रीं नमोऽर्हते सर्वं रक्ष रक्ष हूं फट् स्वाहा।

दाहिने हाथ में रक्षासूत्र तीन बार लपेट कर बाँधें।

पूर्वं पवित्रतर सूत्र विनिर्मितं यत् प्रीतः।
प्रजापतिर कल्पय दंगसंगि॥
सद्भूषणं जिनमहे निजकण्ठधार्यं।
यज्ञोपवीतमह मेष तदाऽऽतनोमि॥

ॐ नमः परमशान्ताय शान्तिकराय पवित्रीकरणयाहं रत्नत्रय- स्वरूपं यज्ञोपवीतं दधामि मम गात्रं पवित्रं भवतु अर्हं नमः स्वाहा।

यज्ञोपवीत धारण करें।

ॐ ह्रां णमो अरहंताणं ह्रां पूर्व दिशातः आगत विघ्नान् निवारय निवारय मां रक्ष-रक्ष हूं फट् स्वाहा।

ॐ ह्रीं णमो सिद्धाणं ह्रीं दक्षिण दिशातः आगत विघ्नान् निवारय निवारय मां रक्ष-रक्ष हूं फट् स्वाहा।

ॐ ह्रूं णमो आइरियाणं ह्रूं पश्चिम दिशातः आगत विघ्नान् निवारय निवारय मां रक्ष-रक्ष हूं फट् स्वाहा।

ॐ ह्रौं णमो उवज्झायाणं ह्रौं उत्तर दिशातः आगत विघ्नान् निवारय निवारय मां रक्ष-रक्ष हूं फट् स्वाहा।

ॐ ह्रः णमो लोएसव्वसाहूणं ह्रः सर्व दिशातः आगत विघ्नान् निवारय निवारय मां रक्ष-रक्ष हूं फट् स्वाहा।

दिग्बन्धन करें।

ॐ ह्रूं क्ष्रूं फट् किरिटिं किरिटिं घातय घातय पर विघ्नान् स्फोटय स्फोटय सहस्र खंडान् कुरु-कुरु परमुद्रां छिन्द-छिन्द परमन्त्रान् भिन्द भिन्द क्षः क्षः हूं फट् स्वाहा।

स्वयं के ऊपर पुष्प क्षेपण करें।

ॐ नमोऽर्हते भगवते प्रक्षीणाशेषदोष-कल्मषाय दिव्य तेजोमूर्तये नमः श्रीशान्तिनाथाय शान्तिकराय सर्व विघ्नप्रणाशनाय सर्वरोगापमृत्यु विनाशनाय सर्वपरकृच्छुद्रोपद्रव विनाशनाय सर्व-क्षाम-डामर-विनाशनाय ॐ ह्रां ह्री ह्रूं ह्रौं ह्रः अ सि आ उ सा नमः सर्वशातिं तुष्टिं-पुष्टिं च कुरु-कुरु स्वाहा।

सभी दिशाओं में पुष्प क्षेपण करें।

विनायक-यन्त्र-अभिषेक

ॐ ह्रीं श्रीकारलेखनं करोमि।

थाली में श्री लेखन करें।

अर्हं मन्त्र नमस्कृत्य रत्नत्रय-तपोनिधिम्।
सिद्धयन्त्रं स्थापयामि सर्वोपद्रव-शान्तये॥

ॐ ह्रीं स्नपनपीठे विनायक/सिद्धयन्त्र स्थापयामि।

उदक-चन्दन-तण्डुल-पुष्पकैश्चरु-सुदीपसुधूप-फलार्घ्यकैः।
धवल-मंगल-गान-रवाकुले जिनगृहे-जिनयंत्र-महं-यजे॥

ॐ ह्रीं स्नपनपीठस्थ विनायक/सिद्धयन्त्रेभ्योऽर्घ्यं निर्वपामीति स्वाहा।

स्नात्वा शुभाम्बरधरः कृतयत्नयोगात्,
यन्त्रं निवेश्य शुचिपीठवरेऽभिषिञ्चेत्।
ॐ भूर्भुवः स्वरिह मंगल यंत्र मेतत्,
विघ्नौघवारक महं परिषिञ्चयामि॥

ॐ ह्रीं भूर्भुवःस्वरिह विघ्नौघवारकं यन्त्रं वयं परिषिञ्चयामः।

यन्त्र का अभिषेक करें।

ॐ नमः सिद्धेभ्यः श्रीवीतरागाय नमः
णमो अरहंताणं, णमो सिद्धाणं, णमो आइरियाणं।
णमो उवज्झायाणं, णमो लोए सव्वसाहूणं।

चत्तारि मंगलं, अरहंता मंगलं, सिद्धा मंगलं, साहू मंगलं, केवलि पण्णत्तो धम्मो मंगलं। चत्तारि लोगुत्तमा, अरहंता लोगुत्तमा, सिद्धा लोगुत्तमा, साहू लोगुत्तमा, केवलि पण्णत्तो धम्मो लोगुत्तमो। चत्तारि सरणं पव्वज्जामि, अरहंते सरणं पव्वज्जामि, सिद्धे सरणं पव्वज्जामि, साहू सरणं पव्वज्जामि, केवलि पण्णत्तं धम्मं सरणं पव्वज्जामि।

ॐ ह्रीं अनादिमूलमन्त्रेभ्यो नमः सर्वशान्तिं तुष्टिं पुष्टिं च कुरु-कुरु स्वाहा।

ॐ नमोऽर्हते भगवते प्रक्षीणाशेषदोष-कल्मषाय दिव्यतेजो मूर्तये नमः श्रीशान्तिनाथाय शान्तिकराय सर्वविघ्न प्रणाशनाय सर्वरोगापमृत्यु विनाशनाय सर्व परकृच्छुद्रोपद्रव विनाशनाय सर्वक्षामडामरविनाशनाय ॐ ह्रां ह्री ह्रूं ह्रौं ह्रः अ सि आ उ सा नमः सर्वशान्तिं तुष्टिं पुष्टिं च कुरु-कुरु स्वाहा।

ॐ ह्रूं क्षूं फट् किरिटिं किरिटिं घातय घातय परविघ्नान् स्फोटय-स्फोटय सहस्र खंडान् कुरु-कुरु परमुद्रां छिन्द-छिन्द पर-मन्त्रान् भिन्द भिन्द क्षः क्षः हूं सर्वशान्तिं तुष्टिं पुष्टिं च कुरु-कुरु स्वाहा।

ॐ ह्रीं श्रीं क्लीं अर्हं अ सि आ उ सा अनाहत-विद्यायै णमो अरिहंताणं ह्रौं सर्वविघ्न शान्तिर्भवतु स्वाहा।

तवभक्ति-प्रसादाल्लक्ष्मी-पुर-राज्यगेह-पद भ्रष्टोपद्रव-दारिद्रोद्भवोपद्रव-स्वचक्र-परचक्रोद्भवोपद्रव-प्रचण्ड पवनानल-जलोद्भवोपद्रव-शाकिनी-डाकिनी-भूत-पिशाच-कृतोपद्रव-दुर्भिक्षव्यापार-वृद्धिरहितोपद्रवाणां-विनाशनं भवतु स्वाहा।

ॐ ह्रीं सम्पूर्णकल्याणमंगलरूप-मोक्षपुरुषार्थश्च भवतु स्वाहा।

शान्तिधारा करें

उदक-चन्दन-तण्डुल-पुष्पकैश्चरु-सुदीपसुधूप-फलार्घ्यकैः।
धवल-मंगल-गान-रवाकुले जिनगृहे-कल्याण-महं-यजे॥
ॐ ह्रीं स्नपनपीठस्थ विनायक/सिद्धयन्त्रेभ्योऽर्घ्यं निर्वपामीति स्वाहा।

यंत्र का मार्जनकर सिंहासन में स्थापितकर पूजन पीठिका पूर्वक निन पूजा करें।

नवदेवता पूजा

अरहन्त-सिद्ध-साधु-त्रितयं, जिनधर्म-बिम्ब-वचनानि।
जिन निलयान् नवदेवान्, संस्थापये भावतो नित्यम्॥

ॐ ह्रीं नवदेव समूह अत्र अवतर-अवतर संवौषट् आह्वानम्
ॐ ह्रीं नवदेव समूह अत्र तिष्ठ-तिष्ठ ठः ठः स्थापनम् ।
ॐ ह्रीं नवदेव समूह अत्र मम सन्निहितो भव-भव वषट् सन्निधिकरणम्।

ये घाति-जाति-प्रतिघाति-जातं, शक्राद्यलंघ्यं जगदेकसारम्।
प्रपेदिरेऽनन्त चतुष्टयं तान्, यजे जिनेन्द्रानिह कर्णिकायाम्॥

ॐ ह्रीं अर्हत्परमेष्ठिनेऽर्घ्यं निर्वपामीति स्वाहा ।

निःशेषबन्धक्षयलब्ध-शुद्धबुद्धस्वभावान्निज-सौख्य-वृद्धान्।
आराधये पूर्वदले सुसिद्धान्, स्वात्मोपलब्ध्यैस्फुट मष्टधेष्ट्या॥

ॐ ह्रीं सिद्धपरमेष्ठिनेऽर्घ्यं निर्वपामीति स्वाहा।

ये पञ्चधाचारमरं मुमुक्षू-नाचारयन्ति स्वयमाचरन्तः।
अभ्यर्चये दक्षिणदिग्दलेता-नाचार्यवर्यान्स्वपरार्थ-चर्यान्॥

ॐ ह्रीं आचार्यपरमेष्ठिनेऽर्घ्यं निर्वपामीति स्वाहा।

येषामुपान्त्यं समुपेत्य शास्त्राण्यधीयते मुक्तिकृते विनेयाः।
अपश्चिमान्पश्चिम दिग्दलेऽस्मिन्-नमूनुपाध्याय गुरून्महामि॥

ॐ ह्रीं उपाध्यायपरमेष्ठिनेऽर्घ्यं निर्वपामीति स्वाहा।

ध्यानैकतानानबहिःप्रचारान्, सर्वंसहान् निवृत्तिसाधनार्थम्।
सम्पूज्याम्युत्तर दिग्दलेतान् साधून् शेषान् गुणशीलसिन्धून्॥

ॐ ह्रीं साधुपरमेष्ठिनेऽर्घ्यं निर्वपामीति स्वाहा।

आराधकानभ्युदये समस्तान्, निःश्रेयसे वा धरति ध्रुवं यः।
तं धर्माग्नेय-विदिग्दलान्ते, सम्पूजये केवलिनोपदिष्टम्॥

ॐ ह्रीं जिनधर्मायाऽर्घ्यं निर्वपामीति स्वाहा।

सुनिश्चितासम्भव बाधकत्वात्, प्रमाणभूतं सनयप्रमाणम्।
यजे हि नानाष्टक भेदवेदं मत्यादिकं नैऋतकोण पत्रे॥

ॐ ह्रीं जिनागमायाऽर्घ्यं निर्वपामीति स्वाहा।

व्यपेत भूषायुध-वेशदोषान्, उपेत-निःसंगतयार्द्रमूर्तीन्।
जिनेन्द्रबिम्बान्भुवनत्रयस्थान्, समर्चयेवायु विदिग्दलेऽस्मिन्॥

ॐ ह्रीं जिनबिम्बेभ्योऽर्घ्यं निर्वपामीति स्वाहा ।

शालत्रयान्सद्मनि केतु-मानस्तम्भालयान्मंगल मंगलाढ्यान्।
गृहान् जिनानामकृतान् कृतांश्च, भूतेश कोणस्थले यजामि॥

ॐ ह्रीं जिनचैत्यालयेभ्योऽर्घ्यं निर्वपामीति स्वाहा।

मध्ये कर्णिक मर्हदार्य मनघं बाह्येऽष्ट पत्रोदरे।
सिद्धान् सूरिवरांश्च पाठकगुरून् साधूश्व दिक्पत्रगान्॥
सद्धर्मागम चैत्यचैत्यनिलयान् कोणस्थदिक्पत्रगान्।
भक्त्या सर्वसुरासुरेन्द्रमहितान्, तानष्टधेष्ट्या यजे॥

ॐ ह्रीं अर्हदादिनवदेवेभ्योऽर्घ्यं निर्वपामीति स्वाहा।

विनायक-यन्त्र पूजा

परमेष्ठिन्! जगत्त्राण-करणे मंगलोत्तम!
इतः शरण! तिष्ठत्वं सन्निधौ भव पावन!

ॐ ह्रीं अर्हं अ सि आ उ सा मंगलोत्तम-शरणभूत-परमेष्ठिन्! अत्र अवतरत अवतरत संवौषट् आह्वानम्।

ॐ ह्रीं अर्हं अ सि आ उ सा मंगलोत्तम-शरणभूत-परमेष्ठिन्! अत्र तिष्ठत-तिष्ठत ठः ठः स्थापनम्।

ॐ ह्रीं अर्हं अ सि आ उ सा मंगलोत्तम-शरणभूत-परमेष्ठिन्! अत्र मम सन्निहितो भवत-भवत वषट् सन्निधिकरणम्।

पंकेरुहायत-परागपुञ्जैः सौगन्ध्यवद्भिः सलिलैः पवित्रैः।
अर्हत्पदाभासित-मंगलादीन् प्रत्यूहनाशार्थमहं यजामि॥

ॐ ह्रीं अर्हं अ सि आ उ सा मंगलोत्तम-शरणभूत-परमेष्ठिभ्यो जलं निर्वपामीति स्वाहा।

काश्मीर-कर्पूरकृतद्रवेण संसार-तापापहृतौ युतेन।
अर्हत्पदाभासित-मंगलादीन् प्रत्यूहनाशार्थमहं यजामि॥

ॐ ह्रीं अर्हं अ सि आ उ सा मंगलोत्तम-शरणभूत-परमेष्ठिभ्यः चन्दनं निर्वपामीति स्वाहा।

शाल्यक्षतैरक्षत-मूर्तिमद्भि-रब्जादिवासेन सुगन्धवद्भिः।
अर्हत्पदाभासित-मंगलादीन् प्रत्यूहनाशार्थमहं यजामि॥

ॐ ह्रीं अर्हं अ सि आ उ सा मंगलोत्तम-शरणभूत-परमेष्ठिभ्यो अक्षतान् निर्वपामीति स्वाहा।

कदम्बजात्यादिभवैः सुरद्रुमैः,-जातैर्मनोजात-विपाशदक्षैः।
अर्हत्पदाभासित-मंगलादीन् प्रत्यूहनाशार्थमहं यजामि॥

ॐ ह्रीं अर्हं अ सि आ उ सा मंगलोत्तम-शरणभूत-परमेष्ठिभ्यः पुष्पं निर्वपामीति स्वाहा।

पीयूषपिण्डैश्च शशांक-कान्ति-स्पर्धाभि विष्टैर्नयन प्रियैश्च।
अर्हत्पदाभासित-मंगलादीन् प्रत्यूहनाशार्थमहं यजामि॥

ॐ ह्रीं अर्हं अ सि आ उ सा मंगलोत्तम-शरणभूत-परमेष्ठिभ्यो नैवेद्यं निर्वपामीति स्वाहा।

ध्वस्तान्धकार-प्रसरैः सुदीपै-र्घृतोद्भवै रत्नविनिर्मितैर्वा।
अर्हत्पदाभासित-मंगलादीन् प्रत्यूहनाशार्थमहं यजामि॥

ॐ ह्रीं अर्हं अ सि आ उ सा मंगलोत्तम-शरणभूत-परमेष्ठिभ्यो दीपं निर्वपामीति स्वाहा ।

स्वकीयधूमेन नभोऽवकाश-संव्याप्नुवद्भिश्च सुगन्धधूपैः।
अर्हत्पदाभासित-मंगलादीन् प्रत्यूहनाशार्थमहं यजामि॥

ॐ ह्रीं अर्हं अ सि आ उ सा मंगलोत्तम शरणभूत-परमेष्ठिभ्यो धूपं निर्वपामीति स्वाहा।

नारंगपूगादि-फलै-रनर्घ्यै- र्हन्मानसादि प्रिय तर्पकैश्च।
अर्हत्पदाभासित-मंगलादीन् प्रत्यूहनाशार्थमहं यजामि॥

ॐ ह्रीं अर्हं अ सि आ उ सा मंगलोत्तम-शरणभूत-परमेष्ठिभ्यः फलं निर्वपामीति स्वाहा।

अच्छाम्भः शुचि-चन्दनाक्षत-सुमैः-नैंवेद्यकैश्चारुभिः।
दीपैर्धूप-फलोत्तमैः समुदितै-रेभिः सुपात्रस्थितैः॥
अर्हत्सिद्धसुसूरि-पाठकमुनीन् लोकोत्तमान् मंगलान्।
प्रत्यूहौघ-निवृत्तये शुभकृतः सेवे शरण्यानहम्॥

ॐ ह्रीं अर्हं अ सि आ उ सा मंगलोत्तम-शरणभूत-परमेष्ठिभ्योऽर्घ्यं निर्वपामीति स्वाहा।

प्रत्येक अर्घ्य

कल्याणपञ्चक-कृतोदय-माप्तमीश-मर्हन्तमच्युत चतुष्टय-भासुरांगम्।
स्याद्वादवागमृतसिन्धु-शशांककोटि-मर्चेजलादि भिरनन्तगुणालयन्तम्॥

ॐ ह्रीं अनन्तचतुष्टयादि लक्ष्मीविभ्रतेऽर्हत्परमेष्ठिभ्योऽर्घ्यं निर्वपामीति स्वाहा।

कर्माष्टकेध्म-चयमुत्पथमाशु हुत्वा,
सद्ध्यानवह्नि विसरे स्वयमात्मवन्तम्।
निःश्रेयसामृतसरस्यथ सन्निनाय
तं सिद्धमुच्चपददं परिपूजयामि॥

ॐ ह्रीं अष्टकर्मकाष्ठ-भस्मीकुर्वते सिद्धपरमेष्ठिनेऽर्घ्यं निर्वपामीति स्वाहा।

स्वचार-पञ्चकमपि स्वयमाचरन्तः,
ह्याचारयन्तिभविकान्निजशुद्धभाजः।
तानर्चयामि विविधैः सलिलादिभिश्च,
प्रत्यूहनाशनविधौ निपुणान् पवित्रैः॥

ॐ ह्रीं पञ्चाचार-परायणाचार्य-परमेष्ठिनेऽर्घ्यं निर्वपामीति स्वाहा।

अंगांगबाह्य-परिपाठनलालसाना-
मष्टांगज्ञानपरिशीलन-भावितानाम्।
पादारविन्दयुगलं खलु पाठकानां,
शुद्धैर्जलादिवसुभिः परिपूजयामि॥

ॐ ह्रीं द्वादशांग पठनपाठनोद्यताय उपाध्याय-परमेष्ठिनेऽर्घ्यं निर्वपामीति स्वाहा।

आराधना सुख-विलास-महेश्वराणां,
सद्धर्म-लक्षणमयात्म-विकस्वराणाम्।
स्तोतुं गुणान् गिरिवनादि निवासभाजां,
एषोऽर्घतश्चरण-पीठभुवं यजामि॥

ॐ ह्रीं त्रयोदश-प्रकारचारित्राराधक साधुपरमेष्ठिनेऽर्घ्यं निर्वपामीति स्वाहा।

अर्हन्मंगलमर्चामि जगन्मंगलदायकम्।
प्रारब्धकर्म-विघ्नौघ-प्रलयाय पयोमुखैः॥

ह्रीं अर्हन्मंगलायार्घ्यं निर्वपामीति स्वाहा।

चिदानन्द-लसद्वीची-मालीढं गुणशालिकम्।
सिद्धमंगलमर्चेऽहं सलिलादिभि-रुज्वलैः॥

ॐ ह्रीं सिद्धमंगलायार्घ्यं निर्वपामीति स्वाहा।

बुद्धिक्रिया-रसतपो-विक्रियौषधि-मुख्यकाः।
ऋद्धयो यं न मोहन्ति साधुमंगलमर्चये॥

ॐ ह्रीं साधुमंगलायार्घ्यं निर्वपामीति स्वाहा।

लोकालोक-स्वरूपज्ञ-प्रज्ञप्तं धर्म-मंगलम्।
अर्चे वादित्रनिर्घोष-गीतनृत्यैः वनादिभिः॥

ॐ ह्रीं केवलिप्रज्ञप्तधर्म-मंगलायार्घ्यं निर्वपामीति स्वाहा।

लोकोत्तमोऽर्हन् जगतां भवबाधा विनाशकः।
अर्च्यतेऽर्घ्येण स मया कुकर्मगण हानये॥

ॐ ह्रीं अर्हं लोकोत्तमायार्घ्यं निर्वपामीति स्वाहा ।

विश्वाग्र-शिखर-स्थायी सिद्धो लोकोत्तमो मया।
महयते महसानन्द-चिदानन्द-सुमेदुर:॥

ॐ ह्रीं सिद्धलोकोत्तमायार्घ्यं निर्वपामीति स्वाहा ।

रागद्वेष-परित्यागी साम्यभावावबोधक:।
साधुलोकोत्तमोऽर्घ्येण पूज्यते सलिलादिभि:॥

ॐ ह्रीं साधुलोकोत्तमायार्घ्यं निर्वपामीति स्वाहा ।

उत्तमक्षमया भास्वान् सद्धर्मो विष्टपोत्तम:।
अनन्तसुखसंस्थानं यज्यतेऽम्भ: सुमादिभि:॥

ॐ ह्रीं केवलिप्रज्ञप्तधर्म-लोकोत्तमायार्घ्यं निर्वपामीति स्वाहा।

अर्हंस्त्वमेव शरणं नान्यथा शरणं मम।
तत् त्वां भावविशुद्ध्यर्थ-मर्हयामि जलादिभि:॥

ॐ ह्रीं अर्हत्शरणायार्घ्यं निर्वपामीति स्वाहा ।

व्रजामि सिद्धशरणं परावर्तन पंचकम्।
भित्वा स्वसुखसन्दोह-सम्पन्नमिति पूजये॥

ॐ ह्रीं सिद्धशरणायार्घ्यं निर्वपामीति स्वाहा ।

आश्रये साधुशरणं सिद्धान्तप्रतिपादनै:।
न्यक्कृताज्ञान-तिमिर-मिति शुद्ध्या यजामितम्॥

ॐ ह्रीं साधुशरणायार्घ्यं निर्वपामीति स्वाहा ।

धर्म एव सदा बन्धु: स एव शरणं मम।
इह वान्यत्र संसारे इति तं पूजयेऽधुना॥

ॐ ह्रीं केवलिप्रज्ञप्त-धर्मशरणायार्घ्यं निर्वपामीति स्वाहा।

संसारदु:ख-हनने निपुणं जनानां।
नाद्यन्तचक्रमिति सप्तदश प्रमाणं॥
सम्पूजये विविधभक्ति-भरावनम्र:।
शान्तिप्रदं भुवनमुख्य-पदार्थसार्थै:॥

ॐ ह्रीं अर्हदादि-सप्तदशमन्त्रेभ्य: समुदायार्घ्यं निर्वपामीति स्वाहा।

जयमाला

विघ्नप्रणाशनविधौ सुरमर्त्यनाथा, अग्रेसरं जिन वदन्ति भवन्तमिष्टम्।
आनाद्यनन्त-युगवर्तिन-मत्र कार्ये, विघ्नौघवारण-कृतेऽह-मपि स्मरामि।
गणानां मुनीना-मधीशत्वतस्ते, गणेशाख्यया ये भवन्तं स्तुवन्ति।
सदाविघ्न-सन्दोह-शान्तिर्जनानां, करे संलुठत्यायतक्षेमकानाम्॥
कले: प्रभावात्कलुषाशयेषु जनेषु मिथ्यामदवासितेषु।
प्रवर्तितो यो गणराजनाम्ना कथं स कुर्याद्भववार्धि-शोषम्।

यो वाक् सुधा-तोषित भव्यजीवो यो ज्ञानपीयूष-पयोधितुल्यः।
यो वृत्तदूरीकृतपापपुञ्जः स एव मान्यो गणराजनाम्ना॥
यतस्त्वमेवासि विनायको मे दृष्टेष्टयोगान्नविरुद्धवाचः।
त्वन्नाममात्रेण पराभवन्ति विघ्नारयस्तर्हि किमत्र चित्रम्।
जय जय जिनराज त्वद्गुणान् को व्यनक्ति,यदि सुरगुरुरिन्द्रः कोटिवर्ष प्रमाणम्।
वदितुमभिलषेद्वा पारमाप्नोति नो चेत्, कथित इह मनुष्यःस्वल्पबुद्ध्या समेतः॥

ॐ ह्रीं अर्हदादिसप्तदशमन्त्रेभ्यो जयमालार्घ्यं निर्वपामीति स्वाहा।

श्रियं बुद्धिमनाकुल्यं धर्मप्रीति-विवर्धनम्।
जिनधर्मे स्थितिर्भूयात् श्रेयसं मे दिशत्वरम्॥

इत्याशीर्वादः पुष्पाञ्जलिं क्षिपेत्।

महार्घ्य, शान्तिपाठ एवं विसर्जन कर कार्य पूर्ण करें ।

वेद्या मूले पञ्चरत्नोपशोभं कण्ठेलम्बान्माल्यमादर्शयुक्तम्।
माणिक्याभं काञ्चनं पूगदर्भस्त्रक् वासोभं सद्घटंस्थापयेद् वै॥

ॐ अद्य भगवतो महापुरुषस्य श्रीमदादिब्रह्मणो मतेऽस्मिन् विधीयमाने कर्मणि ....श्रीवीरनिर्वाण संवत्सरे...... मासे...... पक्षे.... .... तिथौ......वासरे प्रशस्तलग्ने ....कार्यस्य निर्विघ्न-समाप्त्यर्थं नवरत्नगन्धपुष्पाक्षत-श्रीफलादि-शोभितं मंगलकलश-स्थापनं करोमि। श्रीं ड्वीं क्ष्वीं हं सः स्वाहा।

कलश स्थापन करें

रुचिर-दीप्तिकरं शुभ-दीपकं, सकल-लोक-सुखाकरमुज्ज्वलम्।
तिमिर-जाल-हरं प्रकरं सदा, किल धरामि सु-मंगलकं मुदा॥

ॐ ह्रीं अज्ञान-तिमिर-हरं दीपकं स्थापयामि ।

जप का संकल्प

ॐ जम्बूद्वीपे भरतक्षेत्रे आर्यखण्डे......देशे..... प्रान्ते.... नगरे...... वीरनिर्वाण - संवत्सरे...... ऋतौ... मासे.... पक्षे....तिथौ...... जैनमन्दिरे...... कार्यस्य निर्विघ्नसमाप्त्यर्थं ....इति मन्त्रस्य......वासरादारभ्य........ वासरपर्यन्तं करिष्यामहे.....जापस्य संकल्पं कुर्मः निर्विघ्नं समापनं भवतु। अर्हं नमः स्वाहा ।

यह संकल्प लेकर श्रीफल यंत्र के पास चढ़ा दें।

ॐ ह्रीं अर्हं निःसहि ह्रूं फट् दर्भासने उपविशामि ।

आसन ग्रहण करके नौ बार णमोकार मन्त्र पढ़कर जाप प्रारम्भ करें।

हवन

संकल्पित मन्त्र-जाप की पूर्णता एवं धामिक कार्य के समापनोपरान्त सात प्रकार के मन्त्रों (पीठिका मन्त्र, जातिमन्त्र, निस्तारकमन्त्र, ऋषिमन्त्र, सुरेन्द्रमन्त्र, परमराजमन्त्र एवं परमेष्ठीमन्त्र) के द्वारा आहुतियाँ एवं संकल्पित जाप की दशांश आहुतियाँ दी जाती हैं। जिनसे सप्त-परमस्थान प्राप्ति की भावना बनती है।

सज्जतिः सद्‌गृहित्वं च पारिव्राज्यं सुरेन्द्रता।
साम्राज्यं परमार्हन्त्यं परनिर्वाणमित्यपि॥

सज्जाति, सद्‌गृहस्थ, दीक्षा, सुरेन्द्रपद, चक्रवर्ती, अर्हन्त एवं निर्वाण ये सप्त-परम स्थान हैं। हवन करते हुए भावना रहती है कि जिस प्रकार धूप अग्नि में अपनी स्थूलता को नष्ट कर ऊर्ध्वगमन करती है, उसी प्रकार हम भी अपनी आत्मा को कर्मों से मुक्त करके ऊर्ध्वगमन करते हुए सिद्धत्व को प्राप्त करें।

हवन की सावधानियाँ–

1. हवन करनेवालों को मानसिक एवं शारीरिक विकृति न हो।
2. स्वस्थ और नीरोग हो, अति बाल एवं वृद्ध न हो।
3. आठ वर्ष से कम उम्र न हो। छोटे बच्चों को गोद में लेकर हवन न करें।
4. लिपिस्टिक, नेलपालिश या हिंसात्मक सौन्दर्य-प्रसाधन का उपयोग करने वाले हवन न करें।
5. सप्त व्यसन का त्यागी हो।
6. बीड़ी, पान, तम्बाकू, सिगरेट,आदि नशीले पदार्थों का सेवन न करें।
7. बाजार की बनी धूप न हो, घर पर ही शुद्धि-पूर्वक तैयार की गयी एवं मर्यादित हो।
8. हवन-आहुति में पुष्पों का प्रयोग आगमोक्त नहीं है।
9. शुद्ध धोती दुपट्टा पहन कर ही हवन करें। पेंट-शर्ट, सलवार-सूट, जीन्स टी-शर्ट आदि पहनकर हवन न करें।

10. हवन अग्निवास के अनुसार ही करें।
11. हवन कुंड गीले न हों।
12. हवन के मन्त्रों का शुद्ध उच्चारण होना चाहिए।
13. कुंडों की संख्या विषम हो।
14. हवन करनेवाले का मुख पूर्व या उत्तर दिशा में होना चाहिए। यदि आमने-सामने बैठते हैं तो दिशा-दोष नहीं है।
15. हवन-कुंड में अँगूठी, कड़ा, छल्ला, श्रीफल आदि रखना आगमोक्त नहीं है।
16. हवन रात्रि में न करें।
17. हवन शुरु करने के पूर्व और समाप्ति पर नौ बार णमोकार मन्त्र पढ़ें।
18. हवन कुंडों की लम्बाई-चौड़ाई एवं गहराई सामान्यतः एक अरत्नि (15 इंच) होना चाहिए।
19. हवन में चन्दन की लकड़ी एवं कपूर का प्रयोग अवश्य करें।
20. लकड़ी छिलके वाली, गीली एवं घुनी न हो।
21. विनायक-यन्त्र या सिद्ध-यन्त्र का मुख पूर्व या उत्तर दिशा में करें।
22. हवन करने पद्मासन या सुखासन में ही बैठें।

हवन की सामग्री-

थाली 2, कलश 2, चम्मच 2, कटोरी 2, प्लेट 1, ठोना 1, आरती 1, धूपदान 1, घी, केशर, जल, चावल, चटक गोला, धूप, बादाम, लौंग, रुई, माचिस, चौका, चौकी, आसन चटाई, मन्त्र लिखा हुआ, विनायक या सिद्धयन्त्र, सिंहासन, छत्र, दीपक छोटे-बड़े ,कलावा, यज्ञोपवीत (जनेऊ) मंगल कलश (श्रीफल,पीला कपड़ा, हल्दीगाँठ, सुपाड़ी, पीलासरसों, रजतस्वस्ति, पञ्चरत्न, चाँदी का सिक्का सहित) कुंड, रंगोली आदि।

हवन विधि-

मंगलाष्टक, दिग्बंधन, रक्षामन्त्र, शान्तिमन्त्र।

ॐ ह्रीं महीपूतां कुरु-कुरु हूं फट् स्वाहा।

जल के छींटे लगाकर भूमि शुद्ध करें

ॐ ह्रीं श्रीं क्षीं भूः स्वाहा।

भूमि पर पुष्प क्षेपण करें।

ॐ ह्रीं नीरजसे नमः। (जलं)

ॐ ह्रीं शीलगन्धाय नमः। (चन्दनं)

ॐ ह्रीं अक्षताय नमः। (अक्षतं)

ॐ ह्रीं विमलाय नमः। (पुष्पं)

ॐ ह्रीं दर्पमथनाय नमः। (नैवेद्यं)

ॐ ह्रीं ज्ञानोद्योतनाय नमः। (दीपं)

ॐ ह्रीं श्रुतधूपाय नमः। (धूपं)

ॐ ह्रीं अभीष्टफलप्रदाय नमः। (फलं)

ॐ ह्रीं परमसिद्धाय नमः। (अर्घ्यं)

उपर्युक्त मन्त्रों से भूमिशुद्धि करें

अर्हं मन्त्र नमस्कृत्य रत्नत्रय- तपोनिधिम्।
सिद्ध-यन्त्रं स्थापयामि सर्वोपद्रव-शान्तये॥

ॐ ह्रीं श्रीपीठे सिद्धयन्त्र-स्थापनं करोमि ।

यन्त्र स्थापित करके अर्घ्य समर्पित करें।

द्रव्याणि सर्वाणि विधाय पात्रे, ह्यनर्घ्य-मर्घ्यं वितरामि भक्त्या।
भवे-भवे भक्तिरुदारभावाद्येषां, सुखायास्तु निरन्तराया॥

ॐ ह्रीं विनायक-सिद्धयन्त्रेभ्योऽर्घ्यं निर्वपामीति स्वाहा।

भो वायुकुमार! सर्वविघ्नविनाशनाय महीपूतां कुरु-कुरु हूं फट् स्वाहा।

वस्त्र से कुंड साफ करें

भो मेघकुमार! धरां प्रक्षालय प्रक्षालय अं हं सं वं झं ठं यः क्षः फट् स्वाहा।

जल से भूमि शुद्ध करें

भो अग्निकुमार धरां ज्वलय ज्वलय अं हं सं वं झं ठं यः क्षः फट् स्वाहा।

कपूर जलाकर कुंड शुद्ध करें।

चूर्णानि संमर्द्य सितासितानि, पीतानि रक्तानि हरिन्निभानि।
पात्रे निधायार्घ्यमनर्घ्यशील, आचार्यभक्तिं प्रपठेद् यतात्मा॥

सौभाग्यवती स्त्रियाँ एवं अष्टकुमारियाँ कुंड पर चूर्ण स्थापित कर शोभायमान करें।

ॐ ह्रीं अर्हं पञ्चवर्णसूत्रेण त्रीन्वारान् वेष्टयामि।

कुंडों की कटनी पर पंचरंगसूत बाँधें।

ॐ ह्रीं अर्हं ह्यूं ह्यूं णिस्सहि आसने उपविशामि।

आसन पर बैठें

ॐ नमोऽर्हते सर्वं रक्ष रक्ष हूं फट् स्वाहा।

हवन में बैठने वाले सभी पात्रों के दाहिने हाथ में मौली बाँधें।

ॐ ह्रीं अर्हं मौनस्थितार्थं मौनव्रतं गृह्णामि स्वाहा।

मौनग्रहण करें

ॐ ह्रां ह्री ह्रूं ह्रौं ह्रः नमोऽर्हते भगवते श्रीमत्पद्म महापद्मतिगिञ्छ केसरि महापुण्डरीक पुण्डरीक गंगा सिन्धु रोहिद्रोहितास्या हरिद्धरिकान्ता सीता-सीतोदा नारीनरकान्ता सुवर्णरूप्यकूला रक्तारक्तोदा क्षीराम्भोनिधि जलं सुवर्ण घट प्रक्षिप्तं

नवरत्न गन्धाक्षत पुष्पार्चितामोदकं पवित्रं कुरु-कुरु झं झं झौं झौं वं वं मं मं हं हं सं सं तं तं पं पं द्रां द्रां द्रीं द्रीं हं सः स्वाहा।

इति मन्त्रेण प्रसिञ्च्य जल पवित्रीकरणम्।

मन्त्र पढ़ते हुए जल शुद्ध करके मंगल कलश में जल भरें।

ॐ ह्रीं अर्हं स्वस्तिविधानाय पुण्याहवाचनार्थं मंगलकलशं स्थापयामि ।

रुचिर-दीप्तिकरं शुभ-दीपकं, सकल-लोक-सुखाकरमुज्ज्वलम्।
तिमिर-जाल-हरं प्रकरं सदा, किल-धरामि सु-मंगलकं मुदा॥

ॐ ह्रीं अज्ञान-तिमिर-हरं दीपकं स्थापयामि।

मध्ये कर्णिक मर्हदार्य मनघं बाह्येऽष्ट पत्रोदरे।
सिद्धान् सूरिवरांश्च पाठकगुरून् साधूंश्च दिक्पत्रगान्॥
सद्धर्मागम चैत्यचैत्यनिलयान् कोणस्थदिक्पत्रगान्।
भक्त्या सर्वसुरासुरेन्द्रमहितान्, तानष्टधेष्टया यजे॥

ॐ ह्रीं अर्हदादिनवदेवेभ्योऽर्घ्यं निर्वपामीति स्वाहा।

ॐ ह्रीं जिनमुखोद्भूतस्याद्वादनय-गर्भित द्वादशांग श्रुतज्ञानायार्घ्यं निर्वपामीति स्वाहा।

जिनवाणी को अर्घ्य देवें।

ॐ ह्रीं सम्यग्दर्शनज्ञानचारित्रादिगुणविराजमाना चार्योपाध्याय-सर्वसाधुभ्योऽर्घ्यं निर्वपामीति स्वाहा।

निर्ग्रन्थ गुरुओं को अर्घ्य चढ़ावें।

ॐ ह्रीं होमार्थम् अग्नित्रयाधारभूतसमिधां स्थापयामि।

होम कुंड में समिधा स्थापित करें।

कुंडत्रये महापूते सुधृत समिधान्तरे।
द्रव्ये शुद्धाग्निना सद्यः प्रज्वलनं करोम्यहम्॥

ॐ ॐ ॐ ॐ रं रं रं रं अग्निं स्थापयामि।

दीपक से कपूर जलाकर अग्नि प्रज्वलित करें।

श्रीतीर्थनाथ-परिनिर्वृति-पूतकाले,
ह्यागत्यवह्नि-सुरपामुकुटोल्लसद्भिः।
वह्निवृजैर्जिनपदेह-मुदारभक्त्या,
देहुस्तदग्नि-महमर्चयितुं दधामि॥

ॐ ह्रीं चतुरस्रे तीर्थंकरकुंडे गार्हपत्याग्नौ कृत संस्काराय तीर्थंकरपरम्-देवाय अर्घ्यं निर्वपामीति स्वाहा।

चौकोर कुंड के पास अर्घ्य चढ़ावें।

गणाधिपानां शिवयातिकालेऽग्नीन्द्रोत्तमांग-स्फुरदुग्ररोचिः।
संस्थाप्य पूज्यश्च समाह्वनीयो, विघ्नौघशान्त्यै विधिना हुताशः॥

ॐ ह्रीं वृत्ते गणधरकुंडे आह्वनीयाग्नौ कृत- संस्काराय गणधरदेवाय अर्घ्यं निर्वपामीति स्वाहा।

गोल कुंड के पास अर्घ्य चढ़ावें।

श्रीदक्षिणाग्निः परिकल्पितश्च, किरीटदेशात् प्रणताग्निदेवैः।
निर्वाणकल्याणक-पूतकाले, तमर्चये विघ्न-विनाशनाय॥

ॐ ह्रीं त्रिकोणे सामान्यकेवलिकुंडे दक्षिणाग्नौ कृत संस्काराय सामान्य-केवलिनेऽर्घ्यं निर्वपामीति स्वाहा।

त्रिकोण कुंड के पास अर्घ्य चढ़ावें

आहुति मन्त्र

ॐ ह्रीं अर्हद्भ्यः स्वाहा।
ॐ ह्रीं सिद्धेभ्यः स्वाहा।
ॐ ह्रीं सूरिभ्यः स्वाहा।
ॐ ह्रीं पाठकेभ्यः स्वाहा।
ॐ ह्रीं साधुभ्यः स्वाहा।
ॐ ह्रीं जिनधर्मेभ्यः स्वाहा ।
ॐ ह्रीं जिनागमेभ्यः स्वाहा।
ॐ ह्रीं जिनबिम्बेभ्यः स्वाहा।
ॐ ह्रीं जिनचैत्यालयेभ्यः स्वाहा।
ॐ ह्रीं सम्यग्दर्शनाय स्वाहा।
ॐ ह्रीं सम्यग्ज्ञानाय स्वाहा।
ॐ ह्रीं सम्यक्चारित्राय स्वाहा।

पीठिका-मन्त्र

षट्त्रिंशत्पीठिकामन्त्रैः काम्यमन्त्रावसानकैः।
इज्यावशिष्टहव्याद्यैः कुर्वे तावतिथाहुतिः॥

ॐ ह्रीं सत्यजाताय नमः स्वाहा।
ॐ ह्रीं अर्हज्जाताय नमः स्वाहा।
ॐ ह्रीं परमजाताय नमः स्वाहा।
ॐ ह्रीं अनुपमजाताय नमः स्वाहा।

ॐ ह्रीं स्वप्रधानाय नमः स्वाहा।
ॐ ह्रीं अचलाय नमः स्वाहा।
ॐ ह्रीं अक्षयाय नमः स्वाहा।
ॐ ह्रीं अव्याबाधाय नमः स्वाहा।
ॐ ह्रीं अनन्तज्ञानाय नमः स्वाहा।
ॐ ह्रीं अनन्तदर्शनाय नमः स्वाहा।
ॐ ह्रीं अनन्तवीर्याय नमः स्वाहा।
ॐ ह्रीं अनन्तसुखाय नमः स्वाह
ॐ ह्रीं नीरजसे नमः स्वाहा।
ॐ ह्रीं निर्मलाय नमः स्वाहा।
ॐ ह्रीं अच्छेद्याय नमः स्वाहा।
ॐ ह्रीं अभेद्याय नमः स्वाहा।
ॐ ह्रीं अजराय नमः स्वाहा।
ॐ ह्रीं अमराय नमः स्वाहा।
ॐ ह्रीं अप्रमेयाय नमः स्वाहा।
ॐ ह्रीं अगर्भवासाय नमः स्वाहा।
ॐ ह्रीं अक्षोभ्याय नमः स्वाहा।
ॐ ह्रीं अविलीनाय नमः स्वाहा।
ॐ ह्रीं परमघनाय नमः स्वाहा।
ॐ ह्रीं परमकाष्ठयोगरूपाय नमः स्वाहा।
ॐ ह्रीं लोकाग्रवासिने नमो नमः स्वाहा।
ॐ ह्रीं परमसिद्धेभ्यो नमो नमः स्वाहा।
ॐ ह्रीं अनादिपरमसिद्धेभ्यो नमो नमः स्वाहा।
ॐ ह्रीं अर्हत्सिद्धेभ्यो नमो नमः स्वाहा।
ॐ ह्रीं केवलिसिद्धेभ्यो नमो नमः स्वाहा।
ॐ ह्रीं अंतकृतसिद्धेभ्यो नमो नमः स्वाहा।
ॐ ह्रीं परम्परसिद्धेभ्यो नमो नमः स्वाहा।
ॐ ह्रीं अनादिपरम्परसिद्धेभ्यो नमो नमः स्वाहा।
ॐ ह्रीं परमार्थसिद्धेभ्यो नमो नमः स्वाहा।
ॐ ह्रीं अनाद्यनुपमसिद्धेभ्यो नमो नमः स्वाहा।

ॐ ह्रीं सम्यग्दृष्टे सम्यग्दृष्टे। आसन्नभव्य आसन्नभव्य। निर्वाणपूजार्ह निर्वाणपूजार्ह, अग्नीन्द्र अग्नीन्द्र स्वाहा।

सेवाफलं षट्परमस्थानं भवतु, अपमृत्युविनाशनं भवतु, समाधिमरणञ्च भवतु।

हवन के सभी पात्रों पर पुष्प क्षेपण करें

जाति-मन्त्र

दशभिर्जातिमन्त्रैश्च तावदव्यग्रमानसः।
इज्यावशिष्टहव्याद्यैः कुर्वे तावतिथाहुतिः॥

ॐ ह्रीं सत्यजन्मनः शरणं प्रपद्यामि स्वाहा।
ॐ ह्रीं अर्हज्जन्मनः शरणं प्रपद्यामि स्वाहा।
ॐ ह्रीं अर्हमातुः शरणं प्रपद्यामि स्वाहा।
ॐ ह्रीं अर्हसुतस्य शरणं प्रपद्यामि स्वाहा।
ॐ ह्रीं अनादिगमनस्य शरणं प्रपद्यामि स्वाहा।
ॐ ह्रीं अनुपम जन्मनः शरणं प्रपद्यामि स्वाहा।
ॐ ह्रीं रत्नत्रस्य शरणं प्रपद्यामि स्वाहा।
ॐ ह्रीं सम्यग्दृष्टे सम्यग्दृष्टे ज्ञानमूर्ते ज्ञानमूर्ते सरस्वति सरस्वति स्वाहा।

सेवाफलं षट्परमस्थानं भवतु, अपमृत्यु विनाशनं भवतु, समाधिमरणञ्च भवतु।

हवन के सभी पात्रों पर पुष्प क्षेपण करें।

निस्तारक-मन्त्र

निस्तारकादिभिर्मन्त्रैः त्रयोदशमितैरयम्।
इज्यावशिष्टहव्याद्यैः कुर्वेतावतिथाहुतिः॥

ॐ ह्रीं सत्यजाताय स्वाहा।
ॐ ह्रीं अर्हज्जाताय स्वाहा।
ॐ ह्रीं ग्रामयतये स्वाहा।
ॐ ह्रीं अनादिश्रोत्रियाय स्वाहा।
ॐ ह्रीं स्नातकाय स्वाहा।
ॐ ह्रीं श्रावकाय स्वाहा।
ॐ ह्रीं देवब्राह्मणाय स्वाहा।
ॐ ह्रीं सुब्राह्मणाय स्वाहा।
ॐ ह्रीं अनुपमाय स्वाहा।
ॐ ह्रीं सम्यग्दृष्टे सम्यग्दृष्टे,निधिपते निधिपते,वैश्रमण वैश्रमण स्वाहा।

सेवाफलं षट्परमस्थानं भवतु, अपमृत्युविनाशनं भवतु, समाधिमरणञ्च भवतु।

हवन के सभी पात्रों पर पुष्प क्षेपण करें।

ऋषि-मन्त्र

ऋषिमन्त्रैर्महर्ष्युक्तैः अष्टादशमितैरथ।
इज्यावशिष्टहव्याद्यैः कुर्वे तावतिथाहुतिः॥

ॐ ह्रीं सत्यजाताय नमः स्वाहा।
ॐ ह्रीं अर्हज्जाताय नमः स्वाहा।
ॐ ह्रीं निर्ग्रन्थाय नमः स्वाहा।
ॐ ह्रीं वीतरागाय नमः स्वाहा।
ॐ ह्रीं महाव्रताय नमः स्वाहा।
ॐ ह्रीं त्रिगुप्ताय नमः स्वाहा।
ॐ ह्रीं महायोगाय नमः स्वाहा।
ॐ ह्रीं विविधयोगाय नमः स्वाहा।
ॐ ह्रीं विविर्द्धये नमः स्वाहा।
ॐ ह्रीं अंगधराय नमः स्वाहा।
ॐ ह्रीं पूर्वधराय नमः स्वाहा।
ॐ ह्रीं गणधराय नमः स्वाहा।
ॐ ह्रीं परमर्षिभ्यो नमो नमः स्वाहा।
ॐ ह्रीं अनुपमजाताय नमो नमः स्वाहा।

ॐ ह्रीं सम्यग्दृष्टे सम्यग्दृष्टे। भूपते भूपते। नगरपते नगरपते। कालश्रमण कालश्रमण स्वाहा।

सेवाफलं षट्परमस्थानं भवतु, अपमृत्युविनाशनं भवतु, समाधिमरणञ्च भवतु।

सुरेन्द्र-मन्त्र

अथ षोडशभिर्मन्त्रैः सुरेन्द्रादिभिरांजसैः।
इज्यावशिष्टहव्याद्यैः कुर्वे तावतिथाहुतिः॥

ॐ ह्रीं सत्यजाताय स्वाहा।
ॐ ह्रीं अर्हज्जाताय स्वाहा।
ॐ ह्रीं दिव्यजाताय स्वाहा।
ॐ ह्रीं दिव्यार्च्यजाताय स्वाहा।
ॐ ह्रीं नेमिनाथाय स्वाहा।
ॐ ह्रीं सौधर्माय स्वाहा।
ॐ ह्रीं कल्पाधिपतये स्वाहा।
ॐ ह्रीं अनुचराय स्वाहा।
ॐ ह्रीं परम्परेन्द्राय स्वाहा।

ॐ ह्रीं अहमिन्द्राय स्वाहा।

ॐ ह्रीं परमार्हताय स्वाहा।

ॐ ह्रीं अनुपमाय स्वाहा।

ॐ ह्रीं सम्यग्दृष्टे सम्यग्दृष्टे। कल्पपते कल्पपते। दिव्यमूर्ते दिव्यमूर्ते। वज्रनामन् वज्रनामन् स्वाहा।

सेवाफलं षट्परमस्थानं भवतु, अपमृत्युविनाशनं भवतु, समाधिमरणञ्च भवतु।

परमराजादि-मन्त्र

मन्त्रैर्परमराज्याद्यैरथ द्वादशसंख्यकैः।
इज्यावशिष्टहव्याद्यैः कुर्वे तावतिथाहुतिः॥

ॐ ह्रीं सत्यजाताय स्वाहा।

ॐ ह्रीं अर्हज्जाताय स्वाहा।

ॐ ह्रीं अनुपमेन्द्राय स्वाहा।

ॐ ह्रीं विजयार्च्यजाताय स्वाहा।

ॐ ह्रीं नेमीनाथाय स्वाहा।

ॐ ह्रीं परमजाताय स्वाहा।

ॐ ह्रीं परमार्हताय स्वाहा।

ॐ ह्रीं अनुपमाय स्वाहा।

ॐ ह्रीं सम्यग्दृष्टे सम्यग्दृष्टे। उग्रतेजः उग्रतेजः। दिशाञ्जय दिशाञ्जय। नेमिविजय नेमिविजय स्वाहा।

सेवाफलं षट्परमस्थानं भवतु, अपमृत्युविनाशनं भवतु, समाधिमरणञ्च भवतु।

परमेष्ठि-मन्त्र

परमेष्ठ्यादिभिर्मन्त्रैः षड्विंशतिमितैरथ।
इज्यावशिष्टहव्याद्यैः कुर्वे तावतिथाहुतिः॥

ॐ ह्रीं सत्यजाताय नमः स्वाहा।

ॐ ह्रीं अर्हज्जाताय नमः स्वाहा।

ॐ ह्रीं परमजाताय नमः स्वाहा।

ॐ ह्रीं परमार्हताय नमः स्वाहा।

ॐ ह्रीं परमरूपाय नमः स्वाहा।

ॐ ह्रीं परमतेजसे नमः स्वाहा।

ॐ ह्रीं परमगुणाय नमः स्वाहा।

ॐ ह्रीं परमस्थानाय नमः स्वाहा।

ॐ ह्रीं परमयोगिने नमः स्वाहा।

ॐ ह्रीं परमभाग्याय नमः स्वाहा।

ॐ ह्रीं परमर्द्धये नमः स्वाहा।

ॐ ह्रीं परमप्रसादाय नमः स्वाहा।

ॐ ह्रीं परमविज्ञानाय नमः स्वाहा।

ॐ ह्रीं परमदर्शनाय नमः स्वाहा।

ॐ ह्रीं परमवीर्याय नमः स्वाहा।

ॐ ह्रीं परमसुखाय नमः स्वाहा।

ॐ ह्रीं परमकांक्षिताय नमः स्वाहा।

ॐ ह्रीं परमविजयाय नमः स्वाहा।

ॐ ह्रीं परमसर्वज्ञाय नमः स्वाहा।

ॐ ह्रीं परमेष्ठिने नमो नमः स्वाहा।

ॐ ह्रीं परमनेत्रे नमो नमः स्वाहा।

ॐ ह्रीं सम्यग्दृष्टे सम्यग्दृष्टे। त्रिलोक्यविजय त्रिलोक्यविजय। धर्ममूर्ते। धर्ममूर्ते। धर्मनेमे धर्मनेमे स्वाहा।

सेवाफलं षट्परमस्थानं भवतु, अपमृत्युविनाशनं भवतु, समाधिमरणञ्च भवतु।

बृहच्छान्ति आहुति-मन्त्र

नव्येन गव्येन घृतेन सम्यक्-स्त्रुवार्पिते-नाहुतिभिः कृताभिः।
होमं विधास्यामि समित्समान संख्याभिरत्यूर्जितशान्ति-मन्त्रैः॥

णमो अरहंताणं, णमो सिद्धाणं, णमो आइरियाणं, णमो उवज्झायाणं, णमो लोए सव्वसाहूणं। चत्तारि मंगलं, अरहंता मंगलं, सिद्धा मंगलं, साहू मंगलं, केवलि पण्णत्तो धम्मो मंगलं। चत्तारि लोगुत्तमा, अरहंता लोगुत्तमा, सिद्धा लोगुत्तमा, साहू लोगुत्तमा, केवलि पण्णत्तो धम्मो लोगुत्तमो। चत्तारि सरणं पव्वज्जामि, अरहंते सरणं पव्वज्जामि, सिद्धे सरणं पव्वज्जामि, साहू सरणं पव्वज्जामि, केवलि पण्णत्तं धम्मं सरणं पव्वज्जामि।

ॐ ह्रीं अनादिमूलमन्त्रेभ्यो नमः सर्वशान्तिं तुष्टिं पुष्टिं च कुरु-कुरु स्वाहा।

ॐ नमोऽर्हते भगवते प्रक्षीणाशेषदोष-कल्मषाय दिव्यतेजो मूर्तये नमः श्रीशान्तिनाथाय शान्तिकराय सर्वविघ्न प्रणाशनाय सर्वरोगापमृत्यु विनाशनाय सर्व परकृच्छुद्रोपद्रव विनाशनाय सर्वक्षामडामरविनाशनाय

ॐ ह्रां ह्री ह्रूं ह्रौं ह्रः अ सि आ उ सा नमः सर्वशान्तिं तुष्टिं पुष्टिं च कुरु-कुरु स्वाहा।

ॐ ह्रूं क्षूं फट् किरिटिं किरिटिं घातय घातय परविघ्नान् स्फोटय-स्फोटय सहस्र खंडान् कुरु-कुरु परमुद्रां छिन्द-छिन्द-पर-मन्त्रान् भिन्द भिन्द क्षः क्षः हूं सर्वशान्तिं कुरु-कुरु स्वाहा।

ॐ ह्रीं श्रीं क्लीं अर्हं अ सि आ उ सा अनाहत-विद्यायै णमो अरहन्ताणं ह्रौं सर्वविघ्न शान्तिर्भवतु स्वाहा।

ॐ ह्रां ह्री ह्रूं ह्रौं ह्रः अ सि आ उ सा सम्यग्दर्शनज्ञान-चारित्रेभ्यो नमः सर्वशान्तिं कुरु-कुरु स्वाहा।

ॐ अ ह्रां सि ह्रीं आ ह्रूं उ ह्रौं सा ह्रः जगदातपविनाशनाय ह्रीं शान्तिनाथाय नमः सर्वशान्तिं कुरु-कुरु स्वाहा।

ॐ ह्रीं श्रीशान्तिनाथाय अशोकतरु-सत्प्रातिहार्य मण्डिताय अशोकतरु-सत्प्रातिहार्य-शोभन- पदप्रदाय ह्म्ल्व्र्यूं-बीजाय सर्वोपद्रव-शान्तिकराय नमः सर्वशान्तिर्भवतु स्वाहा।

ॐ ह्रीं श्रीशान्तिनाथाय सुरपुष्पवृष्टि-सत्प्रातिहार्य-मण्डिताय सुरपुष्पवृष्टि-सत्प्रातिहार्य-शोभन-पदप्रदाय भ्म्ल्व्र्यूं-बीजाय सर्वोपद्रव- शान्तिकराय नमः सर्वशान्तिर्भवतु स्वाहा।

ॐ ह्रीं श्रीशान्तिनाथाय दिव्यध्वनि-सत्प्रातिहार्य- मण्डिताय दिव्यध्वनि-सत्प्रातिहार्य-शोभन-पदप्रदाय म्म्ल्व्र्यूं-बीजाय सर्वोपद्रव-शान्तिकराय नमः सर्वशान्तिर्भवतु स्वाहा।

ॐ ह्रीं श्रीशान्तिनाथाय चामरोज्ज्वल-सत्प्रातिहार्य-मण्डिताय चामरोज्ज्वल-सत्प्रातिहार्य-शोभन-पदप्रदाय र्म्ल्व्र्यूं-बीजाय सर्वोपद्रव-शान्तिकराय नमः सर्वशान्तिर्भवतु स्वाहा।

ॐ ह्रीं श्रीशान्तिनाथाय सिंहासन-सत्प्रातिहार्य-मण्डिताय सिंहासन-सत्प्रातिहार्य-शोभन-पदप्रदाय घ्म्ल्व्र्यूं-बीजाय सर्वोपद्रव-शान्तिकराय नमः सर्वशान्तिर्भवतु स्वाहा।

ॐ ह्रीं श्रीशान्तिनाथाय भामण्डल-सत्प्रातिहार्य-मण्डिताय भामण्डल-सत्प्रातिहार्य-शोभन-पदप्रदाय झ्म्ल्व्र्यूं-बीजाय सर्वोपद्रव-शान्तिकराय नमः सर्वशान्तिर्भवतु स्वाहा।

ॐ ह्रीं श्रीशान्तिनाथाय दुन्दुभि-सत्प्रातिहार्य-मण्डिताय दुन्दुभि-सत्प्रातिहार्य-शोभन-पदप्रदाय स्म्ल्व्र्यूं-बीजाय सर्वोपद्रव-शान्तिकराय नमः सर्वशान्तिर्भवतु स्वाहा।

ॐ ह्रीं श्रीशान्तिनाथाय छत्रत्रय-सत्प्रातिहार्य-मण्डिताय छत्रत्रय-सत्प्रातिहार्य-शोभनपदप्रदार्य ख्म्ल्व्र्यूं-बीजाय सर्वोपद्रव-शान्तिकराय नमः सर्वशान्तिर्भवतु स्वाहा।

ॐ ह्रीं श्रीशान्तिनाथाय प्रातिहार्याष्ट-सहिताय बीजाष्ट-मण्डन मण्डिताय सर्वविघ्नशान्तिकराय नमः सर्वशान्तिर्भवतु स्वाहा।

तव भक्ति-प्रसादाल्लक्ष्मी-पुर-राज्यगेह-पद-भ्रष्टेपद्रव-दारिद्रोद्भवोपद्रव-स्वचक्र-परचक्रोद्भवोपद्रव-प्रचण्ड पवनानल- जलोद्भवोपद्रव-शाकिनी डाकिनी-भूत-पिशाच-कृतोपद्रव-दुर्भिक्षव्यापार-वृद्धिरहितोपद्रवाणां-विनाशनं भवतु स्वाहा।

ॐ ह्रीं सम्पूर्णकल्याणमंगलरूप-मोक्षपुरुषार्थ च भवतु स्वाहा।

पुण्याहवाचन - 1

ॐ पुण्याहं पुण्याहं लोकोद्योतनकरा अतीत-कालसञ्जाता निर्वाणसागर-प्रभृतयश्चतुर्विंशति-भूत-परमदेवाश्च वः प्रीयन्तां प्रीयन्ताम्।

ॐ सम्प्रतिकालसम्भवा वृषभादिवीरान्ताश्चतुर्विंशति-परमदेवाश्च वः प्रीयन्तां प्रीयन्ताम्।

ॐ भविष्यत्कालाभ्युदय-प्रभवा महापद्मादि-चतुर्विंशति- भविष्यत्परमदेवाश्च वः प्रीयन्तां प्रीयन्ताम्।

ॐ त्रिकालवर्ति-परमधर्माभ्युदयाः सीमन्धर-प्रभृतयो विदेहक्षेत्रगत-विंशति-परमदेवाश्च वः प्रीयन्तां प्रीयन्ताम्।

ॐ वृषभसेनादिगणधरदेवाः वः प्रीयन्तां प्रीयन्ताम्।

ॐ सप्तर्द्धि-विशोभिताः कुन्दकुन्दाद्यनेक-दिगम्बर- साधुचरणाः वः प्रीयन्तां प्रीयन्ताम्।

इह वान्य-नगरग्राम-देवतामनुजाः सर्वे गुरु-भक्ता जिनधर्म परायणा भवन्तु। दानतपोवीर्यानुष्ठानं नित्यमेवास्तु। सर्वजिन-भक्तानां धनधान्यैश्वर्यबलद्युतियशः-प्रमोदोत्सवाः प्रवर्धन्ताम्। तुष्टिरस्तु। पुष्टिरस्तु। वृद्धिरस्तु। कल्याणमस्तु। अविघ्नमस्तु। आयुष्यमस्तु। आरोग्यमस्तु। कर्मसिद्धिरस्तु। इष्टसम्पत्तिरस्तु। काममांगल्योत्सवाः सन्तु। पापानि शाम्यन्तु। घोराणि शाम्यन्तु। पुण्यं वर्धताम्। धर्मोवर्धताम्। श्री वर्धताम्। कुलगोत्र चाभि-वर्धताम्। स्वस्तिभद्रं चास्तु झ्वीं क्ष्वीं हं सः स्वाहा। श्रीमज्जिनेन्द्र-चरणार-विन्देष्वानन्द-भक्तिः सदाऽस्तु।

पुण्याहवाचन - 2

अद्य भगवतो महापुरुषवरपुण्डरीकस्य परमेण तेजसा व्याप्तलोकालोकोत्तम मंगलस्य मंगलस्वरूपस्य..........नाम्नः अनुष्ठान कर्तुः सर्वपुष्टिसम्पादनार्थं पुण्याहवाचनं करिष्ये।

पुण्याहं पुण्याहं त्रिलोकोद्योतनकरा अतीतकाल-सञ्जाता निर्वाण-सागर-महासाधुविमलप्रभ-शुद्धप्रभ-श्रीधर-सुदत्तामल प्रभोद्धाराग्नि-सन्मति-सिन्धु-कुसुमाञ्जलि-शिवगणोत्साह-ज्ञानेश्वर-परमेश्वर-विमलेश्वर-यशोधर-कृष्णमति-ज्ञानमति-शुद्धमति-श्रीभद्रातिक्रान्त-शान्ताश्चेति चतुर्विंशति-भूतपरमदेवाश्च वः प्रीयन्तां प्रीयन्ताम् ॥धारा॥1॥

ॐ सम्प्रतिकालजाताः श्रेयस्करस्वर्गावतरण जन्माभिषेक -परिनिक्रमण केवलज्ञाननिर्वाण कल्याणक विभूतिविभूषित महाभ्युदयाः श्रीवृषभाजित-संभवाभिनन्दन-सुमतिपद्मप्रभ-सुपार्श्व-चन्द्रप्रभ-पुष्पदन्तशीतल-श्रेयोवासुपूज्य-विमलानन्त-धर्मशान्ति-कुन्थ्वरमल्लि - मुनिसुव्रतनमिनेमिपार्श्व-वर्धमानाश्चेति चतुर्विंशति वर्तमान परमदेवाश्च वः प्रीयन्तां प्रीयन्ताम्॥धारा॥

ॐ भविष्यत्कालाभ्युदयप्रभवा: महापद्म-सुरदेव-सुपार्श्व-स्वयंप्रभ-सर्वात्मभूतदेवपुत्र-कुलपुत्रोदंक प्रोष्ठिल-जयकीर्ति-मुनिसुव्रतार-निष्पाप-निष्कषाय विपुल-निर्मल-चित्रगुप्त-समाधिगुप्त-स्वयंभू-कन्दर्प-जयनाथ-विमलनाथ-देवपालानन्त-वीर्याश्चेति-चतुर्विंशतिभविष्यत्तीर्थंकर परमदेवाश्च व: प्रीयन्तां प्रीयन्ताम् ॥धारा॥

ॐ त्रिकालवर्तिपरमधर्माभ्युदया:सीमन्धर-युगमन्धर बाहुसुबाहु-सञ्जातक-स्वयंप्रभ-वृषभाननानन्तवीर्य-सुरप्रभ-विशालकीर्ति-वज्रधर-चन्द्रानन भद्रबाहु-भुजंगमेश्वर-नेमिप्रभ-वीरसेन-महाभद्र-देवयशोऽजितवीर्याश्चेति पञ्चविदेहक्षेत्रविहरमाण-विंशतितीर्थंकर परमदेवाश्च व: प्रीयन्तां प्रीयन्ताम् ॥ धारा ॥

ॐ वृषभसेनादिगणधरदेवाश्च व: प्रीयन्तां प्रीयन्ताम्॥धारा॥

ॐ कोष्ठबीजपादानुसारिबुद्धिसम्भिन्नश्रोतृप्रज्ञा-श्रमणाश्च व: प्रीयन्तां प्रीयन्ताम् ॥धारा॥

ॐ आमर्षक्ष्वेल-जल्लमलविडुत्सर्ग-सर्वौषधयश्च व: प्रीयन्तां प्रीयन्ताम् ॥धारा॥

ॐ जलफल-जंघा-तन्तु-पुष्प-श्रेणि-पत्राग्नि-शिखाकाश-चारणाश्च व: प्रीयन्तां प्रीयन्ताम्॥ धारा॥

ॐ अक्षीणमहानस अक्षीणमहालयाश्च व: प्रीयन्तां प्रीयन्ताम्॥धारा॥

ॐ दीप्त-तप्त-महोग्र-घोरपराक्रमा: घोरगुण-तपसश्च व: प्रीयन्तां प्रीयन्ताम् ॥ धारा ॥

ॐ मनोवाक्काय-बलिनश्च व: प्रीयन्तां प्रीयन्ताम्॥ धारा॥

ॐ क्रियाविक्रिया-धारिणश्च व: प्रीयन्तां प्रीयन्ताम्॥धारा॥

ॐ मतिश्रुतावधिमन:पर्ययकेवलज्ञानिनश्च व: प्रीयन्तां प्रीयन्ताम्॥ धारा॥

ॐ अंगांगबाह्यज्ञानदिवाकरा: कुन्दकुन्दाद्यनेक-दिगम्बर-देवाश्च व: प्रीयन्तां प्रीयन्ताम्॥ धारा॥

इह वान्यनगरग्रामदेवतामनुजा: सर्वे गुरुभक्ता: जिनधर्म-परायणा भवन्तु । दानतपोवीर्यानुष्ठानं नित्यमेवास्तु॥

मातृपितृ-भ्रातृ-पुत्र-पौत्र-कलत्रसुहृत्स्वजन-सम्बन्धिबन्धु-सहितस्य. ....अनुष्ठानकर्तु: धन-धान्यान्यैश्वर्य बलद्युतियश: प्रमोदोत्सवा: प्रवर्धन्ताम् तुष्टिरस्तु। पुष्टिरस्तु। वृद्धिरस्तु। कल्याणमस्तु। अविघ्नमस्तु। आयुष्यमस्तु। आरोग्यमस्तु। कर्मसिद्धिरस्तु। इष्टसंपत्तिरस्तु। काम- मांगल्योत्सवा: सन्तु। निर्वाणपर्वोत्सवा: सन्तु। पापानि शाम्यन्तु। घोराणि शाम्यन्तु। धर्मो वर्धताम्। पुण्यं वर्धताम्। श्री वर्धताम्। कुलगोत्रे चाभिवर्धेताम्। स्वस्ति भद्रं चास्तु झ्वीं क्ष्वीं हं स: स्वाहा।

श्रीमज्जिनेन्द्रचरणारविन्देष्वानन्द-भक्ति: सदास्तु।

शान्त्यष्टकम्

न स्नेहाच्छरणं प्रयान्ति भगवन्! पादद्वयं ते प्रजाः,
हेतुस्तत्र विचित्र-दुःखनिचयः संसार घोरार्णवः।
अत्यन्त-स्फुरदुग्र-रश्मिनिकर-व्याकीर्ण-भूमण्डलो,
ग्रैष्मः कारयतीन्दुपाद-सलिलच्छायानुरागं रवि ॥1॥

क्रुद्धाशीर्विष-दष्ट-दुर्जय-विष-ज्वालावली-विक्रमो,
विद्या-भेषज-मन्त्र-तोय-हवनैर्याति प्रशान्तिं यथा।
य तद्वत्ते चरणाम्बुज-युग-स्तोत्रोन्मुखानां नृणां,
विघ्नाःकायविनायकाश्च सहसाशाम्यन्तहो विस्मयः॥2॥

सन्तप्तोत्तम काञ्चन क्षितिधर श्री स्पर्द्धि गौरद्युते,
पुंसां त्वच्चरण प्रणाम करणात्पीडाः प्रयान्ति क्षयम्
उद्यद् भास्कर विस्फुरत्कर शतव्याघातनिष्कासिताः
नाना देह विलोचन द्युतिहरा शीघ्रं यथा शर्वरी॥3॥

त्रैलोकेश्वर! भंगलब्ध विजयादत्यन्त रौद्रात्मकान्,
नानाजन्म शतान्तरेषु पुरतो जीवस्य संसारिणः।
को वा प्रस्खलतीह केन विधिनाकालोग्रदावानलान्,
न स्याच्चेत्तव पादपद्म युगलास्तुत्यापगा वारणम्॥4॥

लोकालोकनिरन्तर प्रवितत ज्ञानैकमूर्ते! विभो,
नानारत्न पिनद्ध दण्डरुचिर श्वेतात पत्रत्रय।
त्वत्पादद्वय पूतगीत रवतः शीघ्रं द्रवन्त्यामयाः,
दर्पाध्मात-मृगेन्द्रभीम-निनदाद्वन्या-यथा कुञ्जराः॥5॥

दिव्यस्त्री-नयनाभिराम-विपुल-श्रीमेरु-चूड़ामणे,
भास्द्वाल-दिवाकर-द्युतिहर! प्राणीष्ट-भामण्डलम्।
अव्याबाध-मचिन्त्यसार-मतुलं त्यक्तोपमं शाश्वतं,
सौख्यं त्वच्चरणारविन्द-युगलं स्तुत्यैव सम्प्राप्यते॥6॥

यावन्नोदयते प्रभा-परिकरः श्रीभास्करो भासयंस्-
तावद्धारयतीह पंकज-वनं निद्राति-भारश्रमम्।
यावत्त्वच्चरणद्वयस्य भगवन्! न स्यात्प्रसादोदयस्-
तावज्जीव-निकाय एष वहति प्रायेण पापं महत्॥7॥

शान्तिं शान्तिजिनेन्द्र शान्तमनसस्त्वत्पादपद्माश्रयात्,
सम्प्राप्ताः पृथिवी-तलेषु बहवः शान्त्यर्थिनः प्राणिनः।

कारुण्यान्मम भाक्तिकस्य च विभो दृष्टिं प्रसन्नां कुरु,
त्वत्पादद्वय-दैवतस्य गदतः शान्त्यष्टकं भक्तितः ॥8 ॥

शान्तिजिनं शशि-निर्मल-वक्त्रं शील-गुणव्रत-संयम-पात्रं,
अष्टशतार्चित-लक्षणगात्रं नौमि जिनोत्तम-मम्बुज-नेत्रम् ॥9 ॥

पंचम-मीप्सित-चक्रधराणां पूजितमिन्द्र-नरेन्द्र-गणैश्च
शान्तिकरं गणशान्तिमभीप्सुः षोडशतीर्थकरं प्रणमामि ॥10 ॥

दिव्यतरुः सुरपुष्प-सुवृष्टि- दुन्दुभिरासन-योजन-घोषौ।
आतपवारण-चामरयुग्मे यस्य विभाति च मण्डलतेजः ॥11 ॥

तं जगदर्चित-शान्तिजिनेन्द्र शान्तिकरं शिरसा प्रणमामि।
सर्वगणायतु यच्छतु शान्तिं मह्यमरं पठते परमां च ॥12 ॥

येऽभ्यर्चितामुकुट कुंडल हाररत्नैः,
शक्रादिभिः सुरगणैः स्तुत पादपद्माः।
ते मे जिनाः प्रवर वंश जगत्प्रदीपाः,
तीर्थंकरा सतत शान्तिकरा भवन्तु ॥13 ॥

सम्पूजकानां प्रतिपालकानां यतीन्द्र सामान्य तपोधनानां,
देशस्य राष्ट्रस्य पुरस्य राज्ञः करोतु शान्तिं भगवज्जिनेन्द्रः।
क्षेमं सर्वप्रजानां प्रभवतु बलवान्धार्मिको भूमिपालः,
काले काले च सम्यग्वर्षतु मघवा व्याधयो यान्तु नाशम् ॥14 ॥

दुर्भिक्षं चौरमारिः क्षणमपि जगतां मा स्म भूज्जीवलोके।
जैनेन्द्रं धर्मचक्रं प्रभवतु सततं सर्वसौख्य-प्रदायि ॥15 ॥

तद् द्रव्य-मव्यय-मुदेतु शुभः स देशः सन्तन्यतां प्रतपतां सततं स कालः।
भावः स नन्दतु सदा यदनुग्रहेण,रत्नत्रयं प्रतपतीह मुमुक्षु वर्गे ।16 ।

प्रध्वस्त-घातिकर्माणः केवलज्ञान-भास्कराः।
कुर्वन्तु जगतां शान्तिं वृषभाद्या जिनेश्वराः ॥17 ॥

प्रथमं करणं चरणं द्रव्यं नमः।
शास्त्राभ्यासो जिनपतिनुति संगति सर्वदार्यैः।
सद्वृत्तानांगुणगण कथा दोष वादे च मौनम्।
सर्वस्याति प्रियहितवचो भावना चात्मतत्त्वे।
सम्पद्यन्तां मम भवभवे यावदेतेऽपवर्गः॥
तवपादौ मम हृदये मम हृदयं पदद्वयेलीनं।

तिष्ठतु जिनेन्द्र तावद्यावन्निर्वाण संप्राप्तिः।
अक्खर पयत्थ हीणं मत्ताहीणं च जं मए भणियं।
तं खमउणाणदेवय मज्झवि दुःक्खक्खयं दिंतु।
दुक्खक्खओ कम्मखओ समाहिमरणं च बोहिलाहोय।
मम होउ जगतबन्धव तव जिणवर चरण सरणेण।

आत्मपवित्रीकरणार्थं सकलदोषनिराकरणार्थं सर्वमलातिचार-विशुद्धयर्थंसर्वशान्त्यर्थं शान्तिभक्तिं कायोत्सर्गं च करोमि।

विसर्जन

ज्ञानतोऽज्ञानतोवापि शास्त्रोक्तं न कृतं मया।
तत्सर्वं पूर्णमेवास्तु त्वत्प्रसादाज्जिनेश्वरा।
आह्वानं नैव जानामि नैव जानामि पूजनं ।
विसर्जनं न जानामि क्षमस्व परमेश्वर।
मन्त्रहीनं क्रियाहीनं द्रव्यहीनं तथैव च।
तत्सर्वं क्षम्यतां देव रक्ष रक्ष जिनेश्वर।
आहूता ये पुरादेत्रा लब्धभागा यथाक्रम्।
ते मयाभ्यर्चिता भक्त्या सर्वं यान्तु यथास्थिति।

ॐ ह्रां ह्री ह्रूं ह्रौं ह्रः अ सि आ उ सा अर्हदादि परमेष्ठिन् स्व-स्थानं गच्छन्तु, अपराध-क्षमापणं भवतु।

मण्डल-विसर्जन

जगति शान्तिविवर्धनमहसां प्रलयमस्तु जिनस्तवनेन मे (ते)।
सुकृतबुद्धिरलं क्षमया युतो जिनवृषे हृदये मम(तव) वर्तताम्॥
मोहध्वांतविदारणं विशद विश्वोद्भासि दीप्तिश्रियम्।
सन्मार्गप्रतिभासकं विबुधसन्दोहामृतापादकम्॥
श्रीपादं जिनचन्द्रशान्तिशरणं सद्भक्तिमानौमि ते।
भूयस्तापहरस्य देव भवतो भूयात्पुनर्दर्शनम्॥
मंगलार्थं समाहूता विसर्ज्याखिलदेवता।
विसर्जनाख्यमन्त्रेण वितीर्य कुसुमाञ्जलिम्॥

ॐ ह्रीं अस्मिन् बिम्बप्रतिष्ठा/विधानमहोत्सवे (कर्मणि) आहूयमान-देवगणाः स्वस्थानं गच्छन्तु, अपराध-क्षमापणं भवतु।

ध्वज-विसर्जन

प्रमादाज्ञानदर्पाद्यैः विहितं विहितं न यत्।

जिनेन्द्रास्तु प्रसादास्ते सफलं सकलं च तत्॥
अस्मिन्यज्ञे सुराहूता: शिष्टार्हत्प्रभुपूजने।
इष्टमस्माक-मापाद्य तुष्टा यान्तु यथायथम्॥
ध्वज पर पुष्प क्षेपण करें एवं ध्वज उतारें।

यज्ञ-दीक्षा-समापन-विधि

यज्ञोचितं व्रतविशेषवृतोह्यतिष्ठन्,
यष्टा प्रतीन्द्रसहित: स्वयमे पुरावत्।
एतानि तानि भगवज्जिनयज्ञदीक्षा,
चिह्नान्यथैष विसृजामि गुरो: पदाग्रे॥

अथार्हत्- पूजासमापन-करणार्थं पूर्वाचार्यानुक्रमेण सकल-कर्मक्षयार्थं। भावपूजावन्दनास्तवसमेतं श्रीमच्छान्तिभक्तिं कायोत्सर्गं करोम्यहम्॥

नौ बार णमोकार मन्त्र पढ़ें

मुकुट, माला, यज्ञोपवीत, रक्षासूत्र का त्याग करें

तृतीय खंड

संस्कार

संस्कार

वस्तु की अपेक्षा उसका स्वभाव धर्म है, किन्तु व्यक्ति की अपेक्षा चारित्र उसका धर्म है। आत्मा वस्तु है। आत्मा का कर्म के साथ सम्बन्ध रहने की अवस्था तक आत्मा के व्यक्ति रूप होने से उसका आचरण, चर्या या चारित्र ही उसका धर्म है। चारित्र को सम्यक् बनाने के लिए सद् संस्कारों की आवश्यकता होती है। आत्मा कर्म के संयोग से दूषित होने के कारण विकारी अवस्था में जब-तक रहता है, तब-तक संसार है। उसे विशुद्ध बनाने के लिए सद्-संस्कार आवश्यक हैं। आत्मा जहाँ सद् संस्कारों से शुद्ध होती है, वहीं कुसंस्कारों से अशुद्ध हो जाती है। अत: व्यक्ति को आत्मधर्म की प्राप्ति के लिए अपनी आत्मा को संस्कारित करना होता है।

संस्कारों की परम्परा अनादि काल से प्रवाहमान है, जिससे धर्म और संस्कृति समृद्ध हो रही है। धर्म और संस्कृति व्यक्ति के आधार से चलती है, अत: व्यक्ति के साथ संस्कार का बहुत महत्त्व है। संस्कार से संस्कृति सुरक्षित रहती है। व्यक्ति के जीवन की सम्पूर्ण प्रवृत्तियाँ उसके संस्कारों के अधीन होती हैं। जैसे खान से निकलने वाला पाषाण संस्कारित होकर पूज्यता प्राप्त कर लेता है। ईंट, चूना को संस्कारित करने से उससे महल बन जाता है। उसी प्रकार मनुष्य के गर्भ में आते ही उसे संस्कारित किया जाए, तो वह योग्य बन जाता है।

संस्कार कई प्रकार के हैं। ये अनेक वस्तुओं पर किये जाते हैं। यहाँ आत्मा से संस्कारों का सम्बन्ध विधेय एवं विचारणीय है। जिसका जैनागम में भी अनेक प्रकार से वर्णन प्राप्त होता है। संस्कारों का प्रभाव आत्मा के साथ अनेक जन्मों तक रहता है। जिसके कारण उसके कर्म और जन्म दोनों प्रभावित होते हैं, और उसे स्वर्ग नरकादिक के सुख दु:ख का भोग करना पड़ता है एवं श्रेष्ठ संस्कारों से मोक्ष सुख भी प्राप्त होता है।

संस्कार का लक्षण–

'सम्' उपसर्ग पूर्वक 'कृ' धातु से 'घ' प्रत्यय लगकर संस्कार शब्द की

उत्पत्ति होती है। संस्कार शब्द चमकने व पॉलिश कान्तिसूचक अर्थ में है, वह बाहरी स्वच्छता और शुद्धि का ही नहीं, अपितु मानव हृदय की उस चमक या शोभा का द्योतक भी है, जिससे मनुष्य का रहन- सहन, भावना, बुद्धि, व्यक्तित्व समाज में दीप्त हो उठता है। व्यक्ति की मनोवृत्ति की शुद्धि, शिक्षा, उपदेश, संगति आदि से संस्कारों के द्वारा पड़नेवाले प्रभाव का परिचय मिलता है।

संस्कार का स्वरूप–

मणियाँ खदान से आकार–प्रकार, कान्ति और सौन्दर्य से रहित अवस्था में मिलती हैं और फलतः उनका मूल्यांकन नहीं हो पाता है। मणियों के सुयोग्य संस्कार से उनमें आकार–प्रकार, चमक–दमक सौन्दर्य का विकास होता है। जिससे वे बहुमूल्य हो जातीं हैं। उसी प्रकार चौरासी लाख योनिरूपी खदानों में मानव का जन्म होता है। जन्म काल में बालक गुणहीन, ज्ञानहीन, सदाचारहीन, अशुद्ध और अव्यवस्थित जीवनवाला होता है, परन्तु वहीं से शिक्षादि संस्कारों से गुणरूपी कान्ति और सदाचार रूपी सौन्दर्य प्राप्त करते हैं। कहा भी है कि

जन्मना जायते शूद्रः संस्कारैः द्विज उच्यते।

अर्थात् मनुष्य जन्म से गुणहीन होता है, किन्तु संस्कार से वह गुणवान बन जाता है।

मानवव्यक्तित्वस्य विकसनमेव संस्कृतिः।

मानव के व्यक्तित्व का विकास होना ही संस्कृति या संस्कार हैं।

संस्कारो नाम स भवति यस्मिन् जाते पदार्थो भवति योग्यः कस्यचिदर्थस्य।

अर्थात् संस्कार उसे कहते है जिसके सम्पन्न होने पर पदार्थ (वस्तु) किसी प्रयोजन के योग्य हो जाता है।

योग्यतां चादधानाः क्रियाः संस्काराः इत्युच्यते।

योग्यता को विकसित करने की क्रिया को संस्कार कहते हैं।

संस्कारो हि नाम गुणाधानेन वा स्याद् दोषापनयनेन वा।

जिनके द्वारा गुणों का विकास हो अथवा दोषों का निराकरण हो, उसे संस्कार कहते हैं।[1]

जिस शिक्षा से मनुष्य का हित करने, एकता तथा सामञ्जस्य बनाने, दीन दरिद्र, असहाय, अनाथ की सहायता करने के विचार उत्पन्न होते हैं और आध्यात्मिक गुणों का विकास एवं वृद्धि होती है, उस शिक्षा को संस्कार कहते हैं।

दोषों को दूर करके गुणों को ग्रहण करना ही संस्कार है।

---

1. जैन पूजा–काव्य : एक चिन्तन

मानव समाज में मानवीय गुणों के बहुमुखी विकास का परिणाम ही संस्कार है।

लोहमय जीवन को स्वर्णमय बनाना या स्वर्ण रूप में परिणमित करना ही संस्कार है, इसलिए संस्कार की भूमिका पारस-मणि जैसी है।

अपने देश, कुल एवं ऐतिहासिक पुरुषों की संस्कृति उत्तम परम्पराओं को जीवित बनाये रखने की भावना ही संस्कार है।

सन्तान को संस्कारित बनाने और कौटुम्बिक जीवन को सुविकसित करने की एक मनोवैज्ञानिक एवं धर्मानुमोदित क्रिया पद्धति को संस्कार कहा जाता है।

वे सारे सद्गुण, जो इंसान को आम पुरुषों की भीड़ से निकालकर महापुरुषों का दर्जा दिलाते हैं, वे संस्कार का अंग बनते हैं।

आत्मा, शरीर एवं वस्तुओं की शुद्धि हेतु समय-समय पर जो विशेष कार्य किये जाते हैं, वे संस्कार कहलाते हैं।

संस्कारों को ग्रन्थकारों ने अनेक रूप से कथन किया है। द्रव्य, क्षेत्र, काल, भव और भाव की अपेक्षा आचार्यों ने संस्कारों का विवेचन किया है। वस्तु का स्वरूप ही संस्कार है। जिसको स्मृति का बीज माना गया है।[1]

संस्कार के प्रकार–1. सुसंस्कार, 2. कुसंस्कार, 3. असंस्कार, 4. पूर्वोपार्जित, 5. कुलपरम्परागत संस्कार, 6. माता-पिता से प्राप्त संस्कार, 7. संगति से प्राप्त संस्कार, 8. गुरु से प्राप्त संस्कार, 9. मन्त्र संस्कार, 10. अगृहीत संस्कार, 11. गृहीत संस्कार।

1. सुसंस्कार–

तदेव ज्ञानसंस्कारैः स्वतस्तत्त्वेऽवतिष्ठते॥ –समाधि-तन्त्र

मन भेद विज्ञान रूप संस्कार के द्वारा आत्म स्वरूप में स्थिर हो जाता है। इसलिए भेद-विज्ञान रूप संस्कार को हमने यहाँ सुसंस्कार कहा है।

जिन कार्यों को करने से स्व-पर का हित हो, ऐसे कार्यों को करने की भावना रखना सुसंस्कार हैं। परोपकार, दया, करुणा, देशहित, पापनिवृत्ति एवं अच्छे कार्यों में प्रवृत्ति होना ही सुसंस्कार हैं।

2. कुसंस्कार–

अविद्याभ्यास-संस्कारैरवशं क्षिप्यते मनः।

अविद्या के अभ्यास रूप संस्कारों से मन स्वाधीन न रहकर विक्षिप्त हो जाता है।

जिन कार्यों से जीवन पतित हो जाता है, उन कार्यों को करने की भावना

कुसंस्कार कहलाती हैं।

जिनको लोक में पाप, व्यसन, बुरी आदत या लत आदि के नाम से जाना जाता है, वे सब कुसंस्कार हैं।

3. असंस्कार–

जो व्यक्ति अपने जीवन के बारे में कुछ नहीं जानता, जहाँ–कहीं जो–कुछ भी क्रियाएँ करता रहता है, यद्वा–तद्वा बोलता रहता है,भक्ष्याभक्ष्य खाता रहता है, वह असंस्कारित कहलाता है।

4. पूर्वोपार्जित संस्कार–

जानन्नप्यात्मनस्तत्त्वं विविक्तं भावयन्नपि।
पूर्वविभ्रमसंस्काराद् भ्रान्तिं भूयोऽपि गच्छति। 45।–समाधि-तन्त्र

अन्तरात्मा अपने आत्मा के शुद्ध चैतन्य स्वरूप को जानता हुआ भी और शरीरादिक अन्य पर पदार्थों से भिन्न अनुभव करता हुआ भी पहली बहिरात्मावस्था में होने वाले पूर्व के भ्रान्ति के संस्कार–वश पुनरपि भ्रान्ति को प्राप्त हो जाता है।

अर्थात् पूर्व भवों में किये गये कर्मों के फल से सहजरूप से किसी व्यक्ति, धर्म या कार्य विशेष से राग, द्वेष होना पूर्वोपार्जित संस्कार है।

अविद्याभ्यास-संस्कारैरवशं क्षिप्यते मनः।
तदेव-ज्ञानसंस्कारैः स्वतस्तत्त्वेऽवतिष्ठते॥ 37॥

शरीरादिक को शुचि, स्थिर और आत्मीय मानने रूप जो अविद्या अज्ञान है, उसके पुनः पुनः प्रवृत्ति रूप अभ्यास से उत्पन्न हुए संस्कारों द्वारा मन स्वाधीन न रहकर विक्षिप्त हो जाता है, रागी–द्वेषी बन जाता है और वही मन आत्म देह के भेद विज्ञान रूप संस्कारों द्वारा स्वयं ही आत्म स्वरूप में स्थिर हो जाता है।

5. कुल-परम्परागत संस्कार–

दादा–परदादा, माता–पिता आदि के क्रम से चली आयी अच्छी–बुरी आदतें आदि (आनुवंशिकता) कुलपरम्परागत संस्कार हैं।

6. माता-पिता से प्राप्त संस्कार–

गर्भावस्था से ही माता–पिता द्वारा दी जाने वाली अच्छी आदतें, शिष्टाचार एवं विनय आदि की शिक्षा माता–पिता से प्राप्त संस्कार हैं।

7. संगति से प्राप्त संस्कार–

अच्छे–बुरे, जड़–चेतन के कारण/संयोग–वियोग से जीवन में आने वाले परिवर्तन, स्मृतियाँ एवं उनसे होने वाले कर्म रूप संस्कार संगति से प्राप्त संस्कार हैं।

8. गुरु से प्राप्त संस्कार–

पाँच वर्ष की उम्र से गुरुजन अध्येता को उनकी कुल-जाति, वय आदि के योग्य अस्त्र-शस्त्र, कला, वाणिज्य, शिल्प आदि अनेक विद्याओं में दक्ष करते हुए न्याय, नीति, उदारता, दान, शील, सन्तोष आदि गुणों से संस्कारित करते हैं। इस प्रकार वे गुरु से प्राप्त संस्कार हैं।

9. मन्त्र संस्कार–साधक और आराधक की साधना एवं भक्ति का प्रभाव, एकाग्रता एवं आस्था के द्वारा मन्त्रों के संस्कारों से गुणों की स्थापना करने से पूज्यता प्राप्त हो जाती है। जैसे- मन्त्र संस्कार से पाषाण भगवान बन जाता है। आचार्य द्वारा मन्त्रसंस्कार को प्राप्त कर व्यक्ति महाव्रत पालन करने वाला साधु बन जाता है, अर्थात् सामान्य वस्तु या व्यक्ति मन्त्र संस्कार से विशेष बन जाता है, पूज्यता प्राप्त कर लेता है।

10. अगृहीत संस्कार–पूर्वभाव के वैर, प्रीति उपकार, अपकार एवं शुभाशुभ कर्मों से परस्पर में तदनुरूप कार्य स्वभाव से ही होते हैं। पूर्वभाव के स्नेह रूप संस्कार के कारण इस भव में भी राधोवेध पूर्वक द्रौपदी और अर्जुन का संयोग हुआ।[1]

कुसंस्कार से मुनिराज को विषमिश्रित आहार देने के कारण नागश्री ने अनेक भवों में अपार दु:ख उठाने के बाद उपदेश के संस्कार से दीक्षा धारण कर स्वर्ग प्राप्त करना एवं पूर्व प्रीति के संस्कार से पूर्वपति के जीव का देव पर्याय में पहुँचना आदि सब संस्कारों का स्पष्ट प्रभाव है। वहीं सुसंस्कार के कारण पाण्डवों के पाँचों जीवों ने लम्बे समय तक स्वर्गों के सुख भोगकर मोक्ष सुख प्राप्त किया।

अगृहीत संस्कार में पूर्वकृत कर्म वैर और प्रीति प्रमुख होते हैं। जिसके कारण जीव भव-भव तक साथ रहकर वैर और प्रीति के परिणाम भोगते रहते हैं। पूर्व वैर के कारण धूमकेतु नामक देव ने प्रद्युन का अपहरण कर लिया और प्रद्युम्न के पुण्य एवं प्रीति के कारण कालसंवर और कनकमाला के यहाँ पालन-पोषण हुआ।[2]

पूर्व प्रीति के कारण माँ के समान पालन करने वाली कनकमाला प्रद्युन के रूप यौवन पर मोहित हो गयी।[3]

ये सब पूर्व बैर और प्रीति के संस्कार वश होने वाले कृत्य हैं। पूर्व में किये गये अपकार का बदला अगले भव में धूमकेतु देव ने लिया एवं पूर्वभव में किये उपकार का बदला उसको संबोधन कर उसका उपकार किया। पूर्वभव के पुत्रों ने चाण्डाल और कुत्ती को संबोधन किया, जिससे चाण्डाल, देव हुआ, कुत्ती राजपुत्री हुई। स्वयंवर के समय उस देव ने संबोधन किया, जिससे उसने दीक्षा ले ली।[4] इस

1. हरिवंश पुराण, सर्ग-64
2. हरिवंश पुराण, सर्ग-43, 222-224
3. हरिवंश पुराण, सर्ग-79, 60, 61
4. हरिवंश पुराण, सर्ग-43, 153-156

प्रकार अगृहीत संस्कार अनेक भवों तक सुख दुःख के कारण बनते हैं।

11. गृहीत संस्कार–गृहीत संस्कार में गर्भाधान आदि संस्कार किये जाते हैं। जन्म के समय जातसंस्कार और फिर विद्याध्ययन आदि अनेक संस्कार किये जाते हैं।

नेमीनाथ भगवान के जन्म के समय दिक्कुमारियों ने जातकर्म किया।[1] जन्म के समय कृष्ण का नन्दगोप के यहाँ जात संस्कार हुआ। जात कर्म के द्वारा प्रारम्भ से ही श्रेष्ठ संस्कार दिये जाते हैं। जिससे उसके शरीर और मन पर अच्छा प्रभाव पड़ता है।

सुसंस्कारों के भेद–

ताश्च क्रियास्त्रिधाऽऽनाता:श्रावकाध्याय-संग्रहे।
सद्दृष्टिभिर नुष्ठेयामहोदर्का: शुभावहा:॥ 50॥
गर्भान्वयक्रियाश्चैव तथा दीक्षान्वय क्रिया:।
कर्त्रन्वयक्रियाश्चेति तास्त्रिधैवंबुधैर्मता:॥ 51॥

जैनदर्शन में आचार्य जिनसेन स्वामी ने आदिपुराण के 38वें सर्ग में कहा है कि श्रेष्ठता प्राप्त करने के लिए श्रावकाध्याय संग्रह में तीन प्रकार की क्रियाएँ कही हैं। सम्यग्दृष्टि पुरुषों को इन क्रियाओं का पालन अवश्य करना चाहिए। ये उत्तम फल देने एवं शुभ करने वाली हैं। व्यक्ति को सामाजिक सम्मान एवं मोक्षमार्ग प्रशस्त करने के लिए जहाँ वर्णाश्रम व्यवस्था का उल्लेख किया है, वहीं संस्कार व्यवस्था का भी प्रतिपादन किया है। इन संस्कारों को तीन भागों में विभक्त किया है।

1. गर्भान्वय क्रिया 2. दीक्षान्वय क्रिया 3. कर्त्रन्वय क्रिया।

1. गर्भान्वय संस्कार–

ये तिरेपन हैं–

1. आधान, 2. प्रीति, 3. सुप्रीति, 4. धृति, 5. मोद, 6. प्रियोद्भव, 7. नामकर्म, 8. बहिर्यान, 9. निषधा, 10. प्राशन, 11. व्युष्टि, 12. केशवाप, 13. लिपि संख्यान संग्रह, 14. उपनीति, 15. व्रतचर्या, 16. व्रतावतरण, 17. विवाह, 18. वर्णलाभ, 19. कुलचर्या, 20. गृहीशिता, 21. प्रशान्ति, 22. गृहत्याग, 23. दीक्षाद्य, 24. जिनरूपता, 25. मौनाध्ययनवृत्ति 26. तीर्थकृत भावना, 27. गुरुस्थानाभ्युगम, 28. गणोपग्रहण, 29. स्वगुरुस्थान संक्रान्ति, 30. नि:संगत्वात्म भावना, 31. योगनिर्वाण सम्प्राप्ति, 32. योगनिर्वाणसाधन, 33. इन्द्रोपपाद, 34. अभिषेक, 35. विधिदान, 36. सुखोदय, 37. इन्द्रत्याग, 38. अवतार, 39. हिरण्योत्कृष्टजन्मता, 40. मन्दरेन्द्राभिषेक, 41. गुरुपूजोपलम्भन, 42. यौवराज्य, 43. स्वराज्य, 44. चक्रलाभ, 45. दिग्विजय, 46. चक्राभिषेक, 47. साम्राज्य, 48. निष्क्रान्ति, 49. योगसन्मह, 50.

---

1. हरिवंश पुराण, सर्ग-37-83

आर्हन्त, 51. तद्विहार, 52. योगत्याग, 53. अग्र निर्वृत्तिता।

2. दीक्षान्वय संस्कार–

ये अड़तालीस हैं–

1. अवतार, 2. वृतलाभ, 3. स्थानलाभ, 4. गणग्रहण, 5. पूजाराध्य, 6. पुण्ययज्ञ, 7. दृढ़चर्या, 8. उपयोगिता ,9. उपनीति, 10. व्रतचर्या, 11. व्रतावतरण, 12. विवाह, 13. वर्णलाभ, 14. कुलचर्या, 15. गृहीशिता, 16. प्रशान्ति, 17. गृहत्याग, 18. दीक्षाद्य, 19. जिनरूपता, 20. मौनाध्ययनवृतत्व 21. तीर्थकृत भावना, 22. गुरुस्थानाभ्युगम, 23. गणोपग्रहण, 24. स्वगुरुस्थान संक्रान्ति, 25. निःसंगत्वात्मभावना, 26. योगनिर्वाण सम्प्राप्ति, 27. योगनिर्वाणसाधन, 28. इन्द्रोपपाद, 29. अभिषेक, 30. विधिदान, 31. सुखोदय, 32. इन्द्रत्याग, 33. अवतार, 34. हिरण्योत्कृष्टजन्मता, 35. मन्दरेन्द्राभिषेक, 36. गुरुपूजोपलम्भन, 37. यौवराज्य, 38. स्वराज्य, 39. चक्रलाभ, 40. दिग्विजय, 41. चक्राभिषेक, 42. साम्राज्य, 43. निष्क्रान्ति, 44. योगसन्मह, 45. आर्हन्त, 46. तद्विहार, 47. योगत्याग, 48. अग्र निर्वृत्तिता।

3. कर्तृन्वय संस्कार–

ये सात हैं–

1. सज्जाति, 2. सद्गृहित्व, 3. पारिव्राज्य, 4. सुरेन्द्रता, 5. साम्राज्य, 6. परमार्हन्त्य, 7. परमनिर्वाण।

ये क्रियाएँ पुण्य करने वाले लोगों को प्राप्त हो सकती हैं और जो समीचीन मार्ग की आराधना करने के फलस्वरूप प्रवृत्त होती हैं।

पर्याप्तियाँ, प्राण और कर्मोदय–

पर्याप्तियाँ गर्भ में माँ के संस्कार से नहीं अपितु पूर्व कर्मानुसार घटती होती हैं। शरीर, रक्त आदि भी पूर्व कर्मानुसार ही पड़ते हैं। बज्रवृषभनाराच संहनन या अन्य संहनन, इन्द्रियों की संरचना हो या मन, वचन, काय की श्रेष्ठ ता एवं हीनता सब कर्मानुसार ही होती है। पर्याप्तियाँ और प्राणों की पूर्णता के बाद माँ के संस्कार प्रभावी होते हैं। प्रबल कर्मोदय की स्थिति में संस्कारित माँ के परिणाम भी गर्भस्थ शिशु के कारण बिगड़ते देखे गये हैं, किन्तु संस्कारित माँ का प्रभाव भी शिशु के विकास में महत्त्वपूर्ण भूमिका का निर्वाह करता है। वह तीव्र कर्मोदय में भी सम्यक् आचरण से कर्मों को हीनाधिक करने में समर्थ है। कर्मोदय में निमित्त शरीर की कुछ संरचना गर्भ में होती है, जैसे–बन्ध्या स्त्री की शंखावर्त योनि की संरचना गर्भ में ही होती है। जिससे सबल प्रयत्न करने पर भी सन्तान उत्पन्न नहीं कर सकती है। तीनों लिंगों की संरचना गर्भ में ही कर्मानुसार निर्धारित होती है। मोक्षमार्ग में साधक वज्रवृषभ नाराच संहनन एवं समचतुरस्रसंस्थान आदि की संरचना गर्भ में ही होती है। तीर्थंकर प्रकृति की सत्ता मात्र से गर्भ में आने के छह माह पूर्व से जन्म तक रत्नों

की वर्षा का होना, सुमेरु पर्वत पर जन्माभिषेक होना, जन्म से ही तीन ज्ञान होना, जन्म के दस अतिशयों का होना आदि क्रियाएँ स्वयमेव होती हैं।

कर्मों की सत्ता एवं उदय के संस्कार से आत्मा की परिणति विकृत होती है। वह शुद्ध चैतन्य को जानता हुआ भी और अन्य पदार्थों से भिन्न अनुभव करता हुआ भी पूर्वकर्म, भ्रान्ति के संस्कार वश पुनरपि भ्रान्ति को प्राप्त होता है।[1] अतः आत्म- विकास के पथ में कर्मोदय एवं संस्कार अहं भूमिका निभाते हैं।

वंशानुक्रम और माँ के संस्कार–

पर्याप्तियाँ कर्मानुसार पूर्ण होती हैं। जब मनःपर्याप्ति पूर्ण हो जाती है और जीव उपदेशादि ग्रहण करने लगता है, तब माँ के संस्कार प्रभावी होते हैं। वंशानुक्रम पिता के संस्कार हैं, जिसका कर्मों से निमित्त नैमित्तिक संबन्ध है। शरीरादि नोकर्म हैं। ये कर्मोदय एवं कर्मफल आदि में निमित्त होते हैं। प्रमुखता कर्मों की होती है। पिता को होने वाले रोग पुत्र को भी होते देखे जाते हैं। माँ के सुसंस्कार कर्मों को हीनाधिक करने में निमित्त हो सकते हैं, किन्तु आवश्यक नहीं कि प्रत्येक गर्भस्थ पर माता-पिता के संस्कार समान रूप से पड़ते ही हों। संस्कारवान माता-पिता गर्भस्थ शिशु को संस्कार देने के लिए सजग रहते हैं, वे ही शिशु संस्कारवान बन पाते हैं। इस प्रक्रिया का आदर्श रूप तीर्थंकर की माता है, जिनकी देवियों द्वारा सेवा, संस्कार की विधि प्रशंसनीय होती है।

गर्भावस्था में माँ की भूमिका बालक के विकास की आधार-शिला रखती है। गर्भ में भी शिशु मन-पर्याप्ति पूर्ण होने पर माँ से संस्कार ग्रहण करने लगता है। ये माँ का विषय है कि वह कैसा आचरण करती है? अतः माँ को गर्भावस्था में श्रेष्ठ संस्कारों के लिए सदाचरण करना चाहिए।

परिवर्तनशील संसार का प्रमुख आधार जन्म और मृत्यु है। पूर्व कर्म उदय अनुसार जीव नवीन भव धारण करता है। उसके शरीर की संरचना नाम कर्म के उदय से होती है। उसमें बाह्य वातावरण बनता है। यदि उस समय उसे संस्कारित किया जाये, तो वह जीव भी योग्य बन सकता है। जैनदर्शन में आचार्यों ने गर्भ में आने के समय से ही संस्कार देने का उल्लेख किया है। आदिपुराण में आचार्य जिनसेन स्वामी ने गर्भाधान से मरण-पर्यन्त 108 संस्कारों का विस्तृत वर्णन किया है।

ये क्रियाएँ पुण्य करने वाले लोगों को प्राप्त हो सकती हैं, जो समीचीन मार्ग की आराधना करने के फलस्वरूप प्रवृत्त होती हैं। अतः इनमें से कुछ महत्त्वपूर्ण क्रियाओं के संस्कार की विधि का वर्णन यहाँ किया जा रहा है।

---

1. समाधि शतक-45

गर्भाधान-संस्कार

गर्भ धारण की योग्यता गर्भाधान है। वह जिन कारणों से प्रकट होती है, उन कारणों से गर्भाधान शक्ति को जानकर जो क्रिया की जाती है, वह गर्भाधान क्रिया है। जैसे महल की स्थिरता नींव से होती है, वैसे ही मानसिक और शारीरिक शुद्धि गर्भाधान से ही प्रारम्भ होती है। तीर्थंकर के गर्भ में आने के छह माह पहले से देवियाँ आकर गर्भाधान संस्कार करने लगती हैं। गर्भाधान संस्कार से बालक शारीरिक, मानसिक रूप से बलिष्ठ, दीर्घायु, स्वस्थ, नीरोग एवं शीघ्र बौद्धिक विकास करने वाला होता है।

आधानं नाम गर्भादौ संस्कारो मन्त्र - पूर्वकः।
पत्नीं ऋतुमतीं स्नातां पुरस्कृत्यार्हदित्यया॥ 70॥
तत्रार्चनविधौ चक्रत्रयंछत्रत्रयान्वितम्।
जिनार्चामभितः स्थाप्यं समं पुण्याग्निभिस्त्रिभिः॥71॥

चतुर्थ स्नान के द्वारा शुद्ध हुई रजस्वला पत्नी को आगे कर गर्भाधान के पहले अर्हन्तदेव की पूजा के द्वारा मन्त्र पूर्वक जो संस्कार किया जाता है, वह आधान क्रिया है। इस क्रिया की पूजा में जिनेन्द्रभगवान की प्रतिमा के दाहिनी ओर तीन चक्र, बायीं ओर तीन छत्र और सामने तीन पवित्र अग्नि स्थापित करें।

गर्भाधान-संस्कार की सावधानियाँ–

1. गर्भाधान-संस्कार करने वाले पति-पत्नी को प्रसन्नचित्त रहना चाहिए।

2. गर्भाधान-संस्कार अस्वस्थ, रोग, बाल एवं वृद्धावस्था में न करें।

3. पर्व, धर्म, व्रत उपवास के दिनों में तीर्थक्षेत्रों में प्रतिष्ठा, महापूजा विधान आदि के समय गर्भाधान न करें।

4. यदि पति-पत्नी में से किसी एक की भी इच्छा सन्तानोत्पत्ति की न हो, तो गर्भाधान न करें।

5. अधिक मास, क्षय तिथि, अधिक तिथि, इन्द्रधनुष, आकाश मेघपटलों से ढका हो, सूर्य, चन्द्रमा पर परिवेश लगा हो, ग्रहण पड़ रहा हो तथा संक्रान्ति आदि

अशुभ दिनों में गर्भाधान न करें।

6. दूषित भूमि, श्मशान, पार्क, खेत, वृक्ष के नीचे, जल में, बिना द्वार के घर में गर्भाधान न करें।

7. गर्भाधान के समय पति-पत्नी भय मुक्त , प्रसन्न, एवं उत्साही हों।

8. गर्भाधान के समय पत्नी शोक न करे।

9. पत्नी यदि रोती है, तो संतान नेत्र-रोगी होगी।

10. मासिक स्राव के समय मैथुन न करें।

11. बीड़ी, तम्बाकू, सिगरेट, आदि नशीले पदार्थों का त्याग करें।

12. गर्भाधान-संस्कार के बाद प्रतिदिन देवदर्शन आदि धार्मिक कार्यों में संलग्न रहें।

गर्भाधान-संस्कार की सामग्री–

थाली 2, कलश 2, चम्मच 2, कटोरी 2, प्लेट 1, ठोना 1, आरती 1, धूपदान 1, घी, केशर, जल, चावल, चटक गोला, धूप, बादाम, लौंग, रुई, माचिस, चौका, चौकी, आसन चटाई, मन्त्र लिखा हुआ, विनायक या सिद्धयन्त्र, सिंहासन, छत्र, दीपक छोटे-बड़े ,कलावा, यज्ञोपवीत (जनेऊ) मंगल कलश (श्रीफल,पीला कपड़ा, हल्दीगाँठ, सुपाड़ी, पीलीसरसों, रजतस्वस्ति, पञ्चरत्न, चाँदी का सिक्का सहित) कुंड, रंगोली आदि।

गर्भाधान-संस्कार मुहूर्त –

नक्षत्र–तीनों उत्तरा, मृगशिरा, हस्त, अनुराधा, रोहिणी, श्रवण, स्वाति, शतभिषा, धनिष्ठा, चित्रा, पुनर्वसु, अश्विनी।

वार–बुध, गुरु, शुक्र, सोम।

तिथि–2, 3, 5, 7, 10, 11, 12, 13

लग्न–जन्म लग्न और अष्टम को छोड़कर शेष लग्न।

लग्नबल–1, 4, 5, 7, 9, 10 स्थान में शुभग्रह, 3, 6, 11, स्थान में पापग्रह हो, सूर्य, मंगल, गुरु लग्न को देखते हों। विषम राशि व विषम नवांश में चन्द्रमा स्थित हो, ऐसी लग्न में गर्भाधान करना शुभ है।

घर के द्वार पर रंगोली बनाएँ।

शुभमुहूर्त में सौभाग्यवती स्त्रियाँ स्नान की हुई स्त्री और उसके पति को वस्त्राभूषणों से अलंकृत कर मंगल कलश से सहित जिन मन्दिर ले जाएँ। देवदर्शन के उपरान्त गृहस्थाचार्य के निर्देशानुसार क्रिया करें।

मंदिर में जिनेन्द्र भगवान या घर में यन्त्र के सामने समस्त क्रिया करें।

वेदी में वन्दनवार बाँधें।

मंगलाचरण, जलशुद्धि, अमृतस्नान, पात्रशुद्धि, नवतिलक, भूमिशुद्धि, रक्षासूत्रबन्धन, दिग्बन्धन, रक्षामन्त्र, शान्तिमन्त्राराधन, जिनाभिषेक, शान्तिधारा, मंगलकलश स्थापन, दीपकस्थापन, दैनिक पूजन, विनायकयन्त्र पूजा के उपरान्त निम्न क्रिया करें-

ॐ ह्रां ह्रीं ह्रूं ह्रौं ह्रः अ सि आ उ सा सर्वसिद्धिप्रदेभ्यो जिनेभ्यो नमो नमः।

इस मन्त्र का 108 बार जाप करें।

सज्जातिभागी भव।
सद्गृहिभागी भव।
मुनीन्द्रभागी भव।
सुरेन्द्रभागी भव।
परमराज्यभागी भव।
आर्हन्त्यभागी भव।
परमनिर्वाणभागी भव।

प्रत्येक मन्त्र के बाद दम्पती के ऊपर पुष्प या मंगल कलश का जल सिञ्चन करें। हवन, पुण्याहवाचन, शान्तिपाठ एवं विसर्जन करें।

ॐ ह्रीं श्री जिनप्रसादात् मम सत्पुत्रो भवतु स्वाहा।

यह मन्त्र पढ़कर स्त्री के उदर पर जल के छींटे देना चाहिए।

दोनों स्त्री-पुरुष वेदी सहित हवन कुंड की तीन परिक्रमा देकर अपने स्थान पर बैठें।

तुम्हारे सम्बन्ध से हमारा वंश वृद्धिन्गत हो।

सौभाग्यवती स्त्रियाँ उन दोनों पर अक्षत और जल छिड़क कर आशीर्वाद दें, एवं वस्त्र अलंकारादि देकर सत्कार करें।

ऐसा आशीर्वाद देकर घर की वृद्ध स्त्रियाँ उन्हें घर भेज देवें।

समाज के स्त्री-पुरुषों को भोजन आदि देकर सत्कार करें।

प्रीति-संस्कार

गर्भस्थ शिशु के प्रति वात्सल्य एवं उसे सुसंस्कार देने का भाव रखना प्रीति संस्कार है। इस अवस्था में माँ के स्नेह, प्रीति, प्रसन्नता एवं संस्कारित सन्तान उत्पन्न करने की भावना आने वाली सन्तान को पुष्टता प्रदान करती है।

गर्भवती को गर्भस्थ शिशु, परिजन, एवं जिनेन्द्र भगवान की भक्ति -पूजा-पाठ, आराधना एवं स्वाध्याय में प्रीति करना चाहिए, जिससे गर्भस्थ शिशु का बौद्धिक विकास हो।

गर्भाधानात्परं मासे तृतीये संप्रवाते।
प्रीतिर्नामक्रिया प्रीतैर्याऽनुष्टेया द्विजन्मभिः॥ 77॥
तत्रापि पूर्ववन्मन्त्रपूर्वा पूजा जिनेशिनाम्।
द्वारितोरणविन्यासः पूर्णकुम्भौ च सम्मतौ॥ 78॥
तदादि प्रत्यहं भेरी शब्दो घण्टास्वनान्वितः।
यथा विभवमेवैतैः प्रयोज्यो गृहमेधिभिः॥ 79॥

आदिपुराण, पर्व 38

गर्भाधान के बाद तीसरे माह में प्रीति संस्कार किया जाता है। इस क्रिया में भी पहले की क्रिया के समान मन्त्र पूर्वक जिनेन्द्रदेव की पूजा करनी चाहिए। दरवाजे पर तोरण बाँधना तथा दो पूर्ण कलश स्थापन करना चाहिए। इस दिन से लेकर गृहस्थों को प्रतिदिन अपने वैभव के अनुसार घंटा नगाड़े बजवाने चाहिए।

प्रीति-संस्कार की सावधानियाँ–

1. माँ प्रसन्न चित्त रहे, कलह से बचे।
2. स्वास्थ्य-वर्धक भोजन करें।
3. माँ नाखून न बढ़ाएँ।
4. माँ के इत्र लिपस्टिक, नेलपालिश, अञ्जन या हिंसात्मक सौन्दर्य प्रसाधन आदि का उपयोग करने से शिशु रोगी होता है।
5. प्रतिदिन स्वाध्याय करें।
6. ब्रह्मचर्य का पालन करें।
7. गर्भपात कराने के पाप का भाव भी मन में नहीं आना चाहिए।
8. अनावश्यक दवाइयों का उपयोग नहीं करें।
9. गर्भावस्था से ही शिशु को संस्कार देने के उद्देश्य से निरन्तर परिणामों को विशुद्ध बनाएँ।
10. क्रोध आदि विकारी भावों को न आने दें।

प्रीति-संस्कार की सामग्री–

थाली 2, कलश 2, चम्मच 2, कटोरी 2, प्लेट 1, ठोना 1, आरती 1, धूपदान 1, घी, केशर, जल, चावल, चटक गोला, धूप, बादाम, लौंग, रुई, माचिस, चौका, चौकी, आसन चटाई, मन्त्र लिखा हुआ, विनायक या सिद्धयन्त्र, सिंहासन, छत्र, दीपक छोटे-बड़े ,कलावा, यज्ञोपवीत (जनेऊ) मंगल कलश (श्रीफल,पीला कपड़ा, हल्दीगाँठ, सुपाड़ी, पीला सरसों, रजतस्वस्ति, पञ्चरत्न, चाँदी का सिक्का सहित) कुंड, रंगोली आदि।

प्रीति-संस्कार-मुहूर्त–

नक्षत्र–तीनों उत्तरा, मृगशिरा, हस्त, अनुराधा, रोहिणी, श्रवण, स्वाति, शतभिषा, धनिष्ठा, चित्रा, पुनर्वसु , अश्विनी।

वार–बुध, गुरु, शुक्र, सोम।

तिथि–2, 3, 5, 7, 10, 11, 12, 13

लग्न–जन्म लग्न और अष्टम को छोड़कर शेष लग्न।

घर के द्वार पर रंगोली बनाएँ

शुभमुहूर्त में सौभाग्यवती स्त्रियाँ स्नान की हुई स्त्री और उसके पति को वस्त्राभूषणों से अलंकृत कर मंगल कलश से सहित जिनमन्दिर ले जाएँ। देवदर्शन के उपरान्त निम्नानुसार क्रिया करें।

मंगलाचरण, जलशुद्धि, अमृतस्नान, पात्रशुद्धि, नवतिलक, भूमिशुद्धि, रक्षासूत्रबन्धन, दिग्बन्धन, रक्षामन्त्र, शान्तिमन्त्राराधन, जिनाभिषेक, शान्तिधारा, मंगलकलश स्थापन, दीपकस्थापन, दैनिक पूजन, विनायकयन्त्र पूजा, हवन, पुण्याहवाचन, शान्तिपाठ, विसर्जन कर मंगलकलश लेकर घर आवें।

वन्दनमालिका बध्या मणिमुक्तादि निर्मिता।
गृहद्वारायां परं रम्या किंकिण्यादि विभूषिता॥

ॐ ह्रीं वन्दनमालां बध्नामि स्वस्ति भवतु।

वंदनवार बान्धें, द्वार सजावें, मंगल वादित्रों की ध्वनि करें

ॐ ह्रीं निज-गृहमुखद्वारे उभयपार्श्वे मंगलकलश-स्थापनं करोमि।

घर के मुख्यद्वार के दोनों ओर मंगलकलश स्थापन करें।

चौक बनाकर पाटे पर गर्भवती को बिठाएँ

ॐ पुण्याहं पुण्याहं लोकोद्योतनकरा अतीत-काल-सञ्जाता निर्वाणसागर-प्रभृतयश्चतुर्विंशति भूतपरमदेवाश्च वः प्रीयन्तां प्रीयन्ताम्।

ॐ सम्प्रतिकालसम्भवा वृषभादिवीरान्ताश्चतुर्विंशति-परमदेवाश्च वः प्रीयन्तां प्रीयन्ताम्।

ॐ भविष्यत्कालाभ्युदय-प्रभवा महापद्मादि-चतुर्विंशति भविष्यत्परमदेवाश्च वः प्रीयन्तां प्रीयन्ताम्।

ॐ त्रिकालवर्ति-परमधर्माभ्युदयाः सीमन्धर-प्रभृतयो विदेहक्षेत्रगत-विंशति-परमदेवाश्च वः प्रीयन्तां प्रीयन्ताम्।

ॐ वृषभसेनादिगणधरदेवाः वः प्रीयन्तां प्रीयन्ताम्। सप्तर्द्धि-विशोभिताः कुन्दकुन्दाद्यनेक- दिगम्बरसाधुचरणा वः प्रीयन्तां प्रीयन्ताम्।

इह वान्य-नगर-ग्राम-देवतामनुजाः सर्वेगुरु-भक्ता जिनधर्म परायणा भवन्तु।

दानतपो-वीर्यानुष्ठानं नित्यमेवास्तु। सर्वजिन-भक्तानां धन-धान्यैश्वर्यबलद्युतियशः प्रमोदोत्सवाः प्रवर्धन्ताम्। तुष्टिरस्तु। पुष्टिरस्तु। वृद्धिरस्तु। कल्याणमस्तु। अविघ्नमस्तु। आयुष्यमस्तु। आरोग्यमस्तु। कर्मसिद्धिरस्तु। इष्ट-सम्पत्तिरस्तु। काममांगल्योत्सवाः सन्तु। पापानि शाम्यन्तु। घोराणि शाम्यन्तु। पुण्यं वर्धताम्। धर्मोवर्धताम्। श्रीवर्धताम्। कुलगोत्र चाभि-वर्धताम्। स्वस्तिभद्रं चास्तु झ्वीं क्ष्वीं हं सः स्वाहा। श्रीमज्जिनेन्द्र-चरणार-विन्देष्वानन्द-भक्तिःसदाऽस्तु।

यह मन्त्र पढ़ते हुए गर्भवती के ऊपर जल के छींटे दें

वं ठं हः पः

गर्भस्थ शिशु की रक्षार्थ गर्भवती स्त्री के ऊपर पुष्प क्षेपण करें।

ॐ ह्रां ह्रीं ह्रूं ह्रौं ह्रः अ सि आ उ सा गर्भार्भकं प्रमोदेन परिरक्षत परिरक्षत स्वाहा।

यह मन्त्र पढ़कर उदर पर गन्धोदक का सिञ्चन करें, या गर्भिणी अपने हाथ से गन्धोदक लगावें।

त्रैलोक्यनाथो भव।
त्रैकाल्यज्ञानी भव।
त्रिरत्नस्वामी भव।

इन मन्त्रों का उच्चारण करते हुए उदर पर अक्षत पुष्प क्षेपण करें

सौभाग्यवती स्त्रियों को भोजनादि से सन्तुष्ट करें, एवं परिजनों का सम्मान करें।

ऐसे कार्य करें जिससे गर्भिणी स्त्री को मोद प्रमोद बढ़े।

सुप्रीति (पुंसवन) संस्कार

मासेण पंच पुलगा तत्तो हुंति हु पुणो वि मासेण।
अंगाणि उवगांणि य णरस्स जायंति गब्भम्मि॥ 1003॥

–भगवती आराधना

गर्भ में स्थित माता का रज और पिता का वीर्य रूप बीज दस दिन तक कलल रूप में, दस दिन तक कालिमा रूप में, एवं दस दिन तक स्थिर अवस्था में रहता है। इसके पश्चात् एक मास तक बुलबुले की तरह, एक मास तक घनभूत अर्थात् कठोर रूप एवं एक मास में मांस के पिण्ड रूप होता है।

पाँचवें मास में उस मांस पिण्ड में से दो हाथ, दो पैर, और सिर के रूप में पाँच अंकुर निकलते हैं। छठे मास में उसके अंग और उपांग बनते हैं।

अंग–दो पैर, दो हाथ, एक नितम्ब, एक छाती, एक पीठ, और एक सिर।

उपांग–कान, नाक, गाल, ओठ, आँख और अंगुलि आदि।

पाँचवें मास में शिशु के अंगोपांग बनते हैं, अतः गर्भवती को प्रीति-पूर्वक शिशु के संरक्षण, संवर्द्धन एवं संस्कारित करने का भाव होना सुप्रीति-संस्कार है। गर्भवती के भावों की विद्रूपता, संक्लेशता एवं कठोरता से शिशु के अंगोपांग विकृत होते हैं। सुप्रीति-संस्कार गर्भवती के मन को प्रशस्त करता है। जिससे बालक सर्वांग सुन्दर एवं बलवान् होता है।

आधानात् पंचमे मासि क्रिया सुप्रीतिष्यिते।
या सम्प्रीतैः प्रयोक्तव्या परमोपासकव्रतैः॥ 80॥
तत्राप्युक्तो विधि पूर्वः सर्वोर्हत्‌बिम्बसन्निधौ।
कार्योमन्त्रविधानज्ञै साक्षी कृत्याग्निदेवता॥ 81॥

–आदिपुराण, पर्व 38

गर्भाधान से पाँचवें माह में सुप्रीति क्रिया प्रसन्न हुए उत्तम श्रावकों द्वारा की जाती है। इस क्रिया में भी मन्त्र और क्रियाओं को जानने वाले श्रावकों को अग्नि तथा देवता की साक्षी कर अर्हन्त-भगवान की प्रतिमा के समीप पहले कही हुई समस्त विधि करनी चाहिए।

सुप्रीति (पुंसवन) संस्कार की सावधानियाँ–

1. घर में तनावपूर्ण वातावरण न हो।
2. गर्भवती प्रसन्न रहे।
3. गर्भवती को सीढ़ियों पर ज्यादा चढ़ना-उतरना नहीं चाहिए।
4. गर्भवती ऊँची एड़ी की चप्पल न पहनें।
5. गर्भवती ढीले कपड़े पहनें।
6. गर्भवती भारी वजन न उठाये।
7. गर्भवती पेट के बल न लेटे।
8. गर्भवती महापुरुषों के जीवन-चरित्र पढ़े।
9. गर्भवती दूषित-साहित्य, फिल्म, टेलीविजन आदि न देखे।
10. अनावश्यक बातें एवं विकथाएँ न करें।

सुप्रीति (पुंसवन) संस्कार की सामग्री–थाली 2, कलश 2, चम्मच 2, कटोरी 2, प्लेट 1, ठोना 1, आरती 1, धूपदान 1, घी, केशर, जल, चावल, चटक गोला, धूप, बादाम, लौंग, रुई, माचिस, चौका, चौकी, आसन चटाई, मन्त्र लिखा हुआ, विनायक या सिद्धयन्त्र, सिंहासन, छत्र, दीपक छोटे-बड़े ,कलावा, यज्ञोपवीत (जनेऊ) मंगल कलश (श्रीफल, पीला कपड़ा, हल्दीगाँठ, सुपाड़ी, पीली सरसों, रजतस्वस्ति, पञ्चरत्न, चाँदी का सिक्का सहित) कुंड, रंगोली आदि।

सुप्रीति संस्कार मुहूर्त–

नक्षत्र–रोहिणी, श्रवण, पुष्य।

वार–रवि, मंगल, गुरु, शुक्र।

तिथि–2, 3, 5, 7, 10, 11, 12, 13

शुभमुहूर्त में सौभाग्यवती-स्त्रियाँ स्नान की हुई स्त्री और उसके पति को वस्त्राभूषणों से अलंकृत कर मंगल कलश से सहित जिन मन्दिर ले जाएँ। देवदर्शन के उपरान्त गृहस्थाचार्य के निर्देशानुसार, मन्दिर में जिनेन्द्र भगवान के सामने या घर में यन्त्र के सामने समस्त क्रिया करें।

मंगलाचरण, जलशुद्धि, अमृतस्नान, पात्रशुद्धि, नवतिलक, भूमिशुद्धि, रक्षासूत्रबन्धन, दिग्बन्धन, रक्षामन्त्र, शान्तिमन्त्राराधन, जिनाभिषेक, शान्तिधारा, मंगलकलश स्थापन, दीपकस्थापन, दैनिक पूजन, विनायकयन्त्र पूजा, हवन, पुण्याहवाचन उपरान्त निम्न क्रिया करें

ॐ पुण्याहं पुण्याहं लोकोद्योतनकरा अतीत-काल-सञ्जाता निर्वाणसागर-प्रभृतय चतुर्विंशति भूत–परमदेवाश्च वः प्रीयन्तां प्रीयन्ताम्।

ॐ सम्प्रतिकालसम्भवा वृषभादिवीरान्ताश्चतुर्विंशति-परमदेवाश्च वः प्रीयन्तां प्रीयन्ताम्।

ॐ भविष्यत्कालाभ्युदय–प्रभवा महापद्मादि–चतुर्विंशति भविष्यत्परमदेवाश्च वः प्रीयन्तां प्रीयन्ताम्।

ॐ त्रिकालवर्ति-परमधर्माभ्युदयाः सीमन्धर-प्रभृतयो विदेहक्षेत्रगत-विंशति-परमदेवाश्च वः प्रीयन्तां प्रीयन्ताम्।

ॐ वृषभसेनादिगणधरदेवाः वः प्रीयन्तां प्रीयन्ताम्।

ॐ सप्तृद्ध–विशोभिताः कुन्दकुन्दाद्यनेक–दिगम्बरसाधु चरणा वः प्रीयन्तां प्रीयन्ताम्।

इह वान्य–नगरग्राम–देवतामनुजाः सर्वे गुरु–भक्ता जिनधर्म परायणा भवन्तु। दानतपो-वीर्यानुष्ठानं नित्यमेवास्तु। सर्वजिन–भक्तानां धन धान्यैश्वर्यबलद्युतियशः-प्रमोदोत्सवाः प्रवर्धन्ताम्। तुष्टिरस्तु। पुष्टिरस्तु। वृद्धिरस्तु। कल्याणमस्तु। अविघ्नमस्तु। आयुष्यमस्तु। आरोग्यमस्तु। कर्मसिद्धिरस्तु। इष्ट-सम्पत्तिरस्तु। काममांगल्योत्सवाः सन्तु। पापानि शाम्यन्तु। घोराणि शाम्यन्तु। पुण्यं वर्धताम्। धर्मोवर्धताम्। श्रीवर्धताम्। कुलगोत्र चाभि–वर्धताम्। स्वस्तिभद्रं चास्तु इवीं क्ष्वीं हं सः स्वाहा। श्रीमज्जिनेन्द्र-चरणार-विन्देष्वानन्द-भक्तिः सदाऽस्तु।

यह मन्त्र पढ़ते हुए गर्भवती के ऊपर जल के छींटे दें

ॐ ह्रां ह्रीं ह्रूं ह्रौं ह्रः अ सि आ उ सा ठः ठः हाः वषट् स्वाहा।

गर्भ की पुष्टि के लिए गर्भवती के उदर पर इस मन्त्र की स्थापना कर इसी

मन्त्र को सात बार पढ़कर गन्धोदक के छींटे देना चाहिए।

अवतार कल्याणभागी भव।

निष्क्रान्ति कल्याणभागी भव।

आर्हन्त्यकल्याण भागी भव।

परमनिर्वाणकल्याण भागी भव।

यह मन्त्र पढ़ते हुए गर्भवती के ऊपर अक्षत क्षेपण करें

झं वं झ्वीं क्ष्वीं हं सः कान्तागले यवमालां क्षिपामि झ्रौं स्वाहा।

यह मन्त्र पढ़ते हुए गर्भवती स्त्री को पति यवमाला पहनावें सिन्दूर और काजल अवश्य लगावें।

जिनेन्द्र भगवान की स्तुति पढ़े और शुभ भावना कर शक्त्यनुसार दान दें एवं इस दिन से लेकर गृहस्थ को प्रतिदिन अपने घर में गीत संगीत वादित्र का आयोजन करना चाहिए।

धृति-संस्कार

मासम्मि सत्तमे तस्स होदि चम्मणहरोमणिप्पत्ती॥
दणमट्ठममासे णवमे दसमे य णिग्गमणं॥ 1004॥

–भगवती आराधना

सातवें मास में उस गर्भस्थ-पिण्ड पर चर्म, नख और रोम बनते हैं। आठवें मास में उसमें हलन-चलन होने लगता है। नौवें अथवा दसवें मास में उसका जन्म होता है, अतः सातवें मास में मन की स्थिरता के लिए धृति संस्कार किया जाता है।

गर्भ बढ़ने एवं हलन-चलन से शारीरिक-विषमता के कारण परिणाम विचलित न हो, अतः धैर्य-धारण करने एवं गर्भ की पुष्टता के लिए जहाँ शरीर की स्वस्थता अनिवार्य है, वहीं मानसिक-प्रसन्नता भी आवश्यक होती है, अतः गर्भवती की प्रसन्नता एवं धार्मिक-वातावरण से मन को दृढ़ता प्रदान करने के लिए धृति-संस्कार किया जाता है। गर्भवती की इस अवस्था में स्वप्न और दोहला उत्पन्न होते हैं। जिससे गर्भस्थ-शिशु के भविष्य, प्रकृति एवं व्यक्तित्व के विषय की जानकारी होती है। इससे इस संस्कार के माध्यम से गर्भवती का मन-विशुद्ध व धैर्य युक्त हो जाता है।

धृति-संस्कार की सावधानियाँ–

1. घर में कलह का वातावरण न हो।
2. गर्भवती संक्लेश परिणाम न करे।
3. गर्भवती के मन को प्रशस्त बनाने की चेष्टा करे।
4. गर्भवती भगवान की भक्ति, पूजा, पाठ आदि में मन लगाए।
5. गर्भवती को बाजार में घूमने, एवं लम्बी यात्राएँ करने से बचें।

6. गर्भवती स्वाध्याय अवश्य करे।

7. गर्भवती ब्रह्मचर्य का पालन करे।

8. गर्भवती आगे झुक कर करने वाले कार्य न करें।

9. गर्भवती अपने से बड़ों का सम्मान, बहुमान करे।

10. गर्भवती दान देकर प्रसन्नता का अनुभव करे।

धृति-संस्कार की सामग्री–थाली 2, कलश 2, चम्मच 2, कटोरी 2, प्लेट 1, ठोना 1, आरती 1, धूपदान 1, घी, केशर, जल, चावल, चटक गोला, धूप, बादाम, लौंग, रुई, माचिस, चौका, चौकी, आसन चटाई, मन्त्र लिखा हुआ, विनायक या सिद्धयन्त्र, सिंहासन, छत्र, दीपक छोटे-बड़े ,कलावा, यज्ञोपवीत (जनेऊ) मंगल कलश (श्रीफल,पीला कपड़ा, हल्दीगाँठ, सुपाड़ी, पीली सरसों, रजतस्वस्ति, पञ्चरत्न, चाँदी का सिक्का सहित) कुंड, रंगोली आदि।

धृति-संस्कार विधि–

धृतिस्तु सप्तमे मासि कार्या तद्वत्क्रियादरैः।
गृहमेधि भिरव्यग्रमनोभि-र्गर्भवृद्धयः ॥ 82॥

–आदिपुराण, पर्व 38

जिनका आदर किया गया है और जिनका चित्त व्याकुल नहीं है, ऐसे गृहस्थों को गर्भ की वृद्धि के लिए गर्भ से सातवें महीने में पिछली क्रियाओं के समान ही धृति नामकी क्रिया करनी चाहिए।

धृति संस्कार मुहूर्त–

नक्षत्र–पुष्य, उत्तराभाद्रपद, उत्तराषाढ़ा, उत्तराफाल्गुनी, मृगशिरा, हस्त, अनुराधा, रोहिणी, रेवती, पुनर्वसु।

वार–रवि, मंगल, गुरु,।

तिथि–1, 2, 3, 5, 7, 10, 11, 13।

शुभमुहूर्त में सौभाग्यवती स्त्रियाँ स्नान की हुई स्त्री और उसके पति को वस्त्राभूषणों से अलंकृत कर मंगल कलश के सहित जिनमन्दिर ले जाएँ। देवदर्शन के उपरान्त गृहस्थाचार्य के निर्देशानुसार,मन्दिर में जिनेन्द्रभगवान के सामने या घर में यन्त्र के सामने समस्त क्रिया करें।

मंगलाचरण, जलशुद्धि, अमृतस्नान, पात्रशुद्धि, नवतिलक, भूमिशुद्धि, रक्षासूत्रबन्धन, दिग्बन्धन, रक्षामन्त्र, शान्तिमन्त्राराधन, जिनाभिषेक, शान्तिधारा, मंगलकलश स्थापन, दीपकस्थापन, दैनिक पूजन, विनायकयन्त्र पूजा, हवन, पुण्याहवाचन उपरान्त निम्न क्रिया करें

ॐ पुण्याहं पुण्याहं लोकोद्योतनकरा अतीत-काल-सञ्जाता निर्वाणसागर प्रभृतयश्चतुर्विंशति-भूत-परमदेवाश्च वः प्रीयन्तां प्रीयन्ताम्।

ॐ सम्प्रतिकालसम्भवा वृषभादिवीरान्ताश्चतुर्विंशति- परमदेवाश्च व: प्रीयन्तां प्रीयन्ताम्।

ॐ भविष्यत्कालाभ्युदय-प्रभवा महापद्मादि-चतुर्विंशति भविष्यत्परमदेवाश्च व: प्रीयन्तां प्रीयन्ताम्।

ॐ त्रिकालवर्ति-परमधर्माभ्युदया: सीमन्धर-प्रभृतयो विदेहक्षेत्रगत-विंशति-परमदेवाश्च व: प्रीयन्तां प्रीयन्ताम्।

ॐ वृषभसेनादिगणधरदेवा: व: प्रीयन्तां प्रीयन्ताम्।

सप्तर्द्धि-विशोभिता: कुन्दकुन्दाद्यनेक-दिगम्बरसाधुचरणा व: प्रीयन्तां प्रीयन्ताम्।

इह वान्य-नगरग्राम-देवतामनुजा: सर्वे गुरु-भक्ता जिनधर्म परायणा भवन्तु। दानतपो-वीर्यानुष्ठानं नित्यमेवास्तु। सर्वजिन-भक्तानां धन धान्यैश्वर्यबलद्युतियश:-प्रमोदोत्सवा: प्रवर्धन्ताम्। तुष्टिरस्तु। पुष्टिरस्तु। वृद्धिरस्तु। कल्याणमस्तु। अविघ्नमस्तु। आयुष्यमस्तु। आरोग्यमस्तु। कर्मसिद्धिरस्तु। इष्ट-सम्पत्तिरस्तु। काममांगल्योत्सवा: सन्तु। पापानि शाम्यन्तु। घोराणि शाम्यन्तु। पुण्यं वर्धताम्। धर्मोवर्धताम्। श्रीवर्धताम्। कुलगोत्र चाभि-वर्धताम्। स्वस्तिभद्रं चास्तु इवीं क्ष्वीं हं स: स्वाहा। श्रीमज्जिनेन्द्र-चरणार-विन्देष्वानन्द-भक्ति:सदाऽस्तु।

यह मन्त्र पढ़ते हुए गर्भवती के ऊपर जल के छींटे दें–

नमोऽर्हते भगवते मंगलसूत्रेण बहुपुत्रा भवितुमर्हा स्वाहा।

यह मन्त्र पढ़ते हुए गर्भवती को मंगलसूत्र पहनावें सिन्दूर से मांग भरें।

ॐ ह्रां ह्रीं ह्रूं ह्रौं ह्र: अ सि आ उ सा अस्या: गर्भं रक्ष रक्ष स्वाहा।

यह मन्त्र बोलते हुए गर्भवती के उदर पर केशर चन्दन मिश्रित गन्धोदक के छींटे दें।

सज्जातिदातृ भागी भव।
सद्‌गृहिदातृभागी भव।
मुनीन्द्रदातृभागी भव।
सुरेन्द्रदातृभागी भव।
परमराज्यदातृभागी भव।
आर्हन्त्यदातृभागी भव।
परमनिर्वाणदातृभागी भव।

प्रत्येक मन्त्र के बाद दम्पती के ऊपर पुष्प या मंगल कलश का जल सिञ्चन करें।

शान्तिपाठ विसर्जन करें।

मोद-संस्कार (गोद भराई)

गर्भावस्था की पीड़ा का विस्मरण, शिशु के आने का उत्साह एवं माँ बनने का कर्तव्य बोध कराने के लिए गर्भवती को वस्त्राभूषण प्रदान कर उसके मन को प्रसन्न रखना मोद संस्कार है। माँ की प्रसन्नता से गर्भस्थ बालक ऊर्जावान बनता है, अतः प्रसव में कोई बाधा नहीं होती है।

इस संस्कार में गर्भवती की गोद में मांगलिक द्रव्य, मेवा, वस्त्र, आभूषण से भरकर शिशु के आने की कामना की जाती है। माँग में सिन्दूर भरने की क्रिया करने से इसे सीमन्तनी क्रिया कहा जाता है।

मोद-संस्कार (गोद भराई) की सावधानियाँ–

1. माँ हल्का एवं सुपाच्य भोजन करे।
2. माँ को पौष्टिक आहार लेना अत्यन्त आवश्यक है।
3. गर्भवती मादक पदार्थों का सेवन न करे।
4. गर्भवती गर्म, चरपरा एवं तीखा भोजन न करें।
5. गर्भवती न जोर से बोले और न जोर से हँसे।
6. उबटन आदि का उपयोग न करे।
7. गर्भवती को गर्भस्थ शिशु की सुरक्षा एवं वृद्धि की भावना करना चाहिए।
8. गर्भवती को शादी, पार्टी, मेला आदि भीड़ वाली जगह नहीं जाना चाहिए।
9. गर्भावस्था में माता के विचारों एवं खान–पान का गर्भस्थ बालक पर प्रभाव पड़ता है, अतः सावधानी रखें।
10. विकथा, मादक और कामुक चर्चा एवं चर्या से बचें।

मोद क्रिया संस्कार (गोद भराई) की सामग्री–

थाली 2, कलश 2, चम्मच 2, कटोरी 2, प्लेट 1, ठोना 1, आरती 1, धूपदान 1, घी, केशर, जल, चावल, चटक गोला, धूप, बादाम, लौंग, रुई, माचिस, चौका, चौकी, आसन चटाई, मन्त्र लिखा हुआ, विनायक या सिद्धयन्त्र, सिंहासन, छत्र, दीपक छोटे–बड़े ,कलावा, यज्ञोपवीत (जनेऊ) मंगल कलश (श्रीफल,पीला कपड़ा,

हल्दीगाँठ, सुपाड़ी, पीला सरसों, रजतस्वस्ति, पञ्चरत्न, चाँदी का सिक्का सहित) कुंड, रंगोली, मेवा, सिन्दूर वस्त्राभूषण आदि।

मोद क्रिया-संस्कार (गोद भराई)

नवमे मास्यतोऽभ्यर्णे मोदो नाम क्रिया विधिः।
तद्वदेवादृतैः कार्यो गर्भपुष्ट्यै द्विजोत्तमैः॥ 83॥
तत्रेष्टो गात्रिका बन्धो मांगल्यं च प्रसाधनम्।
रक्षासूत्रविधानं च गर्भिण्या द्विज सत्तमैः॥ 84॥

–आदिपुराण, पर्व 38

नौवें महिने में पिछली क्रियाओं के समान आदर युक्त गृहस्थाचार्य के द्वारा गर्भ की पुष्टि के लिए मोद क्रिया की जाती है। इस क्रिया में गृहस्थाचार्य को गर्भिणी के शरीर पर गात्रिका बन्धन, मन्त्रपूर्वक बीजाक्षर लिखना, मंगलमय आभूषण पहनाना और रक्षा के लिए कंकणसूत्र बाँधने की विधि करनी चाहिए।

मोद-संस्कार (गोद भराई) मुहूर्त–

नक्षत्र–उत्तराभाद्रपद, उत्तराषाढ़ा, उत्तराफाल्गुनी, मृगशिरा, पुष्य, मूल, हस्त, रोहिणी, श्रवण, पुनर्वसु, रेवती।

वार–बुध, गुरु, शुक्र, सोम।

तिथि–1, 2, 3, 5, 7, 10, 11, 13।

लग्न–जन्म लग्न और अष्टम को छोड़कर शेष लग्न।

शुभमुहूर्त में सौभाग्यवती स्त्रियाँ स्नान की हुई स्त्री और उसके पति को वस्त्राभूषणों से अलंकृत कर मंगल कलश के सहित जिन मन्दिर ले जाएँ। देवदर्शन के उपरान्त गृहस्थाचार्य के निर्देशानुसार, मन्दिर में जिनेन्द्रभगवान के सामने या घर में यन्त्र के सामने समस्त क्रिया करें।

मंगलाचरण, जलशुद्धि, अमृतस्नान, पात्रशुद्धि, नवतिलक, भूमिशुद्धि, रक्षासूत्रबन्धन, दिग्बन्धन, रक्षामन्त्र, शान्तिमन्त्राराधन, जिनाभिषेक, शान्तिधारा, मंगलकलश स्थापन, दीपकस्थापन, दैनिक पूजन, विनायकयन्त्र पूजा, हवन, पुण्याहवाचन उपरान्त निम्न क्रिया करें

सज्जाति-कल्याण-भागी भव।
सद्गृहि-कल्याण-भागी भव।
वैवाह-कल्याण-भागी भव।
मुनीन्द्र-कल्याण-भागी भव।
सुरेन्द्र-कल्याण-भागी भव।
मन्दराभिषेक-कल्याण-भागी भव।

यौवराज्य-कल्याण-भागी भव।
महाराज्य-कल्याण-भागी भव।
परमराज्य-कल्याण-भागी भव।
आर्हन्त्य-कल्याण-भागी भव।

यह मन्त्र पढ़ते हुए गर्भवती के ऊपर पुष्प, अक्षत क्षेपण करें–

ॐ ह्रां ह्रीं ह्रूं ह्रौं ह्रः अ सि आ उ सा श्रीं क्लीं ह्रीं क्ष्वीं गात्रिका बन्धं करोमि स्वाहा।

इस मन्त्र से सात बार मन्त्रित कर कच्चा धागा गर्भिणी के कण्ठ में मालारूप में पहनाना चाहिए।

ॐ ह्रीं नमोऽर्हते सर्वं रक्ष रक्ष ह्रूं फट् स्वाहा।

रक्षासूत्र बाँधें।

गर्भिणी स्त्री को चौक बनाकर पाटे पर पति के साथ पूर्व या उत्तर मुख करके बैठावें। गर्भिणी स्त्री की गोद में श्रीफल, मेवा, आभूषण, वस्त्र, रुपये आदि मांगलिक द्रव्य डालें। सौभाग्यवती स्त्रियाँ मंगल गीत गावें। सभी को भोजन कराएँ सत्कार करें एवं हर्ष मनाएँ।

गर्भिणी स्त्री को प्रतिदिन **ॐ ह्रीं अर्हं अ सि आ उ सा नमः**। इस मन्त्र की जाप करना चाहिए।

नोट- यदि गर्भाधान संस्कार क्रमशः न कर सकें तो 4-5वें संस्कारों के साथ उन संस्कारों के मन्त्र व क्रियाएँ कर लेना चाहिए।

जातकर्म (प्रियोद्भव) संस्कार

तीर्थंकर-शिशु के जन्म के समय जिस प्रकार जन्मोत्सव में सौधर्म इन्द्र अनेक लोक मंगल क्रियाएँ करता है, उसी प्रकार संस्कारवान् मनुष्य, शिशु के जन्म के समय प्रसन्नता पूर्वक जन्मोत्सव मनाते हुए उसके धार्मिक एवं यशस्वी जीवन की मंगल कामना करते हैं। इस प्रकार शिशु जन्म के समय परिवार में नये सदस्य के आने पर मंगल विधियों के द्वारा हर्ष व्यक्त करना जातकर्म (प्रियोद्भव)संस्कार है।

जातकर्म (प्रियोद्भव) संस्कार की सावधानियाँ–

1. प्रसूति, योग्य एवं कुशल चिकित्सक से कराएँ।

2. सद्य प्रसूत शिशु को अनेक लोग न छुएँ।

3. जातकर्म (प्रियोद्भव)संस्कार क्रिया, सूतक के काल में स्वयं न करें, अन्य लोगों से कराएँ।

4. जन्मोत्सव मनाते समय अहिंसा धर्म का पालन करें।

5. जातकर्म (प्रियोद्भव)संस्कार के समय दान अवश्य दें।

6. सद्य प्रसूत शिशु को माँ का दूध अवश्य पिलाएँ।

7. पाउडर का दूध एवं बोतल से दूध पिलाना शिशु को हानिकारक है।

8. प्रसूति कक्ष में सफाई रखें।

9. माँ शिशु को दूध पिलाते समय धैर्य, आत्मविश्वास, शान्त, निश्चल मन:स्थिति एवं भावों को विशुद्ध रखें।

10. यदि माँ किसी रोग से ग्रसित है, तो डॉक्टर की सलाह से ही शिशु को दूध पिलाएँ।

जातकर्म (प्रियोद्भव) संस्कार की सामग्री–

थाली 2, कलश 2, चम्मच 2, कटोरी 2, प्लेट 1, ठोना 1, आरती 1, धूपदान 1, घी, केशर, जल, चावल, चटक गोला, धूप, बादाम, लौंग, रुई, माचिस, चौका, चौकी, आसन चटाई, मन्त्र लिखा हुआ, विनायक या सिद्धयन्त्र, सिंहासन, छत्र, दीपक छोटे-बड़े ,कलावा, यज्ञोपवीत (जनेऊ) मंगल कलश (श्रीफल,पीला कपड़ा, हल्दीगाँठ, सुपाड़ी, पीली सरसों, रजतस्वस्तिक, पञ्चरत्न, चाँदी का सिक्का सहित) कुंड, रंगोली आदि।

जातकर्म (प्रियोद्भव) संस्कार–

प्रियोद्भव प्रसूतायां जातकर्मविधिः स्मृतः।
जिनजातकमाध्याय प्रवर्त्यो यथाविधि॥ 85॥
अवान्तरविशेषोऽत्र क्रियामन्त्रादिलक्षणः।
भूयान्समस्त्यसौ ज्ञेयो मूलोपासकसमत्रतः॥ 86॥

–आदिपुराण, पर्व, 38

प्रसूति होने पर प्रियोद्भव नामकी क्रिया की जाती है। इसका दूसरा नाम जातकर्म विधि भी है। यह क्रिया जिनेन्द्र भगवान का स्मरण कर विधि पूर्वक करनी चाहिए। पुत्र या पुत्री का जन्म होते ही जिनालय तथा अपने दरवाजे पर बाजे बजवाना चाहिए। भिक्षुओं को दान एवं बन्धुवर्ग को वस्त्र आभूषण मिष्ठान आदि दें।

दिव्य नेमिविजयाय स्वाहा।
परम नेमिविजयाय स्वाहा।
आर्हन्त्य नेमिविजयाय स्वाहा।

गन्धोदक सिञ्चन करते हुए नवजात शिशु को पिता आशीर्वाद दें।

शिर का स्पर्श करते हुए कहे कि यह तेरी माता कुल, जाति, अवस्था, रूप

गुणों से सहित है, शीलवती, सन्तानवती, सौभाग्यवती, अवैधव्य से युक्त, सौम्यशान्त मूर्ति से सहित और सम्यग्दृष्टि है। इसलिए हे पुत्र इस माता के सम्बन्ध से तू भी अनुक्रम से दिव्यचक्र, विजयचक्र और परमचक्र तीनों चक्रों को पाकर सत्प्रीति को प्राप्त हो।

इस प्रकार आशीर्वाद देकर पिता उसके समस्त अंगों का स्पर्श करें।

ॐ ह्रां ह्रीं ह्रूं ह्रौं ह्रः ह्रौं अ सि आ उ सा ह्रां श्रीं क्लीं ओं आं क्रौं क्ष्वीं एनं बालं रक्ष रक्ष स्वाहा।

यह मन्त्र सात बार पढ़कर शिशु पर केशर चन्दन आदि सुगन्धित पदार्थों के छींटे देवें।

यह मैं ही हूँ , ऐसा आरोप कर नीचे लिखे सुभाषित पढ़े। हे पुत्र, तू मेरे अंग अंग और हृदय से उत्पन्न हुआ है, इसलिए तू पुत्र नाम को धारण करने वाला मेरा आत्मा ही है। तू सैकड़ों वर्षों तक जीवित रह। दूध और घी रूपी अमृत उसकी नाभि पर डाल कर दें और

घातिञ्जयो भव।

यह मन्त्र पढ़कर नाभि का नाल काटें।

हे जाता, श्रीदेव्यः ते जातक्रियां कुर्वन्तु।

यह मन्त्र पढ़ते हुए बालक के शरीर का उबटन करें।

त्वं मन्दराभिषेकार्हो भव।

सुगन्धित जल से स्नान करावें।

चिरं जीव्याः।

आशीर्वाद देते हुए अक्षत क्षेपण करें।

नश्यात् कर्ममलं कृत्स्नम्।

यह मन्त्र पढ़कर बालक के मुख और नाक में औषधि मिलाकर तैयार किया हुआ घी मात्रानुसार डालें।

ॐ ह्रीं श्रीं क्लीं ह्रौं ह्रूं ह्रः नानानुजानुप्रजो भव भव अ सि आ उ सा स्वाहा।

यह मन्त्र पढ़कर बालक के मुख में घी दूध और मिश्री मिलाकर सोने की चम्मच या सोने के किसी वर्तन से पाँच बार पिलावें।

विश्वेश्वरीस्तन्य भागी भव।

यह मन्त्र पढ़ते हुए माता के स्तन को बालक के मुँह से लगा दें। प्रीति पूर्वक दान देते हुए उत्सव करें।

सम्यग्दृष्टे सम्यग्दृष्टे सर्व मातः सर्वमातः वसुन्धरे वसुन्धरे स्वाहा।

यह मन्त्र पढ़कर भूमि में जल और अक्षत डालें। गर्भमल जरायु पटल एवं नाभि नाल) के ऊपर पञ्चरत्न रखना चाहिए।

त्वत्पुत्रा इव मत् पुत्राः चिरंजीविनो भूयासुः

यह मन्त्र पढ़कर खेत में गड्डा खोदकर गर्भमल डाल देना चाहिए।

बालक की माता को क्षीर वृक्ष की डालियों से सुशोभित भूमि पर बैठावें।

सम्यग्दृष्टे सम्यग्दृष्टे आसन्नभव्ये आसन्नव्ये ऊर्जितपुण्ये ऊर्जितपुण्ये जिनमातः जिनमातः स्वाहा।

यह मन्त्र पढ़कर गुनगुने जल से स्नान करायें। तीसरे दिन रात्रि के समय बालक को गोदी में उठाकर बाहर लायें और

अनन्तज्ञानदर्शी भव।[1]

यह मन्त्र पढ़कर बालक को ताराओं से सुशोभित आकाश दिखाएँ।

पुण्याहवाचन और हवन करें। यथाशक्ति दान दें।

गन्धोदक से माता और बालक का सिञ्चन करें। बन्धुवर्ग को भोजन करावें।

नाम-कर्म-संस्कार

नाम के अनुरूप गुण न होने पर भी लोक व्यवहार के लिए नामकरण किया जाता है। वह नामनिक्षेप कहलाता है। इसके बिना लोकव्यवहार नहीं चलता है। श्रेष्ठ नामकरण उसका उच्चारण करने वाले की वाणी एवं मन को संस्कार और प्रभाव प्रदान करता है।

अच्छा नाम होने से बालक भी प्रसन्नता एवं गौरव का अनुभव करता है तथा नाम अच्छा न होने पर वह खेद, दीनता एवं हीन भावना से भर जाता है। अतः विधि पूर्वक श्रेष्ठ नामकरण करना चाहिए। इससे उसका नाम जन-सामान्य में ख्याति का कारण बन सके।

नाम-कर्म-संस्कार की सावधानियाँ–

1. नाम सार्थक होना चाहिए।
2. नाम तोड़-मरोड़ या बिगाड़ कर उच्चारण न करें। जैसे- संजय का संजू आदि।
3. नाम पाश्चात्य संस्कृति से प्रभावित न हो।
4. नामकरण के समय जैनत्व का ध्यान रखें ।
5. नाम प्रभावी एवं आकर्षक हो।
6. नाम न अधिक लम्बा और न अधिक छोटा हो।
7. स्कूल में लिखाने वाला नाम पूरा एवं एक ही हो, अनेक नाम भ्रमित करते हैं।
8. नाम करण जन्म राशि के अनुसार ही करें।
9. माता, पिता,भाई, बहिन आदि के नाम एक ही अक्षर से न करें।

10– कुशल गृहस्थाचार्य के निर्देशन में कार्य करें।

नाम-कर्म-संस्कार की सामग्री–

थाली 2, कलश 2, चम्मच 2, कटोरी 2, प्लेट 1, ठोना 1, आरती 1, धूपदान 1, घी, केशर, जल, चावल, चटक गोला, धूप, बादाम, लौंग, रुई, माचिस, चौका, चौकी, आसन चटाई, मन्त्र लिखा हुआ, विनायक या सिद्धयन्त्र, सिंहासन, छत्र, दीपक छोटे-बड़े ,कलावा, यज्ञोपवीत (जनेऊ) मंगल कलश (श्रीफल,पीला कपड़ा, हल्दीगाँठ, सुपाड़ी, पीलीसरसों, रजतस्वस्तिक, पञ्चरत्न, चाँदी का सिक्का सहित) कुंड, रंगोली, कलश, पर्चियाँ, पेन आदि।

नाम-कर्म-क्रिया–

द्वादशाहात् परं नामकर्म जन्मदिनान्मतम्।
अनुकूले तस्यास्य पित्रोरपि सुखावहे ॥ 87 ॥
यथाविभवमत्रेष्टं देवर्षिद्विज पूजनम्।
शस्तं च नामधेयं तत् स्थाप्यमन्वयवृद्धिकृत ॥ 88 ॥
अष्टोत्तर सहस्राद् वा जिननाम कदम्बकान्।
घटपत्र विधानेन ग्रामह्यन्यतमं शुभम् ॥89 ॥

–आदिपुराण, पर्व 38

जन्म दिन से बारह दिन के बाद जो दिन माता-पिता और पुत्र को अनुकूल हो, सुख देने वाला हो, उस दिन नाम कर्म की क्रिया की जाती है। इस क्रिया में अपने वैभव के अनुसार अर्हन्तदेव और ऋषियों की पूजा करनी चाहिए, गृहस्थाचार्य का भी यथायोग्य सत्कार करना चाहिए, तथा जो वंश की वृद्धि करने वाला हो, ऐसा कोई उत्तम नाम बालक का रखें। अथवा जिनेन्द्र देव के एक हजार आठ नामों के समूह से घटपत्र-विधि से कोई एक शुभ नाम ग्रहण कर लेना चाहिए।

नामकर्म-मुहूर्त–

जन्म दिन से बारह दिन के बाद अमावश्या, ग्रहण, संक्रान्ति, वैधृति, व्यतिपात आ जाये, तो उस दिन नामकरण न करें। जन्म दिन से बारहवें दिन, सोलहवें, बीसवें या बत्तीसवें दिन नामकरण करना चाहिए। कदाचित् बत्तीसवें दिन तक नामकर्म न हो सके तो जन्म दिन से वर्ष पर्यन्त चाहे जब नाम करण कर सकते हैं। इसमें मलमास शुक्र आदि दोषों का विचार नहीं करना चाहिए। अपराह्न या रात्रि में नामकरण न करें। जिस नक्षत्र के जिस चरण में बालक का जन्म हो, उसी अक्षर से नाम रखें।

नक्षत्र–चित्रा, अनुराधा, मृगशिरा, रेवती, रोहिणी, अश्विनी, तीनों उत्तरा, हस्त, पुष्य, पुनर्वसु, श्रवण, धनिष्ठा, शतभिषा।

वार–रवि, सोम, बुध, गुरु, शुक्र एवं शुभ लग्न में बालक का नामकरण करना शुभ है।

घटपत्र विधि–

जिनेन्द्रदेव के एक हजार आठ नामों को एक हजार आठ कागज के टुकड़ों पर अष्टगन्ध से सुवर्ण अथवा अनार की कलम से लिखकर उनकी गोली बना लेवें और पीले वस्त्र तथा नरियल से ढके हुए एक घड़े में भर देवें। कागज के एक टुकड़े पर ''नाम'' ऐसा शब्द लिखकर उसकी गोली बना लेवे। इसी प्रकार एक हजार सात कोरे टुकड़ों की गोलियाँ बनाकर इन सबको एक दूसरे घड़े में भर देवें। किसी अबोध कन्या या बालक से दोनों घड़ों में से एक-एक गोली निकलवाते जावें। जिस नाम की गोली के साथ नाम ऐसा लिखी हुई गोली निकले वही नाम बालक का रखना चाहिए। यह घटपत्र विधि कहलाती है।

मंगलाचरण, जलशुद्धि, अमृतस्नान, पात्रशुद्धि, नवतिलक, भूमिशुद्धि, रक्षासूत्रबन्धन, दिग्बन्धन, रक्षामन्त्र, शान्तिमन्त्राराधन, जिनाभिषेक, शान्तिधारा, मंगलकलश स्थापन, दीपकस्थापन, दैनिक पूजन, विनायकयन्त्र पूजा, के उपरान्त हवन कुंडों के पूर्व में काष्ठासन पर पुत्र सहित दम्पती को वस्त्राभूषण से सुसज्जित कर बैठावें। पुत्र, स्त्री की गोद में रहे और वह स्त्री, पति के दायीं ओर बैठे। मंगलकलश कुंड के पूर्व में दम्पती के सामने रखें। हवन के बाद जिनालय और अपने घर में बाजे बजवावें। गृहस्थाचार्य मंगल कलश को हाथ में लेकर पुण्याहवाचन पाठ पढ़ता हुआ दम्पती और पुत्र के ऊपर जल सिञ्चन करें।

ॐ पुण्याहं पुण्याहं लोकोद्योतनकरा-अतीत-काल-सञ्जाता निर्वाणसागर-प्रभृतयश्चतुर्विंशति-भूत-परमदेवाश्च वः प्रीयन्तां प्रीयन्ताम्।

ॐ सम्प्रतिकालसम्भवा वृषभादिवीरान्ताश्चतुर्विंशति- परमदेवाश्च वः प्रीयन्तां प्रीयन्ताम्।

ॐ भविष्यत्कालाभ्युदय-प्रभवा महापद्मादि-चतुर्विंशति भविष्यत्परमदेवाश्च वः प्रीयन्तां प्रीयन्ताम्।

ॐ त्रिकालवर्ति-परमधर्माभ्युदयाः सीमन्धर-प्रभृतयो विदेहक्षेत्रगत-विंशति-परमदेवाश्च वः प्रीयन्तां प्रीयन्ताम्।

ॐ वृषभसेनादिगणधरदेवाः वः प्रीयन्तां प्रीयन्ताम्।

ॐ सप्तर्द्धि-विशोभिताः कुन्दकुन्दाद्यनेक-दिगम्बरसाधु चरणा वः प्रीयन्तां प्रीयन्ताम्।

इह वान्य-नगरग्राम-देवतामनुजाः सर्वे गुरु-भक्ता जिनधर्म परायणा भवन्तु। दानतपो-वीर्यानुष्ठानं नित्यमेवास्तु। सर्वजिन-भक्तानां धन-धान्यैश्वर्यबलद्युतियशः प्रमोदोत्सवाः प्रवर्धन्ताम्। तुष्टिरस्तु। पुष्टिरस्तु। वृद्धिरस्तु। कल्याणमस्तु। अविघ्नमस्तु। आयुष्यमस्तु। आरोग्यमस्तु। कर्मसिद्धिरस्तु। इष्ट-सम्पत्तिरस्तु। काममांगल्योत्सवाः सन्तु। पापानि शाम्यन्तु। घोराणि शाम्यन्तु। पुण्यं वर्धताम्। धर्मोवर्धताम्। श्रीवर्धताम्।

कुलगोत्र चाभि-वर्धताम्। स्वस्तिभद्रं चास्तु इवीं क्ष्वीं हं सः स्वाहा। श्रीमज्जिनेन्द्र-चरणार-विन्देष्वानन्द-भक्तिः सदाऽस्तु।

यह मन्त्र पढ़ते हुए दम्पती और पुत्र के ऊपर जल के छींटे दें।

पिता एक थाली में चावल फैलाकर उसमें प्रथम अपना नाम फिर जो पुत्र का नाम रखना हो वह लिखें। दूसरी थाली में घी और दूध मिलाकर उसमें उस बच्चे के पहनाने योग्य आभूषण डाल दें। दोनों ही थालियों में गन्ध, पुष्प और डाभ डाल दें, मिले हुए घी और दूध को डाभ से लेकर उस बच्चे के मस्तक कान कण्ठ, भुजा और छाती में सिञ्चन कर आभूषण पहनावें और श्री जिनेन्द्रदेव से प्रार्थना करें कि एक हजार आठ नामों से सुशोभित श्री देवाधिदेव इस कुमार का नाम दीजिए। इस प्रकार तीन बार प्रार्थना करें।

ॐ ह्रीं श्रीं क्लीं अर्हं बालकस्य नामकरणं करोमि........ नाम्ना आयुरारोग्यैश्वर्यवान् भव भव झ्रौं झ्रौं अ सि आ उ सा स्वाहा।

यह मन्त्र पढ़कर पुत्र का नाम उच्चस्वर में उच्चारण कर भगवान को नमस्कार करें।

दिव्याष्टसहस्त्रनाम-भागी भव।
विजयाष्टसहस्त्रनाम-भागी भव।
परमाष्टसहस्त्रनाम-भागी भव।

गृहस्थाचार्य यह मन्त्र पढ़कर पुत्र पर पीले चावल विखेरें।

अर्घ्यावलि और विसर्जन कर आगत महानुभावों का सम्मान करें।

कर्ण-नासिका-वेध-संस्कार

कान के निचले भाग में एवं नासिका के बाँये नथुने में बारीक छिद्र करना वेध कहलाता है। कर्ण एवं नासिका वेध करने से अनेक रोग नहीं होते हैं। आभूषण आदि पहिनने के लिए भी कर्ण वेध आदि की आवश्यकता होती है। जिससे उसकी सुन्दरता बढ़ जाती है।

कर्ण-नासिका-वेध की सावधानियाँ–

1. कर्ण-नासिका-वेध अल्पायु में ही करें ।
2. वेध की सुई पतली और नुकीली हो।
3. योग्य और कुशल व्यक्ति से ही वेधक्रिया कराएँ।
4. वेध के समय बालक को पकड़ कर बैठें।
5. वेध की सुई सोना, चाँदी आदि उत्तम धातुओं की हो।
6. वेध क्रिया देवदर्शन पूर्वक ही करें।
7. वेध क्रिया करने वाला कुशल एवं योग्य हो।

8. वेध क्रिया के बाद वेध स्थानों पर घी, हल्दी केशर आदि लगा दें।

9. वेध स्थानों में पहिनने वाली वालियाँ कपड़ों में न उलझें।

10. अनावश्यक वेध न कराएँ।

कर्ण, नासिका वेध की सामग्री–थाली 2, कलश 2, चम्मच 2, कटोरी 2, प्लेट 1, ठोना 1, आरती 1, धूपदान 1, घी, केशर, जल, चावल, चटक गोला, धूप, बादाम, लौंग, रुई, माचिस, चौका, चौकी, आसन चटाई, मन्त्र लिखा हुआ, विनायक या सिद्धयन्त्र, सिंहासन, छत्र, दीपक छोटे-बड़े ,कलावा, यज्ञोपवीत (जनेऊ) मंगल कलश (श्रीफल,पीला कपड़ा, हल्दीगाँठ, सुपाड़ी, पीलीसरसों, रजतस्वस्तिक, पञ्चरत्न, चाँदी का सिक्का सहित) कुंड, रंगोली, नुकीली सुई आदि।

कर्ण-नासिका-वेध–जन्म से बारहवें दिन या तीसरे, पाँचवें वर्ष अर्थात् एक तीन पाँच आदि विषम वर्ष में कर्ण नासिका वेध श्रेष्ठ है।

जन्म से दो, चार, छह वें समवर्ष में कर्णवेध वर्जित है।

कर्ण, नासिका वेध मुहूर्त–

नक्षत्र–श्रवण, धनिष्ठा, पुनर्वसु, मृगशिरा, रेवती, चित्रा, अनुराधा, हस्त, अश्वनी, पुष्य।

वार–सोम, बुध, गुरु एवं शुक्रवार।

लग्न शुद्धि–लग्न से अष्टम में कोई ग्रह न हो, केन्द्र, त्रिकोण में शुभ ग्रह, 3, 6, 11 में पापग्रह हो, 2, 7, 9, 12 लग्न हो, लग्न में गुरु हो तब कर्ण नासिका छेदन शुभ होता है।

चैत्र, पौष माह, अमावस्या, क्षयतिथि, देवशयन, जन्ममास, रिक्ता तिथि, जन्मतारा ये-सब वर्जित हैं।

नामकरण के दिन सन्ध्या काल में भी कर्णवेध किया जा सकता है। पुत्र हो तो निम्न मन्त्र पढ़कर कर्णछेदन करें।

ॐ ह्रीं श्रीं अर्हं बालकस्य ह्रः कर्णवेधनं करोमि अ सि आ उ सा स्वाहा।

पुत्री हो, तो निम्न मन्त्र पढ़कर कर्णछेदन करें।

ॐ ह्रीं श्रीं अर्हं बालकस्य ह्रः कर्णनासावेधनं करोमि अ सि आ उ सा स्वाहा।

मंगलाचार करें।

दोलारोहण

बालक को पालने में झुलाना दोलारोहण है। इससे बालक गोद में सोने जैसे अनुभव करता है। उसे असुरक्षा का भाव नहीं रहता है और इस प्रकार माँ के बिना सोने का अभ्यास होता है, तथा आत्मबल प्रकट होता है। जिससे वह अच्छी नींद लेता है। स्वस्थ रहता है। दोलारोहण उसके शारीरिक और मानसिक विकास का आधार है।

नामकर्म और कर्णवेध के उपरान्त थोड़ा विश्राम कर प्रथम पालना झुलाना चाहिए। यदि इस दिन न हो सके, तो शुभ मुहूर्त में दोलारोहण करें।

दोलारोहण की सावधानियाँ–

1. पालना ज्यादा छोटा व ज्यादा बड़ा हो, एवं ज्यादा ऊँचा न हो।
2. पालना लकड़ी का श्रेष्ठ होता है।
3. पालना ज्यादा जोर से न झुलाएँ।
4. पालने के कपड़े नरम हों। आजू-बाजू तकिया अवश्य लगायें जिससे वह ढुलक न सके।
5. लोरी धार्मिक एवं शिक्षाप्रद हो।
6. पालने में मोबाइल से गाना बजाते हुए न रखें।
7. पालने में बालक के हाथ-पैर न उलझें।
8. पालने में बालक का शिर पूर्व या दक्षिण की ओर हो।
9. बालक का शिर ऊँचा न हो।
10. दो बालकों को एक पालने में न झुलाएँ।
11. पालने में बैठाकर भोजन न कराएँ।
12. बालक को पालने में बैठाकर न झुलाएँ। इससे सन्तुलन बिगड़ सकता है।

दोलारोहण की सामग्री–

थाली 2, कलश 2, चम्मच 2, कटोरी 2, प्लेट 1, ठोना 1, आरती 1, धूपदान 1, घी, केशर, जल, चावल, चटक गोला, धूप, बादाम, लौंग, रुई, माचिस, चौका,

चौकी, आसन चटाई, मन्त्र लिखा हुआ, विनायक या सिद्धयन्त्र, सिंहासन, छत्र, दीपक छोटे-बड़े ,कलावा, यज्ञोपवीत (जनेऊ) मंगल कलश (श्रीफल,पीला कपड़ा, हल्दीगाँठ, सुपाड़ी, पीलीसरसों, रजतस्वस्तिक, पञ्चरत्न, चाँदी का सिक्का सहित) कुंड, रंगोली, पालना, वस्त्र आदि।

दोलारोहण मुहूर्त–

नक्षत्र- पुनर्वसु, मृगशिरा, रेवती, चित्रा, अनुराधा, हस्त, अश्वनी, पुष्य।

वार- सोम, बुध, गुरु एवं शुक्रवार।

तिथि- 1, 2, 3, 5, 7, 10,12,13 में दोलारोहण चक्र अनुसार फल विचार करें।

दोलारोहण चक्र–सूर्य नक्षत्र से अभीष्ट दिन नक्षत्र तक गिने 5 नक्षत्र नीरोग, 5 नक्षत्र कष्ट, 5 नक्षत्र कृशता, 5 नक्षत्र व्याधि, 5 नक्षत्र सौख्य, आयुवृद्धि आदि फल कहे गये हैं।

ॐ ह्रीं झ्रौं झ्रौं क्ष्वीं क्ष्वीं आन्दोलं बालकमारोपयामि तस्य सर्वरक्षा भवतु झ्रौं झ्रौं स्वाहा।

पालने में बालक को लिटाकर झुलाएँ।

पश्चात् मिष्ठान वितरण करें।

बहिर्यान-संस्कार (प्रथम देव दर्शन)

नवजात शिशु के शरीर में खुले वातावरण की जलवायु को अचानक सहन करने की शक्ति नहीं होती है। उसे अनेक संक्रमण होने की संभावना रहती है अत: बालक को सावधानी पूर्वक बाहर लाते हैं। उसका जीवन श्रेष्ठ बने इसलिए सर्व प्रथम मन्दिर ले जाना चाहिए।

वह बालक जिनेन्द्रभगवान के दर्शन कर अपनी जीवन यात्रा प्रारम्भ करता है। यह प्रथम जिनेन्द्रभगवान का दर्शन एक प्रकार से बालक के जीवन का मंगलाचरण है।

बहिर्यान-संस्कार की सावधानियाँ–

1. बालक को स्नान करा के ही मन्दिर ले जाएँ।

2. बालक मन्दिर में लघु शंका आदि न करे।

3. आठ वर्ष तक माता–पिता बच्चे को मन्दिर लाएँ।

4. चन्दन का तिलक या गन्धोदक लगाते समय ध्यान रखें कि वह बहकर आँख, कान आदि में न जाए।

5. मन्दिर में अष्टद्रव्य, वस्त्र, शास्त्र आदि दान अवश्य दें।

6. मन्दिर में यदि कोई साधु विराजमान हों, तो उनसे ही णमोकार मन्त्र सुनवाएँ।

7. देवदर्शन कराते समय उसे जमीन पर न लिटाएँ।

8. मन्दिर में माँ दूध न पिलाएँ।

9. बालक को लेकर मन्दिर में ज्यादा देर तक न बैठें।

10. प्रति वर्ष प्रथम देवदर्शन की तिथि को उत्सव की तरह मनाएँ।

बहिर्यान-संस्कार की सामग्री–

थाली 2, कलश 2, चम्मच 2, कटोरी 2, प्लेट 1, ठोना 1, आरती 1, धूपदान 1, घी, केशर, जल, चावल, चटक गोला, धूप, बादाम, लौंग, रुई, माचिस, चौका, चौकी, आसन चटाई, मन्त्र लिखा हुआ, विनायक या सिद्धयन्त्र, सिंहासन, छत्र,

दीपक छोटे-बड़े ,कलावा, यज्ञोपवीत (जनेऊ) मंगल कलश (श्रीफल,पीला कपड़ा, हल्दीगाँठ, सुपाड़ी, पीलीसरसों, रजतस्वस्तिक, पञ्चरत्न, चाँदी का सिक्का सहित) कुंड, रंगोली, अष्ट द्रव्य, धोती दुपट्टा, शास्त्र आदि।

बहिर्यान-संस्कार-विधि–

बहिर्यान ततो द्वित्रैर्मासैस्त्रिचतुरैरुत।
यथानुकूलमिष्टेह्नि कार्यं तूर्यादिमंगलैः॥ 90॥
ततः प्रभृत्यमीष्टं हि शिशोः प्रसव वेश्मनः।
बहिः प्रणयनं मात्रा धायुत्संगतस्य वा॥ 91॥
तत्र बन्धुजनादर्थलाभो यः पारितोषकः।
स तस्योत्तरकालेर्प्यो धनं पियं यदाप्स्यति॥ 92॥

दो, तीन अथवा चार माह के बाद किसी शुभ दिन तुरही आदि मांगलिक बाजों के साथ-साथ अपनी अनुकूलता के अनुसार बहिर्यान क्रिया करनी चाहिए। जिस दिन यह क्रिया की जावे, उसी दिन से माता अथवा धाय की गोद से बाहर ले जाना शास्त्र सम्मत है। इस क्रिया के करते समय बालक को भाई-बान्धव आदि से पारितोषिक, भेंटरूप से जो धन की प्राप्ति हो, उसे इकट्ठा कर, जब वह पुत्र पिता के धन का अधिकारी हो तब उसके लिए सौंप देवें।

बहिर्यान का अर्थ बाहर निकालना है। बाहर निकालने का अभिप्राय बच्चे को श्री जिनेन्द्रदेव का प्रथम दर्शन कराना है।

ब्रहिर्यान-मुहूर्त–

नक्षत्र–पुनर्वसु, मृगशिरा, रेवती, श्रवण, धनिष्ठा, अनुराधा, हस्त, अश्वनी, पुष्य।

वार–सोम, बुध, गुरु एवं शुक्रवार।

तिथि–2, 5, 7, 10,13 तिथियों में बहिर्यान क्रिया करें।

बहिर्यान क्रिया–बालक को स्नान करा कर वस्त्राभूषण से सुसज्जित करें। गृहस्थाचार्य पुण्याहवाचन पढ़ता हुआ पवित्र जल से उसे सिञ्चन करें।

ॐ पुण्याहं पुण्याहं लोकोद्योतनकरा अतीत-काल-सञ्जाता निर्वाणसागर प्रभृतयश्चतुर्विंशति-भूत-परमदेवाश्च वः प्रीयन्तां प्रीयन्ताम्।

ॐ सम्प्रतिकालसम्भवा वृषभादिवीरान्ताश्चतुर्विंशति- परमदेवाश्च वः प्रीयन्तां प्रीयन्ताम्।

ॐ भविष्यत्कालाभ्युदय-प्रभवा महापद्मादि-चतुर्विंशति भविष्यत्परमदेवाश्च वः प्रीयन्तां प्रीयन्ताम्।

ॐ त्रिकालवर्ति-परमधर्माभ्युदयाः सीमन्धर-प्रभृतयो विदेहक्षेत्रगत-

विंशति-परमदेवाश्च व: प्रीयन्तां प्रीयन्ताम्।

ॐ वृषभसेनादिगणधरदेवा: व: प्रीयन्तां प्रीयन्ताम्।

ॐ सप्तर्द्धि-विशोभिता: कुन्दकुन्दाद्यनेक-दिगम्बरसाधु चरणा व: प्रीयन्तां प्रीयन्ताम्।

इह वान्य-नगरग्राम-देवतामनुजा: सर्वे गुरु-भक्ता जिनधर्म परायणा भवन्तु। दानतपो-वीर्यानुष्ठानं नित्यमेवास्तु। सर्वजिन-भक्तानां धन-धान्यैश्वर्यबलद्युतियश:-प्रमोदोत्सवा: प्रवर्धन्ताम्। तुष्टिरस्तु। पुष्टिरस्तु। वृद्धिरस्तु। कल्याणमस्तु। अविघ्नमस्तु। आयुष्यमस्तु। आरोग्यमस्तु। कर्मसिद्धिरस्तु। इष्ट-सम्पत्तिरस्तु। काममांगल्योत्सवा: सन्तु। पापानि शाम्यन्तु। घोराणि शाम्यन्तु। पुण्यं वर्धताम्। धर्मोवर्धताम्। श्रीवर्धताम्। कुलगोत्र चाभि-वर्धताम्। स्वस्तिभद्रं चास्तु इवीं क्ष्वीं हं स: स्वाहा। श्रीमज्जिनेन्द्र-चरणार-विन्देष्वानन्द-भक्ति:सदाऽस्तु।

यह मन्त्र पढ़ते हुए दम्पत्ती और पुत्र के ऊपर जल के छींटे दें।

माता-पिता या धाय इन में से कोई भी बालक को गोद में लेकर बाजे-गाजे से भाई-बान्धव, सौभाग्यवती स्त्रियों एवं समाज के साथ जिनालय में जाकर जिनेन्द्रदेव की तीन प्रदक्षिणा देवें, अभिषेक पूजा हवन करें, नमस्कार करें और बालक की वृद्धि होने की कामना करें।

ॐ नमोऽर्हते भगवते जिनभास्कराय तब मुखबालकं दर्शयामि दीर्घायुष्यं कुरु-कुरु स्वाहा।

यह मन्त्र पढ़कर बालक को श्री जिनेन्द्र देव का दर्शन करावें। शिशु के मस्तक पर गंधोदक लगावें। रक्षामन्त्र और शान्तिमन्त्र पढ़ते हुए पूजा से बचे हुए पुष्पाक्षत उसके सिर पर डालें।

ॐ ह्रूं क्ष्रूं फट् किरिटिं किरिटिं घातय घातय पर विघ्नान् स्फोटय स्फोटय सहस्त्र खंडान् कुरु-कुरु परमुद्रां छिन्दछिन्द परमन्त्रान् भिन्दभिन्द क्ष: क्ष: हूं फट् स्वाहा।

सिर पर पुष्प क्षेपण करें ।

ॐ नमोऽर्हते भगवते प्रक्षीणाशेषदोष-कल्मषाय दिव्य तेजो मूर्तये नम: श्रीशान्तिनाथाय शान्तिकराय सर्वविघ्न प्रणाशनाय सर्वरोगापमृत्यु विनाशनाय सर्वपर कृच्छुद्रोपद्रव विनाशनाय सर्व- क्षाम-डामर-विनाशनाय ॐ ह्रां ह्रीं ह्रूं ह्रौं ह्र: अ सि आ उ सा नम: सर्वशातिं तुष्टिं पुष्टिं च कुरुकुरु स्वाहा।

सिर पर पुष्प क्षेपण करें ।

उपनयननिष्क्रान्तिभागी भव।

वैवाहनिष्क्रान्तिभागी भव।

मुनीन्द्रनिष्क्रान्तिभागी भव।
सुरेन्द्रनिष्क्रान्तिभागी भव।
मन्दराभिषेकनिष्क्रान्तिभागी भव।
यौवराज्यनिष्क्रान्तिभागी भव।
महाराज्यनिष्क्रान्तिभागी भव।
परमराज्यनिष्क्रान्तिभागी भव।
आर्हन्त्यनिष्क्रान्तिभागी भव।

यह मन्त्र पढ़कर बालक के सिर पर पुष्प क्षेपण करें।

मुनिराज आदि साधुजनों गुरुजनों या गृहस्थाचार्य से णमोकार मन्त्र सुनाकर एवं आशीर्वाद दिलाकर उसी प्रकार घर वापस आवें। घर आकर संघ को यथायोग्य दान तथा आगत जनों का सत्कार करें।

निषद्या-संस्कार

इस संस्कार में बालक को पहली बार बैठाने की क्रिया की जाती है। इसमें बालक के जीवन को क्रियाशील, गतिशील, सक्रिय एवं विकसित कर पद्मासन आदि आसनों में बैठाया जाता है, जिससे वह जाप, ध्यान आदि के माध्यम से कर्मक्षय एवं मोक्ष का मार्ग प्रशस्त करे, ऐसी भावना की जाती है।

निषद्या-संस्कार की सावधानियाँ–

1– बालक को नरम आसन पर ही बैठाएँ।

2– बालक को बैठाते समय सहारा अवश्य दें।

3– बालक को ज्यादा देर तक न बैठाएँ।

4– यदि बालक पद्मासन में न बैठ सके तो सुखासन में बैठाएँ।

5– देव दर्शन पूर्वक ही निषद्या संस्कार करें।

निषद्या-संस्कार की सामग्री–

थाली 2, कलश 2, चम्मच 2, कटोरी 2, प्लेट 1, ठोना 1, आरती 1, धूपदान 1, घी, केशर, जल, चावल, चटक गोला, धूप, बादाम, लौंग, रुई, माचिस, चौका, चौकी, आसन चटाई, मन्त्र लिखा हुआ, विनायक या सिद्धयन्त्र, सिंहासन, छत्र, दीपक छोटे-बड़े ,कलावा, यज्ञोपवीत (जनेऊ) मंगल कलश (श्रीफल,पीला कपड़ा, हल्दीगाँठ, सुपाड़ी, पीलीसरसों, रजतस्वस्तिक, पञ्चरत्न, चाँदी का सिक्का सहित) कुंड, रंगोली, आसन आदि।

निषद्या-संस्कार–

ततः परं निषद्यास्य क्रिया बालस्य कल्प्यते।
तद्योग्ये तल्प आस्तीर्णे कृत मंगल सन्निधौ ॥93॥
सिद्धार्चनादिकः सर्वो विधिः पूर्ववदत्र च।
यतो दिव्यासनार्हत्वमस्य स्यादुत्तरोत्तरम् ॥94॥

–आदिपुराण, पर्व 38

अर्थात् जिसके समीप मंगल द्रव्य रखे हुए हैं और जो बालक के योग्य है, ऐसे

बिछाये हुए आसन पर उस बालक की निषद्या-क्रिया की जाती है, अर्थात् उसे उत्तम आसन पर बैठा लेते हैं। इस क्रिया में सिद्धभगवान की पूजा करना आदि सब विधि पहले के समान ही करनी चाहिए, जिससे इस बालक की उत्तरोत्तर दिव्य आसन पर बैठने की योग्यता होती है।

निषद्या-मुहूर्त–

नक्षत्र–तीनों उत्तरा, रोहिणी, मृगशिरा, ज्येष्ठा, अनुराधा, अश्विनी, हस्त, पुनर्वसु, अभिजित।

वार–सोम, बुध, गुरु, शुक्रवार।

तिथि–1, 2, 3, 5, 7, 11, 12, 13 तिथियों में निषद्या-क्रिया शुभ है। जन्म से पाँचवें माह में शुभ दिन और शुभ मुहूर्त में निषद्या-क्रिया करनी चाहिए।

बालक को स्नान कराकर वस्त्रालंकार से विभूषित करें।

मंगलाचरण, जलशुद्धि, अमृतस्नान, पात्रशुद्धि, नवतिलक, भूमिशुद्धि, रक्षासूत्रबन्धन, दिग्बन्धन, रक्षामन्त्र, शान्तिमन्त्राराधन, जिनाभिषेक, शान्तिधारा, मंगलकलश स्थापन, दीपकस्थापन, दैनिक पूजन, विनायकयन्त्र पूजा, सिद्धपूजा, पञ्चबालयति पूजा एवं हवन करें।

ॐ ह्रीं क्ष्वीं भू स्वाहा।

जल से भूमि शुद्धि करें। पञ्च धान्य चावल, गेहूँ, उड़द, मूँग, तिल, जौ आदि से चौक बनाकर उस पर एक वस्त्र बिछा दें।

ॐ ह्रां ह्रीं ह्रूं ह्रौं ह्रः अ सि आ उ सा श्रीं अर्हं बालक उपवेशयामि स्वाहा।

यह मन्त्र पढ़कर उस रंगावली पर बिछे हुए वस्त्र के ऊपर बालक को पूर्व दिशा की ओर मुख कर पद्मासन या सुखासन में बिठाना चाहिए।

ॐ पुण्याहं पुण्याहं लोकोद्योतनकरा अतीत-काल-सञ्जाता निर्वाणसागर प्रभृतयश्चतुर्विंशति-भूत-परमदेवाश्च वः प्रीयन्तां प्रीयन्ताम्।

ॐ सम्प्रतिकालसम्भवा वृषभादिवीरान्ताश्चतुर्विंशति- परमदेवाश्च वः प्रीयन्तां प्रीयन्ताम्।

ॐ भविष्यत्कालाभ्युदय-प्रभवा महापद्मादि-चतुर्विंशति भविष्यत्परमदेवाश्च वः प्रीयन्तां प्रीयन्ताम्।

ॐ त्रिकालवर्ति-परमधर्माभ्युदयाः सीमन्धर-प्रभृतयो विदेहक्षेत्रगत-विंशति-परमदेवाश्च वः प्रीयन्तां प्रीयन्ताम्।

ॐ वृषभसेनादिगणधरदेवाः वः प्रीयन्तां प्रीयन्ताम्।

ॐ सप्तर्द्धि-विशोभिताः कुन्दकुन्दाद्यनेक-दिगम्बरसाधु चरणा वः प्रीयन्तां प्रीयन्ताम्।

इह वान्य-नगरग्राम-देवतामनुजाः सर्वे गुरु-भक्ता जिनधर्म परायणा भवन्तु।

दानतपो-वीर्यानुष्ठानं नित्यमेवास्तु। सर्वजिन-भक्तानां धन-धान्यैश्वर्यबलद्युतियशः प्रमोदोत्सवाः प्रवर्धन्ताम्। तुष्टिरस्तु। पुष्टिरस्तु। वृद्धिरस्तु। कल्याणमस्तु। अविघ्नमस्तु। आयुष्यमस्तु। आरोग्यमस्तु। कर्मसिद्धिरस्तु। इष्ट-सम्पत्तिरस्तु। काममांगल्योत्सवाः सन्तु। पापानि शाम्यन्तु। घोराणि शाम्यन्तु। पुण्यं वर्धताम्। धर्मोवर्धताम्। श्रीवर्धताम्। कुलगोत्र चाभि-वर्धताम्। स्वस्तिभद्रं चास्तु ॠवीं क्ष्वीं हं सः स्वाहा। श्रीमज्जिनेन्द्र-चरणार-विन्देष्वानन्द-भक्तिः सदाऽस्तु।

यह मन्त्र पढ़ते हुए बालक के ऊपर जल के छींटे दें।

यत्सुखं त्रिषु लोकेषु व्याधिव्यसन-वर्जितम्।
अभयं-क्षेमारोग्यं स्वस्तिरस्तु विधीयते॥

श्रीरस्तु, वृद्धिरस्तु, तुष्टिरस्तु, पुष्टिरस्तु, शान्तिरस्तु कान्तिरस्तु, कल्याणमस्तु स्वाहा एवं अस्माकं.......... सद्धर्म श्री बलायुरारोग्यैश्वर्याभिवृद्धिरस्तु ।

यह मन्त्र पढ़ते हुए बालक का केशर से तिलक करें। दीपक से आरती उतारें। पश्चात्

दिव्यसिंहासनभागी भव।
विजयसिंहासनभागी भव।
परमसिंहासनभागी भव।

यह मन्त्र पढ़ते हुए मुनिराज, आर्यिका, विद्वान् या वृद्धजन बालक को आशीर्वाद देते हुए उसके मस्तक पर अक्षत क्षेपण करें।

णमोकर मन्त्र पढ़ें। साधूमयों को भेंट, भोजन, आदि से सत्कार करें और चार प्रकार का दान देवें।

अन्नप्राशन-संस्कार

जन्म से माँ का दूध ही बालक का आहार होता है, किन्तु छह माह के बाद उसका शारीरिक विकास होने से पाचनतन्त्र भी विकसित होता जाता है, अतः उसे ठोस आहार की आवश्यकता होती है। वह ठोस आहार भी सुपाच्य, मर्यादित, शाकाहारी आदि गुणों से सहित हो। इस प्रथम आहार ग्रहण की प्रक्रिया को अन्नप्राशन संस्कार के रूप में किया जाता है, जिससे उसका आहार जीवन भर व्यवस्थित एवं सन्तुलित रहे।

अन्नप्राशन-संस्कार की सावधानियाँ–

1. आहार सुपाच्य एवं हल्का हो।
2. प्रथम बार में ज्यादा आहार न कराएँ।
3. लिटाकर आहार न कराएँ ।
4. गरिष्ठ एवं कड़ा भोजन न दें।
5. चरपरा तीखा एवं तेज गर्म भोजन न दें।
6. सोते हुए भोजन न कराएँ।

7. भोजन शुद्धि पूर्वक तैयार किया हुआ एवं मर्यादित हो।
8. देव दर्शन पूर्वक ही अन्नप्राशन संस्कार करें।
9. कोई अभक्ष्य वस्तु न दें।
10. प्रथम आहार में तरल वस्तु खीर आदि ही दें।
11. अन्नप्राशन-संस्कार के लिए वर्तन श्रेष्ठ धातु के हों।

अन्नप्राशन-संस्कार की सामग्री–

थाली 2, कलश 2, चम्मच 2, कटोरी 2, प्लेट 1, ठोना 1, आरती 1, धूपदान 1, घी, केशर, जल, चावल, चटक गोला, धूप, बादाम, लौंग, रुई, माचिस, चौका, चौकी, आसन चटाई, मन्त्र लिखा हुआ, विनायक या सिद्धयन्त्र, सिंहासन, छत्र, दीपक छोटे-बड़े ,कलावा, यज्ञोपवीत (जनेऊ) मंगल कलश (श्रीफल,पीला कपड़ा, हल्दीगाँठ, सुपाड़ी, पीलीसरसों, रजतस्वस्तिक, पञ्चरत्न, चाँदी का सिक्का सहित) कुंड, रंगोली, खीर, सोने, चाँदी आदि उत्तम धातु के वर्तन आदि।

अन्नप्राशन-संस्कार–

गते मास पृथक्त्वे च जन्माद्यस्य यथाक्रमम्।
अन्नप्राशनमानातं पूजा विधि पुरः सरम्॥ 95॥

–आदिपुराण, पर्व 38

जब बालक क्रम-क्रम से सात-आठ माह का हो जाये तब अर्हंत् भगवान की पूजा आदि कर बालक को अन्न खिलाना चाहिए।

अन्नप्राशन का अर्थ है बालक को अन्न खिलाना। अर्थात् बालक को अन्न का भोजन करना सिखलाने के लिए तथा उस अन्न द्वारा बालक की वृद्धि होने के लिए यह संस्कार बालक के सातवें, आठवें या नवें माह में करना उचित है।

अन्नप्राशन-मुहूर्त–

नक्षत्र–तीनों उत्तरा, रोहिणी, मृगशिरा, रेवती, चित्रा, अनुराधा, हस्त, अश्विनी, पुष्य, अभिजित, स्वाती, पुनर्वसु श्रवण, धनिष्ठा, और शतभिषा।

तिथि–2, 3, 5, 7, 10, 13।

लग्न शुद्धि–जन्म राशि अथवा जन्म लग्न से आठवीं राशि, आठवाँ नवांश मीन, मेष, और वृश्चिक लग्न को छोड़कर।

मास–छठे मास से लेकर सममास में बालक को विषम मास में कन्या को अन्नप्राशन कराना शुभ है।

अन्नप्राशन शुक्लपक्ष में दोपहर पूर्व करना चाहिए।

सर्व प्रथम मंदिर जी में जाकर दर्शन कर मंगलाचरण, जलशुद्धि, अमृतस्नान, पात्रशुद्धि, नवतिलक, भूमिशुद्धि, रक्षासूत्रबन्धन, दिग्बन्धन, रक्षामन्त्र, शान्तिमन्त्राराधन,

जिनाभिषेक, शान्तिधारा, मंगलकलश स्थापन, दीपक स्थापन, दैनिक पूजन, विनायकयन्त्र पूजा, सिद्धपूजा, पञ्चबालयति पूजा एवं हवन करें।

ॐ पुण्याहं पुण्याहं लोकोद्योतनकरा अतीत-काल-सञ्जाता निर्वाणसागर-प्रभृतयश्चतुर्विंशति-भूत-परमदेवाश्च वः प्रीयन्तां प्रीयन्ताम्

ॐ सम्प्रतिकालसम्भवा वृषभादिवीरान्ताश्चतुर्विंशति- परमदेवाश्च वः प्रीयन्तां प्रीयन्ताम्।

ॐ भविष्यत्कालाभ्युदय-प्रभवा महापद्मादि-चतुर्विंशति भविष्यत्परमदेवाश्च वः प्रीयन्तां प्रीयन्ताम्।

ॐ त्रिकालवर्ति-परमधर्माभ्युदयाः सीमन्धर-प्रभृतयो विदेहक्षेत्रगत-विंशति-परमदेवाश्च वः प्रीयन्तां प्रीयन्ताम्।

ॐ वृषभसेनादिगणधरदेवाः वः प्रीयन्तां प्रीयन्ताम्।

ॐ सप्तर्द्धि-विशोभिताः कुन्दकुन्दाद्यनेक-दिगम्बरसाधु चरणा वः प्रीयन्तां प्रीयन्ताम्।

इह वान्य-नगरग्राम-देवतामनुजाः सर्वे गुरु-भक्ता जिनधर्म परायणा भवन्तु। दानतपो-वीर्यानुष्ठानं नित्यमेवास्तु। सर्वजिन-भक्तानां धन धान्यैश्वर्यबलद्युतियशः-प्रमोदोत्सवाः प्रवर्धन्ताम्। तुष्टिरस्तु। पुष्टिरस्तु। वृद्धिरस्तु। कल्याणमस्तु। अविघ्नमस्तु। आयुष्यमस्तु। आरोग्यमस्तु। कर्मसिद्धिरस्तु। इष्ट-सम्पत्तिरस्तु। काममांगल्योत्सवाः सन्तु। पापानि शाम्यन्तु। घोराणि शाम्यन्तु। पुण्यं वर्धताम्। धर्मोवर्धताम्। श्रीवर्धताम्। कुलगोत्र चाभि-वर्धताम्। स्वस्तिभद्रं चास्तु झ्वीं क्ष्वीं हं सः स्वाहा। श्रीमज्जिनेन्द्र-चरणार-विन्देष्वानन्द-भक्तिः सदाऽस्तु।

गृहस्थाचार्य पुण्याहवाचन पाठ पढ़ता हुआ शिशु के मस्तक पर गन्धोदक का सिञ्चन करें।

घर आकर शुद्ध किये स्थान पर स्वस्तिक या रंगोली बनाकर शिशु को बिठाएँ या पिता की गोद में पूर्व या उत्तर दिशा की ओर मुखकर बैठा दें।

ॐ ह्रां ह्रीं ह्रूं ह्रौं ह्रः अ सि आ उ सा नमोऽर्हते भगवते भुक्ति शक्ति प्रदाय बालकं भोजयामि पुष्टिः तुष्टिश्चारोग्यं भवतु भवतु झ्वीं क्ष्वीं स्वाहा।

यह मन्त्र पढ़कर दूध भात, खीर या मिष्ठान कटोरे से थोड़ा सा लेकर शिशु के मुख में दे देना चाहिए।

दिव्यामृतभागी भव।
विजयामृतभागी भव।
अक्षीणामृतभागी भव।

इन मन्त्रों को बोलकर गृहस्थाचार्य स्वयं बालक के मस्तक पर पीले चावल बिखेरे।

उस दिन बन्धु वर्ग को भोजन करावें और सौभाग्यवती महिलाएँ मंगलाचार करें।

पाद-न्यास (गमन) विधि

प्रथम बार चलने की क्रिया पादन्यास-संस्कार है। जीवन के चरम लक्ष्य को प्राप्त करने के लिए पादन्यास संस्कार अत्यन्त आवश्यक है। इसके माध्यम से बालक संयमपथ पर चलकर मोक्षमार्ग पर चलने की क्रिया प्रारम्भ करता है।

चलना विकास का द्योतक है। कुमार्ग पर चलना पतन एवं सुमार्ग पर चलना उत्थान का कारण है, अतः सन्मार्ग पर चलने के लिए पादन्यास संस्कार आवश्यक होता है।

पाद-न्यास (गमन) विधि की सावधानियाँ–

1. बालक को ज्यादा देर तक न चलाएँ।
2. हवन कुंड के चारों ओर चलाते समय अग्नि और लौ से दूर रखें।
3. बालक को चलाते समय सहारा अवश्य दें।
4. बालक को चलने के लिए सन्तुलन बनाने दें।
5. बालक को आराम से चलाएँ।
6. देव दर्शन पूर्वक ही पादन्यास (गमन) विधि की क्रिया करें।
7. जूता, मोजा, चप्पल पहिना कर न चलाएँ।
8. चलने की भूमि कंकड़ रहित, सम, स्वच्छ एवं मृदु हो।

पाद-न्यास (गमन) विधि की सामग्री–

थाली 2, कलश 2, चम्मच 2, कटोरी 2, प्लेट 1, ठोना 1, आरती 1, धूपदान 1, घी, केशर, जल, चावल, चटक गोला, धूप, बादाम, लौंग, रुई, माचिस, चौका, चौकी, आसन चटाई, मन्त्र लिखा हुआ, विनायक या सिद्धयन्त्र, सिंहासन, छत्र, दीपक छोटे-बड़े ,कलावा, यज्ञोपवीत (जनेऊ) मंगल कलश (श्रीफल,पीला कपड़ा, हल्दीगाँठ, सुपाड़ी, पीलीसरसों, रजतस्वस्ति, पञ्चरत्न, चाँदी का सिक्का सहित) कुंड, रंगोली आदि।

पाद-न्यास (गमन) विधि–

अथास्य नवें मासे गमनं कारयेत्पिता।
गमनोचित नक्षत्रे सुवारे शुभयोगके॥

पूजा-होम-जिनावासे पिताकुर्याच्च पूर्ववत्।
पुत्रं संस्नाप्य सद्वस्त्रैर्भूषयेद्भूषणैः परम्॥

नवें महीने में गमन के योग्य शुभ नक्षत्र, शुभ दिन और शुभ योग में पिता बालक की गमन विधि करें।

मन्दिर जी में जाकर दर्शन कर घर आकर मंगलाचरण, जलशुद्धि, अमृतस्नान, पात्रशुद्धि, नवतिलक, भूमिशुद्धि, रक्षासूत्रबन्धन, दिग्बन्धन, रक्षामन्त्र, शान्तिमन्त्राराधन, जिनाभिषेक, शान्तिधारा, मंगलकलश स्थापन, दीपक स्थापन, दैनिक पूजन, विनायकयन्त्र पूजा, सिद्धपूजा, पञ्चबालयति पूजा एवं हवन करें।

ॐ पुण्याहं पुण्याहं लोकोद्योतनकरा अतीत-काल-सञ्जाता निर्वाणसागर-प्रभृतयश्चतुर्विंशति-भूत-परमदेवाश्च वः प्रीयन्तां प्रीयन्ताम्।

ॐ सम्प्रतिकालसम्भवा वृषभादिवीरान्ताश्चतुर्विंशति-परमदेवाश्च वः प्रीयन्तां प्रीयन्ताम्।

ॐ भविष्यत्कालाभ्युदय-प्रभवा महापद्मादि-चतुर्विंशति भविष्यत्परमदेवाश्च वः प्रीयन्तां प्रीयन्ताम्।

ॐ त्रिकालवर्ति-परमधर्माभ्युदयाः सीमन्धर प्रभृतयो विदेहक्षेत्रगत-विंशति-परमदेवाश्च वः प्रीयन्तां प्रीयन्ताम्।

ॐ वृषभसेनादिगणधरदेवाः वः प्रीयन्तां प्रीयन्ताम्।

ॐ सप्तर्द्धि-विशोभिताः कुन्दकुन्दाद्यनेक-दिगम्बरसाधु चरणा वः प्रीयन्तां प्रीयन्ताम्।

इह वान्य-नगरग्राम-देवतामनुजाः सर्वे गुरु-भक्ता जिनधर्म परायणा भवन्तु। दानतपो-वीर्यानुष्ठानं नित्यमेवास्तु। सर्वजिन-भक्तानां धन धान्यैश्वर्यबलद्युतियशः प्रमोदोत्सवाः प्रवर्धन्ताम्। तुष्टिरस्तु। पुष्टिरस्तु। वृद्धिरस्तु। कल्याणमस्तु। अविघ्नमस्तु। आयुष्यमस्तु। आरोग्यमस्तु। कर्मसिद्धिरस्तु। इष्ट-सम्पत्तिरस्तु। काममांगल्योत्सवाः सन्तु। पापानि शाम्यन्तु। घोराणि शाम्यन्तु। पुण्यं वर्धताम्। धर्मोवर्धताम्। श्रीवर्धताम्। कुलगोत्र चाभि-वर्धताम्। स्वस्तिभद्रं चास्तु झ्वीं क्ष्वीं हं सः स्वाहा। श्रीमज्जिनेन्द्र-चरणार-विन्देष्वानन्द-भक्तिःसदाऽस्तु।

यह मन्त्र पढ़ते हुए बालक के ऊपर गन्धोदक छिड़कें।

ॐ ह्रां ह्रीं ह्रूं ह्रौं ह्रः अ सि आ उ सा अर्हं नमः एनं बालं पादन्यासं शिक्षयामि तस्य सौख्यं भवतु भवतु झ्वीं क्ष्वीं स्वाहा।

यह मन्त्र पढ़कर अग्निकुंड की तीन प्रदक्षिणा रूप से बालक को चलाना चाहिए।

बालक जिनेन्द्र भगवान को नमस्कार करे और वृद्धजनों से आशीर्वाद ग्रहण करें।

व्युष्टि (वर्षवर्धन) संस्कार

व्युष्टि (वर्षवर्धन) क्रिया वर्षगाँठ को कहते हैं। बालक एक वर्ष में सभी ऋतुओं के प्रभाव से अनुकूलता बनाकर जीवन यात्रा को कुशलता पूर्वक पूर्ण करने के संकेत देता है। अतः हम हर्ष मनाते हैं। वर्षगाँठ मनाना हमें सन्देश देता है कि हमारी आयु से एक वर्ष कम हो गया है। आपको संसार के माया जाल में न उलझ कर आत्म-कल्याण का मार्ग अपनाना चाहिए। व्युष्टि (वर्षवर्धन) क्रिया जहाँ वृद्धि, विकास, उत्थान का द्योतक है और उत्साह, उमंग एवं कर्तव्यबोध कारक है, वहीं आयु ह्रास सिद्धान्त का भी सूचक है, जो जीवन यात्रा का दिग्दर्शन करता है।

व्युष्टि (वर्षवर्धन) संस्कार की सावधानियाँ–

1. वर्षगाँठ पाश्चात्य संस्कृति के अनुसार न मनाएँ।
2. दीपक बुझाना अशुभ का प्रतीक है।
3. केक किसी पशु-पक्षी के आकार का न हो।
4. केक शाकाहारी हो।
5. वर्षगाँठ के आयोजन में भोजन या अल्पाहार अभक्ष्य न हो।
6. वर्षगाँठ के आयोजन में दी जाने वाली भेंट हिंसक, अभक्ष्य एवं अनुपयोगी न हो।
7. वर्षगाँठ के आयोजन में देवदर्शन, पूजा-विधान एवं दान को महत्त्व दें।
8. वर्षगाँठ के आयोजन में निराश्रितों को सहायता और अनाथों को भोजन दिया जा सकता है।
9. वर्षगाँठ के आयोजन में अनावश्यक हिंसा से बचें।
10. ऐसे अवसर पर प्रतिभावान अभावग्रस्त छात्रों की सहायता अवश्य करें।

व्युष्टि (वर्षवर्धन) संस्कार की सामग्री–

थाली 2, कलश 2, चम्मच 2, कटोरी 2, प्लेट 1, ठोना 1, आरती 1, धूपदान 1, घी, केशर, जल, चावल, चटक गोला, धूप, बादाम, लौंग, रुई, माचिस, चौका, चौकी, आसन चटाई, मन्त्र लिखा हुआ, विनायक या सिद्धयन्त्र, सिंहासन, छत्र, दीपक छोटे-बड़े ,कलावा, यज्ञोपवीत (जनेऊ) मंगल कलश (श्रीफल,पीला कपड़ा, हल्दीगाँठ, सुपाड़ी, पीलीसरसों, रजतस्वस्ति, पञ्चरत्न, चाँदी का सिक्का सहित) कुंड, रंगोली आदि।

व्युष्टि (वर्षवर्धन) संस्कार–

ततोऽस्य हायने पूर्णे व्यष्टिर्नाम क्रियामता।
वर्षवर्धन पर्यायशब्दवाच्या यथाश्रुतम्॥ 96॥

अत्रापि पूर्ववद्दानं जैनी पूजा च पूर्ववत्।
इष्टबन्धसमाह्वानं समाशादिश्च लक्ष्यताम्॥ 97॥

एक वर्ष पूर्ण होने पर व्युष्टि नाम की क्रिया की जाती है। इस क्रिया का दूसरा नाम शास्त्रानुसार वर्षवर्धन है। इस क्रिया में भी पहले के समान ही दान देना, जिनेन्द्र भगवान की पूजा, इष्ट बन्धुओं को भोजन कराना चाहिए।

बालक को स्नान कराकर वस्त्राभूषणों से सुसज्जित कर मन्दिर जी ले जाकर देवदर्शन कर निन क्रिया करें।

मंगलाचरण, जलशुद्धि, अमृतस्नान, पात्रशुद्धि, नवतिलक, भूमिशुद्धि, रक्षासूत्रबन्धन, दिग्बन्धन, रक्षामन्त्र, शान्तिमन्त्राराधन, जिनाभिषेक, शान्तिधारा, मंगलकलश स्थापन, दीपक स्थापन, दैनिक पूजन, विनायकयन्त्र पूजा, सिद्धपूजा, पञ्चबालयति पूजा एवं हवन करें।

ॐ पुण्याहं पुण्याहं लोकोद्योतनकरा अतीत-काल-सञ्जाता निर्वाणसागर-प्रभृतयश्चतुर्विंशति-भूत-परमदेवाश्च वः प्रीयन्तां प्रीयन्ताम्।

ॐ सम्प्रतिकालसम्भवा वृषभादिवीरान्ताश्चतुर्विंशति-परमदेवाश्च वः प्रीयन्तां प्रीयन्ताम्।

ॐ भविष्यत्कालाभ्युदय-प्रभवा महापद्मादि-चतुर्विंशति भविष्यत्परमदेवाश्च वः प्रीयन्तां प्रीयन्ताम्।

ॐ त्रिकालवर्ति-परमधर्माभ्युदयाः सीमन्धर-प्रभृतयो विदेहक्षेत्रगत-विंशति-परमदेवाश्च वः प्रीयन्तां प्रीयन्ताम्।

ॐ वृषभसेनादिगणधरदेवाः वः प्रीयन्तां प्रीयन्ताम्।

ॐ सप्तर्द्धि-विशोभिताः कुन्दकुन्दाद्यनेक-दिगम्बरसाधु चरणा वः प्रीयन्तां प्रीयन्ताम्।

इह वान्य-नगरग्राम-देवतामनुजाः सर्वे गुरु-भक्ता जिनधर्म परायणा भवन्तु। दानतपो-वीर्यानुष्ठानं नित्यमेवास्तु। सर्वजिन-भक्तानां धन धान्यैश्वर्यबलद्युतियशः प्रमोदोत्सवाः प्रवर्धन्ताम्। तुष्टिरस्तु। पुष्टिरस्तु। वृद्धिरस्तु। कल्याणमस्तु। अविघ्नमस्तु। आयुष्यमस्तु। आरोग्यमस्तु। कर्मसिद्धिरस्तु। इष्ट-सम्पत्तिरस्तु। काममांगल्योत्सवाः सन्तु। पापानि शाम्यन्तु। घोराणि शाम्यन्तु। पुण्यं वर्धताम्। धर्मोवर्धताम्। श्रीवर्धताम्। कुलगोत्र चाभि-वर्धताम्। स्वस्तिभद्रं चास्तु झ्वीं क्ष्वीं हं सः स्वाहा। श्रीमज्जिनेन्द्र-चरणार-विन्देष्वानन्द-भक्तिः सदाऽस्तु।

यह मन्त्र पढ़ते हुए बालक के ऊपर गन्धोदक छिड़कें।

उपनयन-जन्मवर्षवर्धन-भागी भव।
वैवाहनिष्ठ-जन्मवर्षवर्धन-भागी भव।
मुनीन्द्र-जन्मवर्षवर्धन-भागी भव।

सुरेन्द्र-जन्मवर्षवर्धन-भागी भव।
मन्दराभिषेक-वर्षवर्धन-भागी भव।
यौवराज्य-वर्षवर्धन-भागी भव।
महाराज्य-वर्षवर्धन-भागी भव।
परमराज्य-वर्षवर्धन-भागी भव।
आर्हन्त्यराज्य-जन्मवर्षवर्धन-भागी भव।

आशीर्वादात्मक मन्त्र पढ़कर बालक के मस्तक पर अक्षत डालें।

इस प्रकार बालक की दीर्घायु की कामना करनी चाहिए। सप्त क्षेत्रों में दान देना चाहिए।

केशवाप (चौलकर्म) संस्कार

गर्भ के विविध रसायनों से बालक का समस्त शरीर प्रभावित रहता है। बार-बार मालिश आदि करने से शरीर की चमड़ी निकल जाती है और नयी चिकनी चमकदार चमड़ी आ जाती है, किन्तु बालों का परिवर्तन मुण्डन संस्कार के द्वारा ही होता है। इससे सिर के रोम छिद्र खुल जाने से नये, घने एवं स्वस्थ बाल आ जाते हैं।

इस संस्कार का मुख्य उद्देश्य जैन श्रमणों की निर्ग्रन्थ परम्परा को वृद्धिगम्य करना है। इसके माध्यम से मुनियों के केशलौंच के संस्कार दिये जाते हैं। इसलिए यह संस्कार प्राय: तीर्थक्षेत्रों पर ही किया जाता है।

केशवाप (चौलकर्म) संस्कार की सावधानियाँ–

1. योग्य एवं कुशल नाई से मुण्डन कराएँ।
2. मुण्डन के उपकरण शुद्ध एवं बैक्टीरिया रहित हों।
3. मुण्डन के समय बालक को अच्छी तरह पकड़ कर रखें जिससे वह हिल न सके।
4. मुण्डन किसी तीर्थक्षेत्र पर करें।
5. मुण्डन के बाद सिर पर घी, हल्दी केशर लगाएँ।
6. मुण्डन के केश नदी, सरोवर आदि में न डालकर जमीन में गाड़ दें।
7. मुण्डन संस्कार देव दर्शन पूर्वक ही कराएँ।
8. मुण्डन के बाद उसे औषधीय जल से स्नान कराएँ।
9. ऐसे अवसर पर दान अवश्य दें।
10. मुण्डन संस्कार की उपेक्षा न करें।

केशवाप (चौलकर्म) संस्कार की सामग्री–

थाली 2, कलश 2, चम्मच 2, कटोरी 2, प्लेट 1, ठोना 1, आरती 1, धूपदान 1, घी, केशर, जल, चावल, चटक गोला, धूप, बादाम, लौंग, रुई, माचिस, चौका, चौकी, आसन चटाई, मन्त्र लिखा हुआ, विनायक या सिद्धयन्त्र, सिंहासन, छत्र, दीपक छोटे-बड़े ,कलावा, यज्ञोपवीत (जनेऊ) मंगल कलश (श्रीफल,पीला कपड़ा,

हल्दीगाँठ, सुपाड़ी, पीलीसरसों, रजतस्वस्तिक, पञ्चरत्न, चाँदी का सिक्का सहित) कुंड, रंगोली उस्तरा, हल्दी पिसी रोरी आदि।

केशवाप (चौलकर्म) संस्कार–

केशवापस्तु केशानां शुभेऽह्नि व्यपरोपणम्।
क्षौरेण कर्मणां देवगुरुपूजापुरःसरम्॥ 98॥
गन्धोदकार्द्रितान् कृत्वा केशान् शेषाक्षतोचितान्।
मौण्ड्यमस्य विधेयं स्यात् सचूलं स्वाऽन्वयोचितम्॥ 99॥
स्नपनोदक धौतांगमनुलिप्तं सभूषणम्।
प्रणमय्य मुनीन् पश्चाद् योजयेद्बन्धुना शिषा॥ 100॥
चौलाख्यया प्रजीतेयं कृतपुण्याह मंगला।
क्रियास्यामादृतो लोको यतते परया मुदा॥ 101॥

–आदिपुराण, पर्व 38

शुभ मुहूर्त में देव और गुरु की पूजा के साथ साथ क्षौरकर्म अर्थात् उस्तरा से बालक के बाल बनवाना केशवाप क्रिया कहलाती है।

प्रथम ही बालक के बालों को गन्धोदक से गीलाकर उन पर पूजा से बचे हुए अक्षत रखें और फिर चोटी सहित अथवा अपनी कुल पद्धति के अनुसार उसका मुण्डन करना चाहिए।

स्नान कराने के लिए लाये गये जल से स्नान कर लेप लगा करके वस्त्राभूषण के सहित बालक से मुनियों को नमस्कार करावें, सभी भाई-बन्धु उसे आशीर्वाद दें। इस क्रिया में पुण्याह मंगल किया जाता है। यह चौलक्रिया नाम से प्रसिद्ध है। इस क्रिया में आदर को प्राप्त हुए लोग हर्ष से प्रवृत्त होते हैं।

चौलकर्म मुहूर्त–जन्म के प्रथम वर्ष के 5, 7, 9, 11 वें महीने या तीसरे वर्ष के 1, 3, 5, 7, 9,11 महिने में अथवा 5, 7 वें वर्ष में चौलकर्म करें।

यदि बालक की माता के पाँच माह से अधिक का गर्भ हो तो बालक का मुण्डन शुभ नहीं है। यदि बालक 5 वर्ष से अधिक दिनों का हो तो माता के गर्भवती रहने पर भी मुण्डन शुभ है।

जब माता रजस्वला हो या माता के लड़की हुए महीने से कम हो और अन्य लड़का हुए 24 दिन से कम हुए हों तो मुण्डन संस्कार न करें। ज्येष्ठ लड़के या लड़की का ज्येष्ठमास में मुण्डन न करें, अन्य मत से अगहन में भी नहीं करना चाहिए।

नक्षत्र–ज्येष्ठा, मृगशिरा, रेवती, चित्रा, स्वाती, पुनर्वसु, श्रवण, धनिष्ठा, शतभिषा, हस्त, अश्विनी, और पुष्य।

तिथि–2, 3, 5, 7, 10, 11, 13।

वार–सोम बुध शुक्र और गुरुवार।

माह–सूर्य संक्रान्ति एवं चैत्र महिने को छोड़कर, उत्तरायण शुभ है।

लग्न शुद्धि–शुभ ग्रहों के लग्न अथवा नवांश में, जिसका मुण्डन करना हो उसके जन्म लग्न अथवा जन्म राशि को छोड़कर, लग्न से आठवें स्थान में शुक्र को छोड़ अन्य ग्रह न हो, लग्न से 3, 11, 6 स्थानों में पापग्रहों के रहते मुण्डन करना शुभ है।

जिस स्थान पर परिवार जन मुण्डन कराते हों या जो तीर्थ अधिक मान्य हो वहाँ जाकर मुण्डन कराना चाहिए।

सर्व प्रथम मंदिर जी में जाकर दर्शन करके मंगलाचरण, जलशुद्धि, अमृतस्नान, पात्रशुद्धि, नवतिलक, भूमिशुद्धि, रक्षासूत्रबन्धन, दिग्बन्धन, रक्षामन्त्र, शान्तिमन्त्राराधन, जिनाभिषेक, शान्तिधारा, मंगलकलश स्थापन, दीपक स्थापन, दैनिक पूजन, विनायकयन्त्र पूजा, एवं हवन करें। मन्दिर से गन्धोदक, शेषाक्षत लायें। मुण्डन स्थल पर जलपूर्ण मंगल कलश स्थापित करें।

ॐ ह्रां ह्रीं ह्रूं ह्रौं ह्रः नमोऽर्हते भगवते श्रीमत्पद्म महापद्मतिगिञ्छ केसरि महापुण्डरीक पुण्डरीक गंगा सिन्धु रोहिद्रोहितास्या हरिद्धरिकान्ता सीता-सीतोदा नारीनरकान्ता सुवर्णरूप्यकूला रक्तारक्तोदा क्षीराम्भोनिधि जलं सुवर्ण घट प्रक्षिप्तं नवरत्नगन्धाक्षत पुष्पार्चितामोदकं पवित्रं कुरुकुरु झं झं झ्रौं झ्रौं वं वं मं मं हं हं सं सं तं तं पं पं द्रां द्रां द्रीं द्रीं हं सः स्वाहा। इति मन्त्रेण प्रसिच्य जल पवित्रीकरणम्।

मन्त्र पढ़ते हुए जल शुद्ध करके मंगल कलश में जल भरें।

अद्य भगवतो महापुरुषस्य श्रीमदादिब्रह्मणो मतेऽस्मिन् विधीयमाने कर्मणि ......श्रीवीरनिर्वाण-संवत्सरे.....मासे.....पक्षे .....तिथौ.....वासरे प्रशस्तलग्ने.........कार्यस्य निर्विघ्न-समाप्त्यर्थं नवरत्नगन्धपुष्पाक्षत-श्रीफलादि-शोभितं मंगलकलश-स्थापनं करोमि। श्रीं वीं क्ष्वीं हं सः स्वाहा।

मंगल कलश स्थापित करें।

> रुचिर-दीप्तिकरं शुभदीपकं, सकललोक-सुखाकरमुज्ज्वलं।
> तिमिर-जाल-हरं प्रकरं सदा, किल धरामि सु मंगलकं मुदा॥

ॐ ह्रीं अज्ञान तिमिर हरं दीपकं स्थापयामि।

दीपक स्थापित करें।

उस्तरा, कैंची, छुरा घिसने की पथरी, सकोरा आदि पूर्ण कुंभ के पास रखें। उन पर पुष्प, गन्ध, अक्षत छोड़कर पवित्र करें।

माता बालक को गोद में बैठा ले। पिता प्रासुक जल से बालक के शिर को प्रदक्षिणा क्रम से भिगोवें।

गन्धोदक और शेषाक्षत शिर पर रखें।

मस्तक के दायाँ-बायाँ दो भागों में दायें भाग के तीन भागों की कल्पना करें। इन तीन विभागों में प्रथम भाग से पिता बाल काटना प्रारंभ करें।

ॐ नमोऽर्हते भगवते जिनेश्वराय मम पुत्र उपनयन मुण्ड मुण्डितो महाभागी भवतु भवतु स्वाहा।

प्रथम भाग के बाल काटें।

ॐ ह्रीं नमः सिद्धपरमेष्ठिने मम पुत्रो निर्ग्रन्थ मुण्डभागी भवतु स्वाहा।

द्वितीय भाग के बाल काटें।

ॐ ह्रीं नमः आचार्यपरमेष्ठिने मम पुत्रो निष्क्रान्ति मुण्डभागी भवतु स्वाहा।

तृतीय भाग के बाल काटें।

बायीं ओर के दो भाग कल्पना करें।

ॐ ह्रीं नमः उपाध्यायपरमेष्ठिने मम पुत्र एन्द्रभागी भवतु स्वाहा।

प्रथम भाग के बाल काटें।

ॐ ह्रीं नमः सर्वसाधुपरमेष्ठिने मम पुत्रः परमराज्यकेश भागी भवतु स्वाहा।

द्वितीय भाग के बाल काटें।

ॐ ह्रीं पञ्चपरमेष्ठि प्रसादात् केशान्वय-शिरोरक्ष-कुशली कुरु नापित।

यह मन्त्र पढ़कर नाई को छुरा आदि दे देवें।

ॐ ह्रां ह्रीं ह्रूं ह्रौं ह्रः अ सि आ उ सा ॐ अर्हं मंगललोगुत्तम शरणभूत प्रसादात् अयं बालः पञ्चपरमेष्ठि केशवापक्रिया भागी भवतु स्वाहा।

यह मन्त्र बोलकर केशों का मुण्डन कराना चाहिए। बालक को प्रासुक जल से स्नान कराकर शिर पर घृत आदि लगाएँ। चोटी के स्थान पर केशर से स्वस्तिक लिखें।

ॐ पुण्याहं पुण्याहं लोकोद्योतनकरा अतीत-काल-सञ्जाता निर्वाणसागर-प्रभृतयश्चतुर्विंशति-भूत-परमदेवाश्च वः प्रीयन्तां प्रीयन्ताम्।

ॐ सम्प्रतिकालसम्भवा वृषभादिवीरान्ताश्चतुर्विंशति- परमदेवाश्च वः प्रीयन्तां प्रीयन्ताम्।

ॐ भविष्यत्कालाभ्युदय-प्रभवा महापद्मादि-चतुर्विंशति भविष्यत्परमदेवाश्च वः प्रीयन्तां प्रीयन्ताम्।

ॐ त्रिकालवति-परमधर्माभ्युदयाः सीमन्धर-प्रभृतयो विदेहक्षेत्रगत-विंशति परमदेवाश्च वः प्रीयन्तां प्रीयन्ताम्।

ॐ वृषभसेनादि गणधरदेवाः वः प्रीयन्तां प्रीयन्ताम्।

ॐ सप्तर्द्धि-विशोभिताः कुन्दकुन्दाद्यनेक-दिगम्बरसाधु चरणा वः प्रीयन्तां

प्रीयन्ताम्।

इह वान्य-नगरग्राम-देवतामनुजा: सर्वे गुरु-भक्ता जिनधर्म परायणा भवन्तु। दानतपो-वीर्यानुष्ठानं नित्यमेवास्तु। सर्वजिन-भक्तानां धन-धान्यैश्वर्यबलद्युतियश: प्रमोदोत्सवा: प्रवर्धन्ताम्। तुष्टिरस्तु। पुष्टिरस्तु। वृद्धिरस्तु। कल्याणमस्तु। अविघ्नमस्तु। आयुष्यमस्तु। आरोग्यमस्तु। कर्मसिद्धिरस्तु। इष्ट-सम्पत्तिरस्तु। काममांगल्योत्सवा: सन्तु। पापानि शाम्यन्तु। घोराणि शाम्यन्तु। पुण्यं वर्धताम्। धर्मोवर्धताम्। श्रीवर्धताम्। कुलगोत्र चाभि-वर्धताम्। स्वस्तिभद्रं चास्तु इवीं क्ष्वीं हं स: स्वाहा। श्रीमज्जिनेन्द्र-चरणार-विन्देष्वानन्द-भक्ति:सदाऽस्तु।

गृहस्थाचार्य पुण्याहवाचन पाठ पढ़ता हुआ शिशु के मस्तक पर गन्धोदक का सिञ्चन करें।

उपनयन-मुण्डभागी भव।
निर्ग्रन्थ-मुण्डभागी भव।
निष्क्रान्ति-मुण्डभागी भव।
परमनिस्तारक-केशभागी भव।
परमेन्द्र-केशभागी भव।
परमराज्य-केशभागी भव।
आर्हन्त्यराज्य-केशभागी भव।

मन्त्र बोलकर बालक के शिर पर पुष्प क्षेपण करें। बालक सभी परिवारजनों को नमस्कार करे। आगत जनों का भोजनादि से सम्मान करें।

लिपिसंख्यान-संस्कार

शिक्षा ग्रहण के योग्य बालक का स्वस्थ मानसिक विकास पाँच वर्ष की आयु तक ही हो पाता है, अतः पाँचवें वर्ष में लिपिसंख्यान संस्कार करना चाहिए। इसका उद्देश्य शिक्षा प्राप्तकर जैनागम के अध्ययन से आत्म-कल्याण का मार्ग प्रशस्त करना है। यह संस्कार जिनवाणी रूप सत्साहित्य की अभिवृद्धि का कारण है। इस संस्कार से बालक दूषित साहित्य से बचता है।

शिक्षा जहाँ विचारों की अभिव्यक्ति , संस्कारित जीवन शैली, सत्साहित्य के अध्ययन से वस्तु स्वरूप के ज्ञान का कारण होती है, वहीं नव चिन्तन पूर्वक पूर्वाचार्यों के विचारों को सरल, देशमय भाषा में जन जन तक पहुँचाने के लिए साहित्य सृजन में भी सहायक होती है।

लिपिसंख्यान-संस्कार की सावधानियाँ–

1. देवदर्शन के बाद ही लिपिसंख्यान संस्कार करें।
2. कुशल शिक्षक का चयन करें।
3. शिक्षागुरु की विनय करें।
4. अनुशासित वेश भूषा में ही विद्यालय ले जाएँ।
5. स्लेट, पेंसिल अवश्य दें।
6. मातृभाषा, हिन्दी, संस्कृत और प्राकृत भाषा का अध्ययन अवश्य कराएँ।
7. मात्र अंग्रेजी के माध्यम से शिक्षा दिलाने से उसका आध्यात्मिक विकास रुक जाता है।
8. लौकिक शिक्षा के साथ धार्मिक शिक्षा अवश्य दिलाएँ।
9. पाँच वर्ष से पहले शिक्षा दिलाने से बालक का मानसिक विकास तो प्रभावित होता ही है, बाल्यकाल की स्वर्णिम सुखद अनुभूति भी नहीं हो पाती है।
10. लिपिसंख्यान-संस्कार कुशल गृहस्थाचार्य ही करें।
11. शिक्षा काल में बालक को मोबाइल का उपयोग न करने दें।

लिपिसंख्यान-संस्कार की सामग्री–

थाली 2, कलश 2, चम्मच 2, कटोरी 2, प्लेट 1, ठोना 1, आरती 1, धूपदान 1, घी, केशर, जल, चावल, चटक गोला, धूप, बादाम, लौंग, रुई, माचिस, चौका, चौकी, आसन चटाई, मन्त्र लिखा हुआ, विनायक या सिद्धयन्त्र, सिंहासन, छत्र, दीपक छोटे-बड़े ,कलावा, यज्ञोपवीत (जनेऊ) मंगल कलश (श्रीफल,पीला कपड़ा, हल्दीगाँठ, सुपाड़ी, पीलीसरसों, रजतस्वस्तिक, पञ्चरत्न, चाँदी का सिक्का सहित) कुंड, रंगोली, स्लेट, पेन्सिल आदि।

लिपिसंख्यान संस्कार–

ततोऽस्य पंचमे वर्षे प्रथमाक्षरदर्शने।
ज्ञेयः क्रियाविधिर्नाम्ना लिपिसंख्यानसंग्रहः॥ 102॥
यथाविभव मन्नापि ज्ञेयः पूजा परिच्छदः।
उपाध्यायपदे चास्य मतोऽधीतो गृहव्रती॥ 103॥

पाँचवें वर्ष में बालक को सर्वप्रथम अक्षरों का दर्शन कराने के लिए लिपिसंख्यान नाम की क्रिया की जाती है। इसमें अपने वैभव के अनुसार पूजा आदि की सामग्री एकत्र कर पूजन आदि करके अध्यापन कराने में कुशल व्रती गृहस्थ को ही उस बालक के अध्यापक के पद पर नियुक्त करना चाहिए।

लिपिसंख्यान-मुहूर्त–

नक्षत्र–हस्त, अश्विनी, पुष्य, श्रवण, स्वाति, रेवती, पुनर्वसु, चित्रा, अनुराधा।

वार–सोम, बुध, शुक्र, शनिवार।

तिथि–2, 3, 5, 6, 10, 11, 12।

लग्न शुद्धि–2, 3, 5, 6, 8, 9, 12 स्थानों में पाप ग्रह तथा अष्टम भाव में कोई ग्रह न हो और सूर्य उत्तरायण हो।

सर्व प्रथम मंदिर जी में जाकर दर्शन करके मंगलाचरण, जलशुद्धि, अमृतस्नान, पात्रशुद्धि, नवतिलक, भूमिशुद्धि, रक्षासूत्रबन्धन, दिग्बन्धन, रक्षामन्त्र, शान्तिमन्त्राराधन, जिनाभिषेक, शान्तिधारा, मंगलकलश स्थापन, दीपक स्थापन, दैनिक पूजन, विनायकयन्त्र पूजा, सरस्वती पूजा, गुरुपूजा एवं हवन करें। बालक, गृहस्थाचार्य को श्रीफल एवं वस्त्रादि भेंटकर नमस्कार करे।

मंगल कलश एवं दीपक स्थापित करें।

बालक को गुरु के समीप पूर्व दिशा की ओर मुख करके बिठावें। गृहस्थाचार्य उत्तर दिशा की ओर मुखकर बैठें और

ॐ नमः सिद्धेभ्यः, ॐ नमः सिद्धेभ्यः, ॐ नमः सिद्धेभ्यः बोलकर बालक की स्लेट पर **ॐ नमः सिद्धेभ्यः** लिखने बाद **अ, आ, इ, ई, उ, ऊ, ऋ,**

ऋृ, लृ, लॄ, ए, ऐ, ओ, औ, अं, अः ये स्वर और क ख ग घ ङ, च छ ज झ ञ, ट ठ ड ढ ण, त थ द ध न, प फ ब भ म, य र ल व, श ष स ह।

ये व्यंजन लिखें।

ॐ नमः सिद्धेभ्यः,अर्हते नमः सर्वज्ञाय सर्वभाषा भाषित सकल पदार्थाय बालकमक्षराभ्यासं कारयामि। द्वादशांगश्रुतं भवतु भवतु ऐं श्रीं ह्रीं क्लीं स्वाहा।

यह मन्त्र सात बार बोलकर बालक से स्वर और व्यंजन का उच्चारण करावें।

बालक गुरु के चरणों में सिर झुकाकर नमस्कार करें। गुरु प्रसन्नता पूर्वक णमोकार मन्त्र का उच्चारण कर निम्न मन्त्रों से आशीर्वाद देते हुए बालक के मस्तक पर अक्षत क्षेपण करें।

शब्दपारगामी भव।
अर्थपारगामी भव।
शब्दार्थपारगामी भव।

उपस्थित जनों का सम्मान करें। अक्षराभ्यास पूरा होने के बाद पुस्तक पढ़ना प्रारम्भ करें। जिस दिन पुस्तक पढ़ना प्रारंभ करें उस दिन पहले के समान जिनेन्द्रदेव की पूजा आराधना करें।

उपनीति (यज्ञोपवीत) सम्यक् अर्हता संस्कार

यज्ञोपवीत, ब्रह्मसूत्र, श्रावक का चिह्न, रत्नत्रय का सूचक, एवं यज्ञचिह्न के रूप में जाना जाता है। इस संस्कार से बालक धर्म के प्रति आस्थावान एवं क्रियावान बनता है। इसे सम्यक्त्व अर्हता संस्कार भी कहते हैं। जैन परम्परा में आठ वर्ष के बाद बालक को सम्यग्दर्शन प्राप्ति के योग्य कहा है, अतः आठ वर्ष का होने पर वह अभिषेक, पूजा एवं आहार दान आदि का अधिकार प्राप्त करता है।

यह संस्कार बालक के जीवन का महत्त्वपूर्ण संस्कार है, जिससे वह मोक्षमार्ग पर चलने के लिए सम्यक्त्वाचरण चारित्र को धारण करता है।

उपनीति (यज्ञोपवीत) संस्कार की सावधानियाँ–

1. यज्ञोपवीत संस्कार करने वाले के मानसिक विकृत न हो।
2. आठ वर्ष से कम आयु न हो।
3. यज्ञोपवीत धारण करने वाला मद्य, मांस, मधु, रात्रि भोजन एवं बिना छने पानी का त्यागी होना चाहिए।
4. मिथ्या देव, खोटे शास्त्र एवं कुगुरुओं का श्रद्धानी न हो।
5. सप्त व्यसन का त्यागी हो।
6. बीड़ी, पान, तम्बाकू, सिगरेट,आदि नशीले पदार्थों का त्याग करने वाला हो।

7. मर्यादित भोजन करने वाला एवं नित्यदेव-दर्शन करने वाला हो।
8. समस्त जीवों पर दया भाव रखे।
9. यज्ञोपवीत की शुद्धि का ध्यान रखें।
10. यज्ञोपवीत की लम्बाई ब्रह्मस्थान से नाभि तक हो एवं तीन लड़ का हो ।

उपनीति (यज्ञोपवीत) संस्कार की सामग्री–

थाली 2, कलश 2, चम्मच 2, कटोरी 2, प्लेट 1, ठोना 1, आरती 1, धूपदान 1, घी, केशर, जल, चावल, चटक गोला, धूप, बादाम, लौंग, रुई, माचिस, चौका, चौकी, आसन चटाई, मन्त्र लिखा हुआ, विनायक या सिद्धयन्त्र, सिंहासन, छत्र, दीपक छोटे-बड़े ,कलावा, यज्ञोपवीत (जनेऊ) मंगल कलश (श्रीफल,पीला कपड़ा, हल्दीगाँठ, सुपाड़ी, पीलीसरसों, रजतस्वस्तिक, पञ्चरत्न, चाँदी का सिक्का सहित) कुंड, रंगोली, कलश, काला धागा आदि।

उपनीति (यज्ञोपवीत) सम्यक् अर्हता संस्कार विधि–

क्रियोपनीतिर्नामास्य वर्षे गर्भाष्टमे मता।
यत्रापनीतकेशस्य मौंजी सव्रतबन्धना ॥104॥
कृतार्हत्पूजनस्यास्य मौंजीबन्धो जिनालये।
गुरुसाक्षिविधातव्यो व्रतार्पणपुरस्सरम् ॥105॥
शिखी सितांशुकः सान्तर्वासा निर्वेषविक्रियः।
व्रत चिह्नं दधत्सूत्रं तदोक्तो ब्रह्मचार्यसौ ॥106॥

–आदिपुराण, पर्व 38

गर्भ से आठवें वर्ष में बालक का उपनीति संस्कार होता है। इसमें केशों का मुण्डन, व्रतबन्धन तथा मौजीबन्धन की क्रियाएँ की जाती हैं। जिनालय में जाकर अर्हन्तदेव की पूजा करें, बालक को व्रत देकर मौंजीबन्धन करना चाहिए।

चोटी, सफेद धोती दुपट्टा से सहित व्रत के चिह्न स्वरूप यज्ञोपवीत सूत्र धारण करने वाला ब्रह्मचारी कहलाता है।

उपनीति (यज्ञोपवीत) संस्कार मुहूर्त–

नक्षत्र–हस्त, अश्विनी, पुष्य, श्रवण, स्वाति, रेवती, पुनर्वसु, चित्रा, अनुराधा तीनों उत्तरा, तीनों पूर्वा, रोहिणी, शतभिषा, आर्द्रा, मूल, मृगशिरा, अश्लेषा, धनिष्ठा।

वार–सोम, बुध, गुरु, शुक्र, रविवार।

तिथि–शुक्लपक्ष की 2, 3, 5, 10, 11, 12 तिथियों में एवं कृष्णपक्ष की 1, 2, 3, 5, तिथियाँ।

लग्न–लग्नेश से 6, 8 स्थानों में न हो। 1, 4, 5, 7, 9, 10 स्थानों में शुभग्रह हो, तथा 3, 6, 11 में पापग्रह हो, पर 1, 4, 8 भाव में पापग्रह शुभ नहीं होते हैं।

गृहस्थाचार्य को यथासाध्य भेंट देकर विधि कराने की प्रार्थना करें। बालक का मुण्डन करावें। शिखा शेष रहने दें। स्नान कर श्वेत धोती दुपट्टा पहिनाएँ।

मंगलाचरण, जलशुद्धि, अमृतस्नान, पात्रशुद्धि, नवतिलक, भूमिशुद्धि, रक्षासूत्रबन्धन, दिग्बन्धन, रक्षामन्त्र, शान्तिमन्त्राराधन, जिनाभिषेक, शान्तिधारा, मंगलकलश स्थापन, दीपक स्थापन, दैनिक पूजन, विनायकयन्त्र पूजा, एवं हवन करें।

ॐ नमः सिद्धेभ्यः, ह्रां ह्रीं ह्रूं ह्रौं ह्रः नमोऽर्हते भगवते श्रीमत्पद्म महापद्मतिगिञ्छ केसरि महापुण्डरीक पुण्डरीक गंगा सिन्धु रोहिद्रोहितास्या हरिद्धरिकान्ता सीता-सीतोदा नारीनरकान्ता सुवर्णरूप्यकूला रक्तारक्तोदा क्षीराम्भोनिधि जलं सुवर्ण घट प्रक्षिप्तं नवरत्नगन्धाक्षत पुष्पार्चितामोदकं पवित्रं कुरु-कुरु झं झं झ्रौं झ्रौं वं वं मं मं हं हं सं सं तं तं पं पं द्रां द्रां द्रीं द्रीं हं सः स्वाहा। इति मन्त्रेण प्रसिंच्य जल-पवित्रीकरणम्।

मन्त्र पढ़ते हुए जल शुद्ध करके मंगल कलश में जल भरें।

अद्य भगवतो महापुरुषस्य श्रीमदादिब्रह्मणो मतेऽस्मिन् विधीयमाने कर्मणि ......श्रीवीरनिर्वाण-संवत्सरे. ---मासे-----पक्षे---तिथौ --वासरे प्रशस्तलग्ने----कार्यस्य निर्विघ्न समाप्त्यर्थं नवरत्नगन्ध पुष्पाक्षत श्रीफलादिशोभितं मंगलकलश स्थापनं करोमि। श्रीं वीं हं सः स्वाहा।

मंगल कलश स्थापन करें।

रुचिर-दीप्ति-करं शुभ दीपकं,सकललोक सुखाकर-मुज्जवलन्।
तिमिर-जाल-हरं प्रकरं सदा, किल धरामि सुमंगलकं मुदा॥

ॐ ह्रीं अज्ञान तिमिर हरं दीपकं स्थापयामि।

दीपक स्थापन करें।

शिर पर केशर से स्वस्तिक बनाएँ।

ॐ पुण्याहं पुण्याहं लोकोद्योतनकरा अतीत-काल-सञ्जाता निर्वाणसागर प्रभृतयश्चतुर्विंशति-भूत-परमदेवाश्च वः प्रीयन्तां प्रीयन्ताम्।

ॐ सम्प्रतिकालसम्भवा वृषभादिवीरान्ताश्चतुर्विंशति- परमदेवाश्च वः प्रीयन्तां प्रीयन्ताम्।

ॐ भविष्यत्कालाभ्युदय-प्रभवा महापद्मादि-चतुर्विंशति भविष्यत्परमदेवाश्च वः प्रीयन्तां प्रीयन्ताम्।

ॐ त्रिकालवति-परमधर्माभ्युदयाः सीमन्धर-प्रभृतयो विदेहक्षेत्रगत-विंशति-परमदेवाश्च वः प्रीयन्तां प्रीयन्ताम्।

ॐ वृषभसेनादिगणधरदेवाः वः प्रीयन्तां प्रीयन्ताम्।

ॐ सप्तर्द्धि-विशोभिताः कुन्दकुन्दाद्यनेक-दिगम्बरसाधु चरणा वः प्रीयन्तां प्रीयन्ताम्।

इह वान्य-नगरग्राम-देवतामनुजाः सर्वे गुरु-भक्ता जिनधर्म परायणा भवन्तु। दानतपो-वीर्यानुष्ठानं नित्यमेवास्तु। सर्वजिन-भक्तानां धन धान्यैश्वर्यबलद्युतियशः प्रमोदोत्सवाः प्रवर्धन्ताम्। तुष्टिरस्तु। पुष्टिरस्तु। वृद्धिरस्तु। कल्याणमस्तु। अविघ्नमस्तु। आयुष्यमस्तु। आरोग्यमस्तु। कर्मसिद्धिरस्तु। इष्ट-सम्पत्तिरस्तु। काममांगल्योत्सवाः सन्तु। पापानि शाम्यन्तु। घोराणि शाम्यन्तु। पुण्यं वर्धताम्। धर्मोवर्धताम्। श्रीवर्धताम्। कुलगोत्र चाभि-वर्धताम्। स्वस्तिभद्रं चास्तु झ्वीं क्ष्वीं हं सः स्वाहा। श्रीमज्जिनेन्द्र-चरणार-विन्देष्वानन्द-भक्तिः सदाऽस्तु।

गृहस्थाचार्य पुण्याहवाचन पाठ पढ़ता हुआ शिशु के मस्तक पर जल का सिञ्चन करें।

परम निस्तारकलिंगभागी भव।

परमर्षिलिंगभागी भव।
परमेन्द्रलिंगभागी भव।
परम राज्यलिंगभागी भव।
परमार्हत्यलिंगभागी भव।
परम निर्वाणलिंगभागी भव।

बालक के मस्तक पर पुष्प क्षेपण करें।

णमोकार मन्त्र का स्मरण करते हुए बालक के ललाट पर चन्दन का तिलक लगावें।

ॐ ह्रीं कटि प्रदेशे मौंजीबन्धं प्रकल्पयामि स्वाहा।

कमर में तीन लड़ी वाला धागा बाँधें।

ॐ नमोऽर्हते भगवते तीर्थंकर परमेश्वराय कटिसूत्रं कौपीन सहितं मौजीबन्धनं करोमि पुण्यबन्धो भवतु अ सि आ उ सा स्वाहा।

यह मन्त्र पढ़कर बालक पर पुष्प क्षेपण करें।

ॐ नमः परमशान्ताय शान्तिकराय पवित्रीकरणयाहम् रत्नत्रय स्वरूपं यज्ञोपवीतं दधामि मम गात्रं पवित्रं भवतु अर्हं नमः स्वाहा।

मस्तक के तालु छिद्र से नाभि पर्यन्त कच्चे सूत से बना तीन लड़ का केशर से पवित्र यज्ञोपवीत बालक को पहिनावें।

ॐ नमोऽर्हते भगवते तीर्थंकर परमेश्वराय ललाटे शेखरं शिखायां पुष्पं च दधामि मां परमेष्ठिनः समुद्धरन्तु ॐ श्रीं ह्रीं अर्हं नमः।

बालक के शिर पर तिलक करें, चोटी पर पुष्प रखें।

एवं जिनेन्द्र भगवान को अर्घ्य देवें।

बालक अपने हाथ में अर्घ्य श्रीफल आदि लेकर आचार्य, मुनि आदि को विनय पूर्वक समर्पित करे। आचार्य बालक को णमोकार मन्त्र एवं

ॐ ह्रीं श्रीं क्लीं अर्हं नमः।

बीजमन्त्र सुनाएँ, और बालक भी आचार्य के द्वारा सुनाये मन्त्र को स्वीकार करें।

चारों प्रकार के दान दें। सभी का सम्मान करें।

व्रतचर्या संस्कार

अध्ययन काल पूर्ण होने तक विषय विकारों के चिन्तन तक से बचने के लिए सामान्य श्रावकोचित संयमाचरण को धारण करना व्रतचर्या संस्कार है। जीवन को पापों, नैतिक पतन और नवयौवन के परिवर्तनों से मन की अस्थिरता, चञ्चलता एवं विकार मार्ग पर जाने से बचाने के लिए तथा तेजस्वी व्यक्तित्व, शारीरिक, मानसिक स्वास्थ्य की रक्षा के लिए व्रतचर्या संस्कार महत्त्वपूर्ण है।

व्रतचर्या संस्कार की सावधानियाँ–

1. आवश्यक व्रतों को छोड़कर कोई भी व्रत जीवनपर्यन्त को न दें।
2. व्रतों की उपेक्षा न करें।
3. व्रतों को खण्डित न करें।
4. व्रतों के प्रति पूर्ण बहुमान हो।
5. सप्त व्यसन का त्यागी हो।
6. बीड़ी, पान, तम्बाकू, सिगरेट,आदि नशीले पदार्थों का त्याग करें
7. व्रत गुरु साक्षी में लेना श्रेष्ठ है।
8. व्रत ग्रहण के समय मिथ्यात्व पोषक क्रियाओं का त्याग कराएँ।
9. पाश्चात्य संस्कृति एवं फैशन की चकाचौंध में श्रमण संस्कृति के मूल सिद्धान्तों को न भूलें।
10. व्रत पालन करने में विवेकशीलता रखें।

व्रतचर्या संस्कार की सामग्री–

थाली 2, कलश 2, चम्मच 2, कटोरी 2, प्लेट 1, ठोना 1, आरती 1, धूपदान 1, घी, केशर, जल, चावल, चटक गोला, धूप, बादाम, लौंग, रुई, माचिस, चौका, चौकी, आसन चटाई, मन्त्र लिखा हुआ, विनायक या सिद्धयन्त्र, सिंहासन, छत्र, दीपक छोटे-बड़े ,कलावा, यज्ञोपवीत (जनेऊ) मंगल कलश (श्रीफल,पीला कपड़ा, हल्दीगाँठ, सुपाड़ी, पीलीसरसों, रजतस्वस्तिक, पञ्चरत्न, चाँदी का सिक्का सहित) कुंड, रंगोली आदि।

व्रतचर्या संस्कार विधि–

व्रतचर्या मतो वक्ष्ये क्रियामस्योपबिभ्रतः।

कट्यूरूरः शिरोलिंगं मनूचान व्रतोचितम् ॥109॥
एवं प्रायेण लिंगेन विशुद्धं धारयेद् व्रतम्।
स्थूल हिंसाविरत्यादि ब्रह्मचर्योपबृहितम् ॥114॥
दन्तकाष्ठग्रहो नास्य न ताम्बूलं न चांजनम्।
न हरिद्रादिभिः स्नानं शुद्धस्नानं दिनं प्रति ॥115॥
न खट्वाशयनं तस्य नान्यांग परिघट्टनम्।
भूमौ केवलमेकाकी शयीत व्रत शुद्धये ॥116॥
यावद् विद्या समाप्तिः स्यात् तावदस्येदृशं व्रतम्।
ततोऽप्यूर्ध्वं व्रतं तत् स्याद् तन्मूलं गृहमेधिनाम् ॥117॥
सूत्रमौपासिकं चास्य स्यादध्येयं गुरो र्मुखात्।
विनयेन ततोऽन्यच्च शास्त्रमध्यात्मगोचरम् ॥118॥
शब्द विद्याऽर्थशास्त्रादि चाध्येयं नास्य दुष्यति।
सुसंस्कार प्रबोधाय वैयात्यख्यातयेपि च ॥119॥
ज्योतिर्ज्ञानमथच्छन्दोज्ञानं ज्ञानं च शाकुनम्।
संख्याज्ञानमितीदं च तेनाध्येयं विशेषतः ॥120॥

–आदिपुराण, पर्व 38

ब्रह्मचर्य व्रत का सूचक कमर का धागा, अरहन्त के पवित्र विशाल कुल के प्रतीक श्वेत वस्त्र, सप्त परम-स्थान एवं रत्नत्रय स्वरूप यज्ञोपवीत, और मन वचन काय की पवित्रता के लिए शिर का मुण्डन, इन चिह्नों से विशुद्ध ब्रह्मचारी बालक को स्थूल हिंसादि का त्याग करना चाहिए। इस ब्रह्मचारी को वृक्ष की दातौन नहीं करना, पान नहीं खाना, अञ्जन नहीं लगाना, हल्दी आदि लगाकर स्नान नहीं करना चाहिए। वह प्रतिदिन शुद्धजल से स्नान करे। खाट, पलंग आदि पर नहीं सोना, दूसरे के शरीर से अपना शरीर नहीं रगड़ना, व्रतों की शुद्धि के लिए अकेला पृथ्वी पर शयन करे। जब तक विद्याध्ययन पूर्ण न हो तब तक उसे यह व्रत धारण करना चाहिए।

विद्याध्ययन पूर्ण होने पर वे व्रत धारण करने चाहिए जो कि गृहस्थों के मूलगुण कहलाते हैं। सबसे पहले इस ब्रह्मचारी को गुरु के मुख से श्रावकाचार फिर विनय पूर्वक अध्यात्मशास्त्र पढ़ना चाहिए। उत्तम संस्कारों को जाग्रत करने एवं विद्वत्ता प्राप्त करने के लिए इसे व्याकरण आदि शब्दशास्त्र, न्यायशास्त्र, अर्थशास्त्र, ज्योतिषशास्त्र, छन्दशास्त्र, शकुनशास्त्र, गणितशास्त्र आदि का भी विशेष रूप से अध्ययन करना चाहिए।

व्रतावतरण संस्कार

विद्याध्ययन पूर्ण होने पर यावज्जीवन के लिए सामान्य व्रतों का पालन तो होता ही है, साथ में कर्म निर्जरा के उद्देश्य से विशेष व्रतों का पालन करना व्रतावतरण संस्कार है। व्रत धारण करने से जहाँ मोक्षसुख की प्राप्ति होती है, वहीं स्वर्गादिक सांसारिक सुख भी प्राप्त होता है। व्रत-पालन मनुष्य पर्याय में ही संभव है अतः व्रतों के माध्यम से अपने जीवन को उज्ज्वल बनाने के लिए व्रतावतरण संस्कार आवश्यक है।

व्रतावतरण संस्कार की सावधानियाँ–

1. व्रत ग्रहण करने के पूर्व उसके उद्देश्य की जानकारी हो।
2. व्रत पालन में उत्साह होना चाहिए।
3. मिथ्यात्व का पोषण करने वाले व्रत ग्रहण न करें।
4. व्रत के दिन लिपस्टिक, नेलपालिश या हिंसात्मक सौन्दर्य प्रसाधन का उपयोग न करें।
5. व्रत करने वाला सप्त व्यसन का त्यागी एवं बीड़ी, पान, तम्बाकू, सिगरेट,आदि नशीले पदार्थों का त्याग करने वाला हो।
6. व्रत गुरु सान्निध्य में ही ग्रहण करें।
7. व्रतों में शुद्धि पूर्वक तैयार किया एवं मर्यादित भोजन ही करें।
8. आगमोक्त व्रत ही करें।
9. व्रतों का पालन विधि पूर्वक ही करें।
10. व्रतों के प्रति बहुमान रखें।

व्रतावतरण संस्कार की सामग्री–

थाली 2, कलश 2, चम्मच 2, कटोरी 2, प्लेट 1, ठोना 1, आरती 1, धूपदान 1, घी, केशर, जल, चावल, चटक गोला, धूप, बादाम, लौंग, रुई, माचिस, चौका, चौकी, आसन चटाई, मन्त्र लिखा हुआ, विनायक या सिद्धयन्त्र, सिंहासन, छत्र, दीपक छोटे-बड़े ,कलावा, यज्ञोपवीत (जनेऊ) मंगल कलश (श्रीफल,पीला कपड़ा, हल्दीगाँठ, सुपाड़ी, पीलीसरसों, रजतस्वस्तिक, पञ्चरत्न, चाँदी का सिक्का सहित)

कुंड, रंगोली आदि।

व्रतावतरण संस्कार विधि–

ततोऽस्याधीत विद्यस्य व्रतवृत्त्यवतरणम्।
चिशेषविषयं तच्च स्थितस्यौत्सर्गिके व्रते ॥121॥
मधुमांसपरित्यागः पञ्चोदुम्बर वर्जनम्।
हिंसादिविरतिश्चास्य व्रतं स्यात् सार्वकालिकम् ॥122।
व्रतावतरणं चेदं गुरुसाक्षिकृतार्चनम्॥
वत्सराद् द्वादशादूर्ध्वमथवा षोडशात् परम् ॥123॥
कृतद्विजार्चनस्यास्य व्रतावतरणोचिम्॥
वस्त्राभरणमाल्यादि ग्रहणं गुर्वनुज्ञया ॥124॥

–आदिपुराण, पर्व 38

जिसने समस्त विद्याओं का अध्ययन कर लिया है, ऐसे उस ब्रह्मचारी की व्रतावतरण क्रिया होती है। इस क्रिया में वह साधारण व्रतों का तो पालन करता ही है। परन्तु अध्ययन के समय जो विशेष व्रत ले रखे थे, उनका परित्याग कर देता है। इस क्रिया के बाद उसके मधुत्याग, मांसत्याग, मदिरात्याग, पाँच उदुम्बर फलों का त्याग और हिंसादि पाँच स्थूल पापों का त्याग, ये सदा काल अर्थात् जीवन पर्यंत रहने वाले व्रत रह जाते हैं।

यह व्रतावतरण की क्रिया गुरु की साक्षी पूर्वक जिनेन्द्र भगवान की पूजा कर बारह या सोलह वर्ष बाद करनी चाहिए। पहले गृहस्थाचार्य एवं व्रती जनों का सम्मान कर व्रत ग्रहण करना उचित है। इसके बाद आजीवकोपार्जन करें।

मंगलाचरण, जलशुद्धि, अमृतस्नान, पात्रशुद्धि, नवतिलक, भूमिशुद्धि, रक्षासूत्रबन्धन, दिग्बन्धन, रक्षामन्त्र, शान्तिमन्त्राराधन, जिनाभिषेक, शान्तिधारा, मंगलकलश स्थापन, दीपक स्थापन, दैनिक पूजन, विनायकयन्त्र पूजा, एवं हवन करें।

आचार्य मुनि आदि गुरुजनों की पूजा करके उनसे व्रत ग्रहण करें।

व्रत ग्रहण मन्त्र–

ॐ अद्य भगवतो महापुरुषस्य ब्रह्मणो मतेस्मिन्......... वीरनिर्वाण संवत्सरे मासानां मासोत्तमे मासे .... पक्षे........ तिथौ.....वासरे जम्बूद्वीपे भरतक्षेत्रे आर्यखण्डे. .....प्रदेशस्य... .... जनपदे.......नगरे एतत् अवसर्पिणी कालावसान श्री गौतमस्वामी श्रेणिकमहामण्डलेश्वर समाचरित सन्मार्ग विशेषे अष्ट महाप्रातिहार्यादि शोभितश्रीमदर्हत्परमेश्वर प्रतिमा/अष्टविंशति मूलगुण–आराधक मुनि सन्निधौ अहं........व्रतस्यसंकल्पं करिष्ये। अस्य व्रतस्य समाप्ति पर्यन्त मे सावद्य त्यागः गृहस्थाश्रमजन्यारम्भं परिग्रहादीनापि त्यागः।

जिन-प्रतिमा या आचार्य-मुनि आदि को अर्घ्य श्रीफल आदि चढ़ाएँ।

गृहस्थाचार्य एवं व्रती जनों का सम्मान करें।

विवाह-संस्कार

धर्म-सन्ततिमक्लिष्टां रतिं वृत्त-कुलोन्नतिम्।
देवादिसत्कृतिं चेच्छन् सत्कन्यां यत्नतो वहेत्॥ 60॥

–सागार धर्मामृत, अध्याय 2

अर्थात्–धर्म के लिए सन्तान को अथवा धर्म परम्परा चलते रहने को, विघ्न रहित स्त्री संभोग को, चारित्र तथा कुल की उन्नति को और देव, गुरु, अतिथि आदि के सत्कार को चाहने वाले श्रावक को प्रयत्न पूर्वक उत्तम कन्या से विवाह करना चाहिए। विवाह के मूल उद्देश्य एवं गृहस्थ धर्म अन्त तक नहीं भुलाना चाहिए।

श्री सोमदेव सूरि ने नीतिवाक्यामृत में लिखा है कि विवाह करके दाम्पत्य जीवन प्रारम्भ करना चाहिए, क्योंकि विवाह के अनेक सुफल हैं। जैसे–धर्म सन्तति, (धार्मिक सन्तान के द्वारा) निर्बाध संभोग, जिससे आवारागर्दी से बचाव होता है। चारित्र का उन्नत होना, वंश परम्परा का चलना, अतिथि सत्कार आदि।

अतिथि में मुनि, व्रती, बन्धु–बान्धव आदि आगन्तुकों का सत्कार पत्नी के द्वारा ही संभव है अतः दाम्पत्य जीवन, धर्म और समाज के उत्थान में महत्त्वपूर्ण भूमिका निभाता रहा है। जहाँ–जहाँ धर्म है, वहाँ–वहाँ दाम्पत्य जीवन अवश्य रहता है। दाम्पत्य जीवन की परम्परा अनादिकाल से है।

इस परम्परा का निर्दोष, निर्वहन करके धर्म और समाज को उन्नत बनाकर अपने दाम्पत्य जीवन को सफल और आदर्श बनाना चाहिए

विवाह –

1. धार्मिक और लौकिक कर्त्तव्यों का पालन करते हुए सन्तान प्राप्ति के लिए गृहस्थ जीवन में प्रवेश करना विवाह है।
2. कामवासना को सीमित करने और धीरे-धीरे उसे जीतने का सच्चा उपाय विवाह है।
3. गृहस्थ धर्म, शौच, आचार विशुद्धि एवं पवित्र जीवन का शुभारम्भ विवाह है।
4. धर्म नीति और संस्कृति की चिरन्तन विशुद्धि की रक्षा के लिए शास्त्र -

विधि सम्मत क्रिया, विवाह है।

5. गृहस्थ जीवन का धर्म, विवाह है।

विवाह का उद्‌देश्य–

1. धर्म, संतान, निर्विघ्न भोग विलास, आचार और कुल की उन्नति।
2. देव, शास्त्र, गुरु एवं साधर्मी भाइयों की सेवा, सत्कार।
3. सप्त परम-स्थानों की प्राप्ति।
4. त्रिवर्ग (धर्म, अर्थ और काम) की सिद्धि।

विवाह-संस्कार की सावधानियाँ–

1. जन्म कुंडली का मिलान कर लें, वर गुणवान एवं कन्या गुणवती हो।
2. समान गोत्र के वर एवं कन्या नहीं होना चाहिए।
3. वाग्दान के पहले पूर्ण पारदर्शिता अत्यन्त आवश्यक है।
4. दोनों पक्ष अपव्यय से बचने का प्रयास करें।
5. वैवाहिक सभी कार्यक्रम दिन में ही सम्पन्न करें।
6. बारात आदि में फूहड़, अश्लील नाच गानों से बचें।
7. वरमाला के समय शालीनता का परिचय दें।
8. दहेज लेना और देना दोनों श्रेष्ठ नहीं हैं।
9. विवाह के समय वर की आयु 21 एवं कन्या की 18 वर्ष से कम नहीं होना चाहिए।
10. वैवाहिक कार्यक्रमों में किसी भी संस्कार की उपेक्षा न करें।
11. फेरों में शुद्धि का विशेष ध्यान रखें। पूजादि रात्रि में न करें।
12. फेरे जैन विधि से ही करवाएँ।
13. विवाह विधि एक धार्मिक अनुष्ठान है इनमें जल्दबाजी न करें।
14. भोजन में अभक्ष्य पदार्थों का उपयोग न करें एवं रात्रि में भोजन न दें।
15. बराती जन उद्‌दण्डता न करें।
16. वधु पक्ष की उपेक्षा न करें।
17. छोटी-छोटी बातों को स्वाभिमान का कारण न बनाकर सहयोगात्मक दृष्टिकोण अपनाएँ।
18. आशीर्वाद के समय परिचय की स्वस्थ परम्परा होनी चाहिए।
19. बारातियों को दी जाने वाली उपहार ज्ञानवर्धक या उपयोगी होना चाहिए।

20. विवाह अहंकार पोषण के लिए न करें। अपने बजट का ध्यान रखें।

विवाह-संस्कार की सामग्री–

थाली 2, कलश 2, चम्मच 2, कटोरी 2, प्लेट 1, ठोना 1, आरती 1, धूपदान 1, जल, रुई, माचिस, चौका, चौकी, आसन चटाई, विनायक या सिद्धयन्त्र, सिंहासन, छत्र, दीपक छोटे-बड़े ,कलावा, यज्ञोपवीत (जनेऊ) मंगल कलश (श्रीफल,पीला कपड़ा, हल्दीगाँठ, सुपाड़ी, पीलीसरसों, रजतस्वस्ति, पञ्चरत्न, चाँदी का सिक्का सहित) कुंड, रंगोली आदि। नारियल 5, चावल 1 किलो, गोला 500 ग्राम, बादाम 250 ग्राम, लौंग 10 ग्राम, कपूर 50 ग्राम, केशर 2 ग्राम, शुद्ध धूप 100 ग्राम, देशी घी, 500 ग्राम समिधा, चन्दन, आदि की जीव जन्तु रहित वेघुनी लकड़ी, पञ्चरंग धागा, मन्दिर का सामान-छत्र, चँवर, सिंहासन, पूजा के बर्तन, यन्त्र, चँदोवा, अछावर, शास्त्रजी, वन्दनवार, सुपारी 5, हल्दी गाँठें 5, रोरी/गुलाल 50 ग्राम, मौली 50 ग्राम, रुई, माचिस, मंगल कलश 5, दीपक, यज्ञोपवीत, लाल तूस सुतली, कंकन कचेरा।

विवाह-संस्कार-विधि–

ततोऽस्य गुर्वनुज्ञानादिष्टा वैवाहिकी क्रिया।
वैवाहिके कुले कन्यामुचितां परिणेष्यतः ॥127॥
सिद्धार्चन विधिं सम्यक् निर्वर्त्य द्विजसत्तमाः॥
कृताग्नित्रयसंपूजाः कुर्युरूतत्साक्षितां क्रियाम् ॥128॥
पुण्याश्रमे क्वचित् सिद्धप्रतिमाभिमुखं तयोः॥
दम्पत्योः परया भूत्या कार्यः पाणिग्रहोत्सवः ॥129॥

–आदिपुराण, पर्व 38

विवाह के योग्य कुल में उत्पन्न हुई कन्या के साथ जो विवाह करना चाहता है, ऐसे उस पुरुष की गुरु आज्ञा से वैवाहिकी क्रिया की जाती है।

उत्तम गृहस्थाचार्य सिद्ध भगवान की पूजाकर, तीनों अग्नियों की पूजा करके उनकी साक्षी पूर्वक इस वैवाहिकी क्रिया को करे। किसी पवित्र स्थान में बड़ी विभूति के साथ सिद्ध भगवान की प्रतिमा के सामने वधु-वर का विवाहोत्सव करना चाहिए।

विवाह-मुहूर्त–

मेष, वृष, मिथुन, वृश्चिक, मकर और कुंभ राशि के सूर्य में विवाह शुभ है। मिथुन के सूर्य में आषाढ़ शुक्ल 10 तक, वृश्चिक के सूर्य में कार्तिक में, मकर के सूर्य में पौष में, मेष के सूर्य में चैत माह में भी विवाह शुभ है।

नक्षत्र– रोहिणी, मृगशिरा, मघा, हस्त, स्वाती, अनुराधा, मूल, उत्तराषाढ़ा, उत्तराभाद्रपद, उत्तराफाल्गुनी और रेवती शुभ हैं।

तिथि–4, 9, 14 और 30 को छोड़कर भद्रा, व्यतिपात आदि दोष रहित शेष सभी तिथियाँ शुभ हैं।

बल–कन्या के लिए गुरु बल, वर के लिए सूर्य बल और दोनों के लिए चन्द्र बल आवश्यक है।

गुरु बल–गुरु ,कन्या की राशि से नवम्, पंचम्, एकादश, द्वितीय, सप्तम राशि में शुभ, दशम तृतीय, षष्ठ और प्रथम राशि में दान देने से शुभ एवं चतुर्थ, अष्टम और द्वादश राशि में अशुभ है।

सूर्य बल–सूर्य वर की राशि से तृतीय, षष्ठ, दशम, एकादश राशि में शुभ, प्रथम, पंचम, द्वितीय, सप्तम और नवम पूजा से शुभ और चतुर्थ अष्टम एवं द्वादश राशि में अशुभ है।

चन्द्र बल–वर और कन्या की राशि से चन्द्र 1, 2, 3, 5, 6, 7, 9, 10, 11 राशि में शुभ और चतुर्थ, अष्टम एवं द्वादश राशि में अशुभ है।

लग्नशुद्धि–लग्न से बारहवें शनि, दशवें मंगल, तीसरे शुक्र, लग्न में चन्द्रमा और क्रूर ग्रह अच्छे नहीं होते हैं। लग्नेश, शुक्र, चन्द्रमा, छठवें और आठवें में शुभ नहीं होते और सातवें में कोई ग्रह शुभ नहीं होता है।

ग्रहों का बल–प्रथम, चौथे, पाँचवें, नौवें और दशवें स्थान में स्थित बृहस्पति सब दोषों को नष्ट करता है।

सूर्य ग्यारहवें स्थान में स्थित तथा चन्द्रमा वर्गोत्तम लग्न में स्थित नवांश दोषों को नष्ट करता है।

बुध लग्न, चौथे, पाँचवें, नौवें और दसवें स्थान में हो तो सौ दोषों को दूर करता है।

यदि शुक्र इन्हीं स्थानों में हो तो दो सौ दोषों और इन्हीं स्थानों में गुरु स्थित हो तो एक लाख दोषों को दूर करता है। लग्न का स्वामी अथवा नवांश का स्वामी यदि 1, 4, 10, 11 स्थान में स्थित हो तो अनेक दोषों को भस्म कर देता है।

कन्या-वरण मुहूर्त–

उत्तराषाढ़ा, स्वाती, श्रवण, पूर्वाषाढ़ा, पूर्वाभाद्रपद, पूर्वाफाल्गुनी, अनुराधा, धनिष्ठा, कृतिका इन नक्षत्रों में एवं विवाह के नक्षत्रों में वस्त्र, आभूषण, खाने की मीठी वस्तु और फूल आदि कन्या को देकर उसका वरण करें।

वर-वरण (फलदान) मुहूर्त–

रोहिणी, उत्तराषाढ़ा, उत्तराभाद्रपद, उत्तराफाल्गुनी, कृत्तिका, पूर्वाषाढ़ा, पूर्वाभाद्रपद, पूर्वाफाल्गुनी, इन नक्षत्रों में शुभ दिन, तिथि, लग्न आदि में गाजे-बाजे के साथ कन्या

का भाई वस्त्र, यज्ञोपवीत द्रव्य फल आदि से वर का वरण करें।

मण्डप-रचना–

पाणिग्रहण के एक दिन पूर्व घर के आँगन की मध्यभूमि के चारों दिशाओं में चार काष्ठ स्तम्भों का आरोपण कर उन पर आम्र अथवा जामुन के पल्लवों का वितान तानकर मण्डपाच्छादन करें। चारों स्तम्भों को लाल वस्त्र या गोटे से वेष्ठित करें। मण्डप चौकोर बनाएँ। प्रत्येक स्तम्भ के सहारे एक के ऊपर एक पाँच-पाँच मिट्टी के कलश रखें। मण्डप को ध्वजा, तोरण, वन्दनवार, पुष्पमाला एवं दीपमालाओं से सुसज्जित करें।

स्तम्भ (खाम)–मण्डप के केन्द्र में सुहागन महिलाओं द्वारा मंगलगान एवं मन्त्रोच्चारण पूर्वक स्तम्भ (खाम) को आरोपित करें।

काष्ठ चौकियों से तीन कटनी की वेदी बनायी जा सकती है। प्रथम कटनी पर सिद्धयन्त्र स्थापित कर दूसरी कटनी पर शास्त्र एवं तीसरी कटनी पर अष्ट मंगल द्रव्य स्थापित करें।

वेदी के सम्मुख हवन कुंड बना लें एवं हवन कुंड संभव न हो तो मिट्टी के कूड़े में केशर से रचना कर रंगोली से सुन्दर करना चाहिए।

फेरों के समय रजस्वला कन्या–सप्तपदी (भाँवर)के समय यदि कन्या रजस्वला हो तो चौथे दिन शुद्धि के उपरान्त पाँचवें दिन पूजन हवन में सहयोगी बन सकती है, क्योंकि बिना शुचिता के कोई भी क्रिया उपयोग नहीं है।

भाँवर का समय–भांवर के लिए जो शुभ लग्न, मुहुर्त निकाला गया हो उसका ध्यान रखते हुए समस्त पूजन हवन, सप्तपदी के कार्य दिन में सूर्यास्त के पहले ही करना चाहिए।

वाग्दान–कन्या का पिता अपने समान धर्मानुयायी सुलक्षणों युक्त योग्य वर को देखकर अपनी जातीय प्रथा के अनुसार गोत्रादिक का विचार कर वर-कन्या दोनों की जन्म पत्रिका के ग्रहों, योगों को मिलान कर विवाह के लिए वचनवद्ध हो। समागत अतिथियों का यथा-शक्ति भोजन-पानादि द्वारा सत्कार करे।

वाग्दान (सगाई) के दिन सुहागिन स्त्रियों द्वारा मंगलगान, वाद्ययन्त्र मंगलाष्टक पूर्वक, वर के पिता, मामा, फूफा आदि खड़े होकर निवेदन करें- श्रीमान्/सेठ/सिंघई/चौधरी ....के पौत्र एवं श्रीमान्/सेठ/सिंघई/चौधरी .... के पुत्र,..........जाति, ...गोत्र वाले..........नामधारी वर की सगाई श्रीमान्/सेठ/सिंघई/चौधरी ....की पौत्री, श्रीमान्/सेठ/सिंघई/चौधरी.......... की पुत्री.......... जाति वाली .... गोत्र में उत्पन्न .... नामधारी कन्या के साथ करने का निश्चय किया है।

कन्या का पिता, मामा, फूफा आदि भी खड़े होकर पूर्व प्रकार कहें।

पश्चात् दोनों पक्ष के व्यक्ति उपस्थित सभा से निवेदन करें कि यदि आप इसे उचित समझें तो इस सम्बन्ध को करने की आज्ञा दीजिए। पञ्चजन यदि उचित समझें तो सम्बन्ध करने की आज्ञा देवें। आज्ञा प्राप्त होने के बाद दोनों पक्ष आपस में एक-दूसरे को श्रीफल, अष्ट द्रव्य, हल्दी, सुपारी राशि आदि देकर सम्बन्ध पक्का करें।

लग्न-पत्र-लेखन–लग्न का कार्य वाग्दान (सगाई) के पश्चात् कोई भी शुभ दिन निश्चित कर कन्या के पिता या अभिभावक द्वारा सम्पन्न किया जाता है।

इसके मुख्य तीन अंग हैं–

1. लेखन, 2. प्रेषण, 3. वाचन।

1. लेखन–लग्न पत्रिका में वैवाहिक कार्यक्रम की निर्धारित तिथियों का सन्देश एवं सम्बन्ध की प्रशस्तियाँ रहती हैं। लग्न लेखन के दिन प्रातः, कन्या, सौभाग्यवती स्त्रियों के साथ जिनमन्दिर जाकर मंगलाष्टक दैनिक पूजा, सिद्धपूजा और विनायक यन्त्र पूजा करें। उपरान्त इष्टजन और पञ्चों को एकत्रित कर, वस्त्राभूषण से अलंकृत कन्या को सौभाग्यवतियों के बीच चौक में उच्चासन पर बिठाकर तिलक करके अभ्यागत विद्वान् लग्न लेखन विधि करें।

एक सुन्दर कलश में सवा रुपया, हल्दी, सुपाड़ी,पीली सरसों, पुष्प एवं जल भरकर कलश पर तीन स्वस्तिक बनायें ऊपर पीले वस्त्र के सहित नारियल रखकर पञ्चरंग सूत्र से बाँधकर मंगल कलश तैयार करें, दीपक जलाकर बाजौटा पर पीले चावल से स्वस्तिक बनाकर कलश एवं दीपक स्थापित करें।

लग्न-पत्रिका का प्रारूप

श्री शुभ विवाह लग्न-पत्रिका

श्री ऋषभाय नमः

मङ्गलं भगवान वीरो, मङ्गलं गौतमो गणी।
मङ्गलं कुन्दकुन्दार्यो: जैन धर्मोऽस्तु मङ्गलम् ॥

वर	वधु
चि.	सौ. कां. ....
आत्मज..........	आत्मजा ....

श्रीमानस्मान् वितरतु सदा, आदिनाथः प्रियां वै,
श्रेया लक्ष्मी क्षितिपति गणैः सादरं स्तूयमानां।
भर्तुर्यस्य स्मरणकरणात्तेऽपि सर्वे विवस्वन् -

मुख्याखेटा ददतु कुशलं सर्वदा देहभाजाम्॥
वंशो विस्तारतां यातु कीर्तिर्यातु दिगन्तरे।
आयुर्विपुलतां यातु यस्यैषा लग्न-पत्रिका॥
यावन्मेरु धरापीठे यावच्चन्द्र दिवाकरौ।
तावन्नन्दतु बालोऽयं यस्यैषा लग्न-पत्रिका॥

श्री ऋषभाय नमः। अथ श्री शुभ संवत्सरे श्रीमन्नृपति वीर विक्रमादित्य राज्योदयात् गताब्दा (सं.) 20........................... श्री शालिवाहनशकाब्दा 19 .... वीर निर्वाण संवत्सरा 25 .... तत्र .... चैत्रादौ गुरु मानेन .... नाम सम्वत्सरे श्री सूर्ये .... यणे .... ऋतौ .... श्रीमहामाङ्गल्यप्रदे मासोत्तमे .... मासे शुभे .... पक्षे .... तिथौ .... वासरे .... मण्डपाच्छादनं शुभम्। पुनः .... मासे शुभे .... पक्षे .... तिथौ .... वासरे मृत्तिकानयनं (मागरमाटी अरगना) शुभम् । पुनः .... मासे शुभे ....पक्षे............... तिथौ .... वासरे वर यात्रायाः (बरात) आगमनं (आगौनी) विनायक (सिद्ध) यन्त्र पूजा, द्वारोत्सवश्च शुभम्। पुनः .... मासे शुभे .... पक्षे .... तिथौ ....वासरे जिनगृह वन्दनम्। गीतमाङ्गल्यादिकं शुभम्। वर वध्वौ चिरञ्जीविनी भूयास्ताम्।

लग्न-पत्रिका में भाँवर (फेरे) के मुहूर्त आदि का लेखन करके मंगलाष्टक पढ़ता हुआ पुष्प क्षेपकर और उस लग्न पत्र में हल्दी गाँठ, सुपारी, पीली सरसों, पुष्प और नगद सवा रुपया रखकर पञ्चरंग सूत्र से बाँधकर एक थाल में रखकर कन्या के कर कमलों से लग्न पत्रिका का स्पर्श करावें और उसे पञ्चों को सौंप देवें। कन्या का पिता पञ्चों का सम्मान करें।

प्रेषण- कन्या के अभिभावक सिद्धयन्त्र की पूजा करके, लग्नपत्रिका को मांगलिक वस्तुओं एवं वस्त्र-आभूषणों के साथ वधु के भाई, मामा, पिता, फूफा, चाचा या किसी विश्वस्त व्यक्ति के हाथ वर के पिता के पास भेज दें।

लग्न-पत्रिका-वाचन-विधि-यह क्रिया वर-पक्ष के यहाँ सम्पन्न होती है। सर्वप्रथम वर के अभिभावक विनायक यन्त्र की पूजन करें, फिर इष्ट आत्मीय बन्धुओं को सम्मानपूर्वक एकत्र कर उनके ही समक्ष गृहस्थाचार्य द्वारा लग्न-पत्रिका का वाचन करावें। एक वाजौटे या चौकी पर पीले चावलों से स्वस्तिक बनाकर कलश में सवा रुपया, सुपारी, हल्दी की गाँठ, पीलीसरसों और पीले चावल

छोड़कर जल भर दें। कलश को स्वस्तिक, पुष्प हार से सजाएँ व एक चौमुखा दीपक जलाकर रखें।

वाचक विद्वान् जय-ध्वनि पुष्पवृष्टि करता हुआ मंगलाष्टक पाठ और नौ बार णमोकार मन्त्र पढ़कर वर को तिलक लगाकर माला पहनावें, तथा वधु पक्ष के यहाँ से आये हुए वस्त्राभूषण पहनावे और उसे वह लग्न पत्र सौंपें। वर महोदय वह लग्न-पत्र समाज के श्रेष्ठ मुखिया को सौंपें तथा मुखिया भी तिलक और माला आदि से वाचक विद्वान् का उचित सत्कार कर वह लग्न पत्र सौंपें। पश्चात् वाचक लग्न-पत्र बाँचकर उपस्थित जन समुदाय को सुनावें। उपरान्त वर का अभिभावक अपना स्वीकृति सूचक पत्रोत्तर उसी पत्रवाहक के हाथ देकर यथायोग्य सम्मान कर उसे विदा करें।

अर्घ्य वितारण एवं विनायकी (अरगा)–

ये दोनों क्रियाएँ विवाह के तीन दिन पूर्व से वर एवं कन्या के यहाँ अपने-अपने घरों में ही सम्पन्न की जाती हैं। तभी से कन्या अर्घीय नायिका का पद प्राप्त करती है और वहाँ वर विशेष नायक का पद प्राप्त करता है।

विनायक-यन्त्र-स्थापना–विवाह जैसे मांगलिक कार्य की निर्विघ्न सम्पन्नता के लिए, विवाह के कम से कम तीन या पाँच दिन पूर्व कन्या और वर अपने-अपने यहाँ के जिन मन्दिर में जाकर शुभ मुहूर्त में विनायक यन्त्र की पूजा करें। घर आकर गृहस्थाचार्य कन्या के बाएँ हाथ और वर के दाहिने हाथ में कंकण बन्धन करें। इन्हें विनायक यन्त्र की प्रतिदिन पूजा करनी चाहिए।

स्तम्भ (थाम) आरोहण विधान–गृहांगण के मध्य भाग में चार हाथ लम्बी चौड़ी चबूतरी की रचना करके ठीक कटनी के पीछे मध्य में स्तम्भ के अनुसार गड्ढा खुदवाएँ। गर्त खुदाने के पश्चात् सात सुहागिन औरतें उस स्तम्भ को मङ्गलगान पूर्वक आँगन में जहाँ विवाह वेदी तैयार हुई है, लाकर एक स्थान पर रख दें, उसी समय गृहस्थाचार्य कन्या को पूर्व मुख बिठा ले तथा उन्हीं सात सुहागिन औरतों को वहीं खड़ी करके जो गड्ढा स्तम्भ रोपने के लिए खुदाया है, उसके ऊपर चावलों का स्वस्तिक बनाकर कन्या के सामने जिसके चारों ओर स्वस्तिक बनाया गया है, ऐसे मंगल कलश को स्थापन करें।

पश्चात् उन्हीं सात सुहागिनों व कन्या के ललाट पर तिलक निकलवा दें, बायें हाथ में मौली बाँध दें तथा प्रत्येक के हाथ में सुपारी, हल्दी, सरसों, अक्षत तथा पुष्प देकर मंगलाष्टक पढ़कर कलश में डलवा दें, सवा रुपया, नकदी कन्या के हाथ से उसी कलश में डलवा दें। मुख पर श्रीफल रखके लाल कपड़ा और ऊपर से मौली लपेट माला पहनाकर स्थापना कर दें। मंगलाचार पूर्वक स्तम्भ स्थापित करें।

घुड़-चढ़ी (निकासी)–बारात चढ़ने से कुछ समय पूर्व वर को स्नान कराकर वस्त्राभूषणों से अलंकृत कर मुकट बन्धन करवा दें। पश्चात् नवदेव पूजन कर तिलक, रक्षा बन्धन कर आशीर्वाद के पुष्पक्षेपण कर दें।

लौकिक शिष्टाचार को पूरा कर गाजे-बाजे के साथ सौभाग्यवती स्त्रियों के मंगलगान पूर्वक श्वसुर गृह यात्रा की निर्विघ्न पूर्णता और मंगल कामना हेतु श्री जिनालय में जाकर भगवान का दर्शन स्तवन वन्दना करें एवं यथाशक्ति श्रीफल व कुछ द्रव्य भेंटकर अपने कुटुम्बी, भाई-बन्धुओं और बारातियों के साथ, उत्सव के साथ घोड़े पर सवार होकर श्वसुर के घर पर जाने के लिए प्रस्थान करे।

सज्जन मिलावा–कन्या का पिता अपने सम्बन्धियों एवं स्थानीय पञ्चायत के सज्जनों को लेकर वरपक्ष वालों के यहाँ जनवासे (ठहरने का स्थान) में जावें। वरपक्ष वाले भी कन्या पक्ष वाले सज्जनों को आता हुआ देखकर उठें और उन्हें बड़े सत्कार से बिठावें। पश्चात् उभय तरफ के सम्बन्धी क्रमशः परस्पर हार्दिक प्रेम प्रकट करते हुए मिलें, इसी का नाम सज्जन मिलावा है।

वर पक्ष वालों को कन्या पक्ष वाले अपनी शक्ति अनुसार इस समय कुछ नकद द्रव्य देते हैं और वह रुपया विवाह का विनायक द्रव्य समझा जाता है। इसी समय वर को पगड़ी बाँधें, तिलक करें, रक्षा सूत्र बाँधें। पश्चात् कन्यापक्ष वाले वरपक्ष वालों से यह कहकर कि आप सर्व सज्जन तोरण आदि विधान में वर के साथ पधारिएगा।

तोरण-विधि–जब बारात और वर गाजे-बाजे के साथ टीका के हेतु कन्या के दरवाजे पर आवे तब दो सौभाग्यवती स्त्रियाँ जल और मङ्गलद्रव्य सहित धातु के दो कलशों एवं दीपक कलश सहित लेकर वर पक्ष की अगवानी को खड़ी हों।

गृहस्थाचार्य पुष्पवृष्टि करता हुआ मङ्गलाष्टक पढ़े। सौभाग्यवतियाँ इस समय पुष्पवृष्टि करें तथा वादित्रनाद भी बीचों-बीच होता रहे।

गृहस्थाचार्य तिलक मन्त्र पढ़ते हुए कन्या के पिता, चाचा, मामा आदि से वर को माला पहनाकर चन्दन आदि से तिलक करावें तथा उपस्थित सज्जन वर पर पुष्पवृष्टि करें।

मङ्गलं भगवान वीरो, मङ्गलं गौतमो गणी।
मङ्गलं कुन्दकुन्दार्यो, जैनधर्मोऽस्तु मङ्गलम्॥

ॐ ह्रां ह्रीं ह्रूं ह्रौं ह्रः अ सि आ उ सा अस्य सर्वाङ्गशुद्धिं कुरुत कुरुत स्वाहा।

वर को तिलक और नाल-बंधन करें।

दीर्घायुरस्तु शुभमस्तु सुकीर्तिरस्तु,
सद्वृद्धिरस्तु धनधान्यसमृद्धिरस्तु।
आरोग्यमस्तु विजयोऽस्तु महोऽस्तु पुत्र-
पौत्रोद्भवोऽस्तु तव सिद्धपतिप्रसादात्॥ 1॥

यह श्लोक पढ़कर वर पर पुष्प क्षेपण करें।

भूयात्सुपद्म–निधि- सम्भव-सारवस्त्रं,
भूयाच्च कल्पकुजकल्पित-दिव्यवस्त्रम्।
भूयात्सुरेश्वर - समर्पित-सार वस्त्र,
भूयान्मयार्पितमिदं च सुखाय वस्त्रम्॥ 1॥

ॐ परमेश्वराय नमः।

गृहस्थाचार्य नीचे लिखा मन्त्र पढ़ें और उपर्युक्त सज्जन ही वर को वस्त्राभूषण भेंट करें।

गृहस्थाचार्य वर के मस्तक और वस्त्रों पर अक्षत-वृष्टि करें।

इसी समय वस्त्राभूषणों से सुशोभित और अक्षत सहित पात्र को हाथ में लिए हुये कन्या की माता या अन्य सुहागिन स्त्रियाँ वर के मुखचन्द्र को अवलोकन कर पुष्प मिले हुए धान के खीलों की अञ्जलि वर के ऊपर फेंकें और श्वेत सरसों, पुष्प, अक्षत तथा दीपकों के समूह सहित थाल लेकर वर की आरती करें। उसी समय स्त्रियों के समूह को प्राप्त होकर कन्या भी वर को देखे।

वरमाला

वरण-विधि–वरण-विधि भाँवर के समय की जाती रही है, किन्तु अस्सी के दशकोपरान्त समयाभाव के कारण तोरण-विधि के बाद वरणविधि का प्रचलन प्रारम्भ हो गया है। इसके उपरान्त नगरवासी(बाराती) व्यक्ति विवाह विधिपूर्ण मानकर वापस होने लगते हैं। इसमें जहाँ कुछ अच्छाइयाँ हैं, वहीं कई बुराइयाँ भी हैं। वरमाला वरण-विधि है, इसमें गम्भीरता, शालीनता एवं मर्यादा पूर्ण कार्य होना चाहिए। सर्वप्रथम कन्या, वर को माला पहनायें, तदुपरान्त वर, कन्या के लिए माला पहनाकर वरण करे।

पिता, मामा, फूफा, चाचा आदि परिजन एवं वरिष्ठ बाराती गण वर, वधु को आशीर्वाद एवं शुभकामनाएँ प्रदान करें।

याद अरगोती के अनुसार वर-पक्ष के द्वारा लायी गयी समस्त सामग्री, पञ्चों के समक्ष कन्या-पक्ष को सौंप दें।

प्रदक्षिणा (भाँवर)–कन्या के गृह, विवाह मण्डप में जाकर वेदी, कुंड, अष्ट द्रव्य, हवन सामग्री, चतुःकलश, मङ्गलकलश, यन्त्र, शास्त्र स्थापना करें।

वेदी व वर का मुख पूर्व या उत्तर की ओर ही रहे।

वर और कन्या स्नान करके श्रीफल लेकर अलग-अलग श्री जिनेन्द्रदेव के दर्शन करने को जिनमन्दिर जावें। जब वर दर्शन करके गाजे-बाजे के साथ कन्या के घर आवे, तब–

अक्षत्, पुष्प और चतुर्मुख दीपक सहित थाल, हाथ में लेकर कन्या की माता अपने मकान के बाहर आकर वर को वस्त्राभूषण मुद्रिका आदि प्रदान करे। कन्या का मामा, कन्या को भी लिवा लाकर मण्डप में पहुँचा देवें।

गृहस्थाचार्य-मङ्गलाष्टक दिग्बन्धन, रक्षामन्त्र एवं शान्ति मन्त्राराधन करें।

अद्य भगवतो महापुरुषस्य श्रीमदादिब्रह्मणो मतेऽस्मिन् विधीयमानेकर्मणि श्रीवीरनिर्वाण संवत्सरे .... मासे .... पक्षे .... तिथौ .... वासरेप्रशस्तलग्ने .... कार्यस्यनिर्विघ्न समाप्त्यर्थं

नवरत्नगन्धपुष्पाक्षत श्रीफलादि शोभितं मंगल कलश स्थापनं करोमि। श्रीं क्ष्वीं क्ष्वीं हं सः स्वाहा।

ईशान कोण में मंगल कलश स्थापित करें।

ॐ ह्रां ह्रीं ह्रूं ह्रौं ह्रः नमोऽर्हते भगवते श्रीमत्पद्ममहापद्म तिगिञ्छकेसरिपुण्डरीक महापुण्डरीक गंगा सिन्धु रोहिद्रोहितास्या हरिद्धरिकान्ता सीतासीतोदा नारीनरकान्ता सुवर्णरूप्यकूला रक्तारक्तोदा क्षीराम्भोनिधिजलं सुवर्णघट-प्रक्षिप्तं सर्व-गन्ध पुष्पाढ्यमामोदकं पवित्रं कुरुकुरु झं झं झ्रों झ्रों हं वं मं मं हं हं सं सं तं तं पं पं द्रां द्रां द्रीं द्रीं हं सः स्वाहा।

कलशों में थोड़ा जल डालकर जल पवित्र करें।

रुचिरदीप्तिकरं शुभदीपकं सकललोकसुखाकर-मुज्ज्वलम्।
तिमिरजालहरं प्रकरं सदा किल धरामि सुमंगलकं मुदा॥

ॐ ह्रीं अज्ञानतिमिरहरं दीपकं स्थापयामि।

आग्नेय कोण में दीपक स्थापित करें।

जिनेन्द्र-गुरु -पूजनं श्रुतवचः-मुदा धारणम्।
स्वशील-यम रक्षणं, ददन-सत्तपो-वृंहणम्॥
इति प्रथितषट्क्रिया, निरतिचार-मास्तां तवे-
त्यथ-प्रथन-कर्मणि, विहितरक्षिकाबन्धनम्॥ 1॥

ॐ जायापत्योरेतयो गृहीतपाण्योरेतस्मात् परम् आचतुर्थाद् आहोश्विद् आसप्तमाद् इज्या परमस्य पुरुषस्य, गुरुणामुपास्तिः, जिनप्रणीत शास्त्रेष्वभिरुचिः, स्वकीयशीलयमानां रक्षणं, विश्राणनं वनीपकानां, निरोधश्चेच्छानाम् इत्येवं विधातुं प्रतिज्ञायाः सूत्रं कङ्कणसूत्रव्यपदेशभाक् रजनीसूत्रं मिथुनस्य मणिबन्धे प्रणह्यते।

कङ्कणबन्धन करें।

यह कङ्कणबन्धन षट्कर्म पालन करने की प्रतिज्ञा करने का चिह्न है। यह वर और कन्या के दाहिने हाथ में पहनाया जाता है। यह पञ्चरङ्ग सूत को दोहराकर हाथ में 3 चक्कर देकर क्रमशः 7 या 5 गाँठें लगाकर बाँधा जाता है। विनायक यन्त्र अभिषेक पूजा एवं **हवन** कर सप्तपरमस्थान की आहुति करें।

सप्तपरमस्थानाहुतय

सज्जातिः सद्गृहस्थत्वं, पारिव्राज्यं सुरेन्द्रता।
साम्राज्यं परमार्हन्त्यं, निर्वाणं चेतिसप्तकम्॥

ॐ ह्रीं सज्जाति परम स्थानाय नमः स्वाहा।

ॐ ह्रीं सद्गृहस्थत्वपरमस्थानाय नमः स्वाहा।

ॐ ह्रीं पारिव्राज्यपरमस्थानाय नमः स्वाहा।

ॐ ह्रीं सुरेन्द्र परम स्थानाय नमः स्वाहा।

ॐ ह्रीं परमसाम्राज्यपरमस्थानाय नमः स्वाहा।

ॐ ह्रीं परमार्हन्त्यपरमस्थानाय नमः स्वाहा।

ॐ ह्रीं परमनिर्वाणपरमस्थानाय नमः स्वाहा।

सप्तपदी पूजा

सज्जातिगार्हस्थपरिव्रजत्वं, सौरेन्द्रसाम्राज्य-जिनेश्वरत्वम्।
निर्वाणकं चेति पदानि सप्त, भक्त्यायजेऽहं जिनपादपद्मम्॥

ॐ ह्रीं श्रीसप्तपरमस्थानसमूह ! अत्रावतर अवतर संवौषट् आह्वानम्!

ॐ ह्रीं श्री सप्तपरम स्थान समूह अत्र तिष्ठ तिष्ठ ठः ठः स्थापनम्।

ॐ ह्रीं श्री सप्तपरम स्थान समूह अत्र मम सन्निहितो भव भव वषट् सान्निधिकरणम्। परिपुष्पाञ्जलिं क्षिपामि।

अष्टक

विमलशीतलसज्जलधारया, सविध-बन्धुरशीकरसारया।
परमसप्तसुस्थानस्वरूपकं, परिभजामि सदाष्टविधार्चनैः॥

ॐ ह्रीं श्रीसप्तपरमस्थानेभ्यो जलं निर्वपामीति स्वाहा॥1॥

मसृणङ्कुकुमचन्दनसद्रवैः, सुरभितागतषट्पदसद्रसैः।
परमसप्तसुस्थानस्वरूपकं, परिभजामि सदाष्टविधार्चनैः॥

ॐ ह्रीं श्रीसप्तपरमस्थानेभ्यः सुगन्धं निर्वपामीति स्वाहा ॥2॥

विपुलनिर्मलतन्दुल-सञ्चयैः,
कृतसुमौक्ति कल्पकनिश्चयैः।
परमसप्तसुस्थानस्वरूपकं,
परिभजामि सदाष्टविधार्चनैः॥

ॐ ह्रीं श्रीसप्तपरमस्थानेभ्योऽक्षतान् निर्वपामीति स्वाहा॥ 3॥

कुसुमचम्पकपंकजकुन्दकैः, सहजजातिसुगन्धविमोदकैः।
परमसप्तसुस्थानस्वरूपकं, परिभजामि सदाष्टविधार्चनैः॥

ॐ ह्रीं श्रीसप्तपरमस्थानेभ्यः पुष्पं निर्वपामीति स्वाहा॥ 4॥

सकललोकविमोदनकारकै-श्चरुवरैः सुसुधाकृतिधारकैः।
परमसप्तसुस्थानस्वरूपकं,परिभजामिसदाष्टविधार्चनैः॥

ॐ ह्रीं श्रीसप्तपरमस्थानेभ्यो नैवेद्यं निर्वपामीति स्वाहा॥ 5॥

तरलतारसुकान्तिसुमण्डनैः,सदनरत्नचयैरघखंडनैः

परमसप्तसुस्थानस्वरूपकं,परिभजामिसदाष्टविधार्चनैः॥

ॐ ह्रीं श्रीसप्तपरमस्थानेभ्यो दीपं निर्वपामीति स्वाहा ॥ 6॥

अगुरुधूपभवेनसुगन्धिना, भ्रमरकोटिसमेन्द्रियबन्धिना॥
परमसप्तसुस्थानस्वरूपकं, परिभजामिसदाष्टविधार्चनैः॥

ॐ ह्रीं श्रीसप्तपरमस्थानेभ्यो धूपं निर्वपामीति स्वाहा ॥ 7॥

सुखदपक्वसुशोभनसत्फलैः क्रमुकनिम्बुकमोचसुताङ्गतैः॥
परमसप्तसुस्थानस्वरूपकं:परिभजामिसदाष्टविधार्चनैः॥

ॐ ह्रीं सप्तपरमस्थानेभ्यः फलं निर्वपामीति स्वाहा ॥ 8॥

जिनवरागमसद्गुरुमुख्यकान्, प्रवियजे गुरुसद्गुणमुख्यकान्।
सुशुभचन्द्रतरान् कुसुमोत्करैः, समयसारपरान्पयसादिकैः ॥

ॐ ह्रीं सप्तपरम स्थानेभ्योऽर्घ्यं निर्वपामीति स्वाहा।

पाणि-पीडन-विधि

हारिद्रपङ्कज वलिप्य सुवासिनीभिः, दत्तं द्वयो जनकयोः खलु तौ गृहीत्वा!
वामं करं निजसुता भवमग्रपाणिं, लिम्पेद्वरस्य च करद्वय योजनार्थम्॥

ॐ ह्रीं कन्यायाः वामकरे हरिद्रा लेपनं करोमि।

ॐ ह्रीं वरस्य दक्षिणकरे हरिद्रा लेपनं करोमि।

इस पद्य को बोलते समय कन्या का पिता किसी सुहागिन स्त्री के द्वारा पिसी हुई हल्दी या मेहँदी अपनी कन्या के बायें हाथ और वर के दाहिने हाथ पर लेपन कर दें। पश्चात् गृहस्थाचार्य-कन्या का हाथ ऊपर और वर का हाथ नीचे कर दोनों के हाथ जोड़ देवें।

1. ॐ अद्य जम्बूद्वीपे भरतक्षेत्रे आर्यखंडे............नगरे मांगलिक विवाह स्थले....... श्री वीर निर्वाण संवत्सरे.......... मासे...... तिथौ .... दिवसे परम जैनधर्म परिपालक........ गोत्रोत्पन्नाय.......................पुत्राय................. पौत्राय........................नाम्ने कुमाराय जैनधर्म पारिपालकस्य ....गोत्रोत्पन्नस्य...................... पुत्रीं .... पौत्रीं........... नाम्नीं इमां कन्यां प्रदामि।

2. ॐ नमोऽर्हते भगवते श्रीमते वर्धमानाय श्रीबलायुरारोग्य सन्तानाभि-वर्धनं भवतु..........................कन्यामिमाम् ....कुमाराय ददामि झ्वीं झ्वीं हं सः स्वाहा।

इन दो मन्त्रों में से किसी एक मन्त्र को पढ़कर कन्या का पिता उन जुड़े हाथों पर अक्षत तथा नकद राशि रखकर अपने हाथ में ली हुई झारी से सुगन्धित जल की तीन धारा वर के हाथ पर छोड़कर कन्या प्रदान (कन्यादान) करे।

उसी समय सौभाग्यवतियाँ वर और कन्या के ऊपर मङ्गलस्वरूप अक्षत क्षेपण करें।

नोट–इस समय कन्यापक्ष और वरपक्ष मन्दिर एवं धार्मिक संस्थाओं को यथाशक्ति दान अवश्य करें।

ग्रन्थि-बन्धन (गँठजोड़ा)

अस्मिञ्जन्मन्येष बन्धोर्द्वयोर्वै, कामेधर्मेवा गृहस्थत्वभाजि।
योगोजातःपञ्चदेवाग्निसाक्षी, जायापत्योरञ्चलग्रन्थिबन्धात्॥

ॐ ह्रीं वरवधोः प्रेमानुबन्धनाय ग्रन्थिबन्धनं करोमि।

गृहस्थाचार्य मन्त्र बोले और सौभाग्यवती स्त्री कन्या की ओढ़नी (चादर) के एक कोने में सवा रुपया, पुष्प, एक सुपारी व एक गाँठ हल्दी तथा वर के दुपट्टे के कोने में सवा रुपया, पुष्प, एक सुपारी व एक गाँठ हल्दी बाँधकर कन्या की गाँठ को वर के दुपट्टे से बाँधें।

इस गठजोड़े का मतलब यह है कि इस भावी दम्पती की समस्त लौकिक और धार्मिक कार्यों में आजीवन मजबूत प्रेमगाँठ बँध चुकी है, वह कभी नहीं खुल सकती, क्योंकि ये देव, अग्नि और पञ्चों की साक्षीपूर्वक ग्रन्थिबन्धन से प्रतिज्ञाबद्ध हुए हैं।

यह प्रेमानुबन्धन पति-पत्नी के अकाट्य एवं चिरस्थायी प्रेम का द्योतक है।

मुकुट-बन्धन–यहाँ वरपक्ष की सौभाग्यवती स्त्री वर को तथा कन्यापक्ष की सौभाग्यवती स्त्री कन्या को मुकुटबन्धन करें तथा दोनों पक्ष वाले अपनी-अपनी सौभाग्यवती स्त्री को भेंट देकर सन्तुष्ट करें।

सप्तपदी (परिक्रमा और सप्तवचन)–गृहस्थाचार्य वर को पीछे और कन्या को आगे कर सप्तपरमस्थान की प्राप्ति के लिए वेदी के चारों तरफ प्रदक्षिणा दिलवावें और प्रत्येक प्रदक्षिणा (भाँवर) के अन्त में जब वर और कन्या वेदी के सम्मुख अपने-अपने स्थान पर आ जावें तब निम्न क्रम से 1-1 अर्घ्य चढ़ावें। प्रदक्षिणा देते समय मण्डप के सभी स्त्री-पुरुष वर और कन्या पर पुष्पवृष्टि करते रहें। वादित्रनाद भी होना चाहिए।

सज्जाति परमस्थाने च सज्जातित्वंगुणार्चितम्।
पूजयेत्साप्तपदीनं च, स्वर्गमोक्षसुखाकरम् ॥1 ॥

ॐ ह्रीं सज्जातिपरमस्थानाय अर्घ्यं निर्वपामीति स्वाहा।

सद्गृहस्थ परमस्थाने, सद्गृहं जिनायकम् ॥
पूजयेत्साप्तपदीनं च, स्वर्ग-मोक्षसुखाकरम् ॥ 2 ॥

ॐ ह्रीं सद्गृहस्थपरमस्थानाय अर्घ्यं निर्वपामीति स्वाहा।

परिव्राट् परमस्थाने, पारिव्राज्यं सुपूजितम् ॥
पूजयेत्साप्तपदीनं च, स्वर्ग-मोक्ष-सुखाकरम् ॥ 3 ॥

ॐ ह्रीं पारिव्राज्यपरमस्थानाय अर्घ्यं निर्वपामीति स्वाहा।

सुरेन्द्र परमस्थाने, सुरेन्द्राद्यैक-पूजितम् ॥
पूजयेत्साप्तपदीनं च, स्वर्ग-मोक्ष-सुखाकरम् ॥ 4 ॥

ॐ ह्रीं सुरेन्द्रपरमस्थानाय अर्घ्यं निर्वपामीति स्वाहा।

साम्राज्यं परमंभुङ्क्ते, प्रार्चामि जिनपादुकाम् ॥
पूजयेत्साप्तपदीनं च, स्वर्ग-मोक्ष-सुखाकरम् ॥ 5 ॥

ॐ ह्रीं साम्राज्यपरमस्थानाय अर्घ्यं निर्वपामीति स्वाहा।

आर्हन्त्यं परमस्थानं, चतुःकर्म विनाशकम्।
पूजयेत् साप्तपदीनं च, स्वर्गमोक्षसुखाकरम् ॥ 6 ॥

ॐ ह्रीं आर्हन्त्यपरमस्थानाय अर्घ्यं निर्वपामीति स्वाहा।

गृहस्थाचार्य, वर कन्या से पूछे कि तुम्हें कुछ कहना है। तब वर, कन्या से नीचे लिखे सात वचन माँगे-

वर के सप्त वचन

1. मेरे गुरुजन और कुटुम्बियों की यथायोग्य विनय और सेवा करनी होगी।
2. मेरी आज्ञा का भंग नहीं करना होगा।
3. कठोर और अप्रिय वचन नहीं कहना होगा।
4. घर पर मेरे हितैषी तथा सत्पात्रों के आने पर उनको आदर सत्कार और आहार आदि के देने में कलुषित मन नहीं करना होगा।
5. मेरी आज्ञा बिना दूसरे के घर नहीं जाना होगा।
6. जहाँ बहुत भीड़ हो, ऐसे मेला आदिक में तथा जिनका आचरण और धर्म खराब है, ऐसे मद्यादि पीने वाले तथा विधर्मियों के घर कभी नहीं जाना होगा।
7. **अपनी कोई भी गुप्त बात मुझसे नहीं छिपानी होगी और मेरी कोई गुप्त बात किसी दूसरे से नहीं कहनी होगी।**

यदि मेरी इन सात शर्तों को भली प्रकार प्रतिज्ञा रूप से स्वीकार करें, तो मेरी वामाङ्गिनी हो सकती हो।

तब कन्या कहे कि–यदि आप भी मेरे सात वचनों को स्वीकृत करें, तो मैं आपके सात वचनों को स्वीकार कर सकती हूँ।

कन्या के सप्तवचन

1. अपना सदाचार (शील) सदा सुरक्षित रखना होगा।
2. जुआ न खेलना होगा।
3. अपनी सम्पत्ति पर मुझे अपने समान अधिकार देना होगा।
4. न्याय और उद्योग से उपार्जित धन से मेरे भोजन, वस्त्र, आभूषण की व्यवस्था करते हुए मेरी रक्षा करनी होगी।
5. तीर्थस्थान, जिनमन्दिर आदि धर्मस्थानों को जाने में बाधक नहीं होते हुए, धार्मिक कार्यों से मुझे वञ्चित नहीं करना होगा।
6. अनुचित और कठोर दण्ड मुझे नहीं देना होगा।
7. मुझे जीवनपर्यन्त नहीं त्यागना होगा।

पूर्वोक्त सात वचनों को सुनकर वर कहे कि मुझे ये सात वचन स्वीकार हैं। तब गृहस्थाचार्य कन्या को वर के बायें भाग में (खड़ा) करा देवे, तदनन्तर गृहस्थाचार्य वर को आगे और कन्या को पीछे कराकर नीचे लिखे पद्य पढ़े तथा सातवीं प्रदक्षिणा दिलवाये–

निर्वाणं परमस्थानं जिनभाषित-मुत्तमम्।
पूजयेत् साप्तपदीनं च स्वर्गमोक्षसुखाकरम्॥

ॐ ह्रीं श्री निर्वाणपरमस्थानाय अर्घ्यं निर्वपामीति स्वाहा।

सज्जातिः सद्गृहस्थत्वं, पारिव्राज्यं सुरेन्द्रता।
साम्राज्यं परमार्हन्त्यं, निर्वाणं चेति सप्तकम्॥

ॐ ह्रीं श्री सप्तपरमस्थानाय पूर्णार्घ्यं निर्वपामीति स्वाहा।

अर्घ्य चढ़ाने के बाद कन्या वर को तथा वर कन्या को 'वरमाला' पहनावें। इस समय वादित्र नाद, जयध्वनि, पुष्प-वर्षा और मङ्गलगान किया जावे। पश्चात् गृहस्थाचार्य उन नव-दम्पती को वेदी के पास वर की बायीं ओर वधु और उसकी दाहिनी ओर वर को बैठाएँ।

जयमाला

जय जीवदयाकर, गुण रत्नाकर, सुखकर निर्मलशीलधरा।
भविकुमुददिवाकर जनकलि मलहर सुखकर निर्मलशीलधरा॥

अजरामरकेवललक्ष्मिवरं, हरिवंश-सरोज-विकास-करम्।
परिपूज्य-सुसप्त-स्थानवरं, अति- निर्मलभेदलहं सुवरम्॥
यम-संयम-भावधुरं धवलं,भव-वारिधि सौख्यकरं सकलं।
परिपूज्य-सुसप्तस्थानवरं, अतिनिर्मलभेदलहं सुवरम्॥
अतिकज्जलमेघसुवर्णधरं, प्रतिबोध-सुभव्य-समूहवरम्।
परिपूज्य सुसप्तस्थानवरं, अतिनिर्मलभेदलहं सुवरम्॥
निज-भास्वर-तर्जित भानुरुचिं कृत-दुर्धर-काम-कलत्र-सुखम्।
परिपूज्य-सुसप्तस्थानवरं, अतिनिर्मलभेदलहं सुवरम्॥
नयतत्त्वसमर्पित-चारुमुखं, हृदयागमरूपसुचन्द्र-मुखम्।
परिपूज्य-सुसप्तस्थानवरं,अतिनिर्मलभेदलहं सुवरम्॥
मदमान महीधर भेदकरं, गुणरत्ननन्दि कृतसारतरम्।
परिपूज्य-सुसप्तस्थानवरं, अतिनिर्मलभेदलहं सुवरम्॥
कृतदुर्धर घोर तपोविमलं, हृदयेप्सित सौख्यकरं प्रथुलं।
परिपूज्य-सुसप्तस्थानवरं, अतिनिर्मलभेदलहं सुवरम्॥
सुविवेकगृहं हतजन्ममदं, कुमतान्ध तमोहिविधामरविम्।
परिपूज्य-सुसप्तस्थानवरं, अतिनिर्मलभेदलहं सुवरम्॥
श्रीनेमिचन्द्रहो कुमुदचन्द्रहो, थुवयं सो विद्यानन्दमुनिः।
अविचल सुखकारण भवजलतारण,बारण दुर्गति जिनशरणं॥

ॐ ह्रीं श्री सप्तपरमस्थानेभ्यः अर्घ्यं निर्वपामीति स्वाहा।

॥ इत्याशीर्वादः॥

पुण्याहवाचन शान्तिपाठ एवं विसर्जन करें।

वर्णलाभ-संस्कार

विवाह के बाद आजीविका, धार्मिक कार्यों की जिम्मेदारियाँ, सामाजिक प्रतिष्ठा, पारिवारिक कर्तव्यों के प्रति-निष्ठा, स्वतन्त्रता एवं उत्साह के लिए पिता, बालक को समुचित धन-सम्पत्ति एवं आवास आदि देता है, वह वर्णलाभ संस्कार है।

इससे बालक का मनोबल, आत्मबल एवं इच्छाशक्ति जाग्रत होती है जो उसके चहुँमुखी विकास के कारण होते हैं।

वर्णलाभ संस्कार की सावधानियाँ–

1. समुचित धन राशि अवश्य दें।
2. बालक के अलग रहने पर भी उसे माता-पिता का संरक्षण मिलना चाहिए।
3. बालक अलग रहने पर भी वह माता-पिता की सेवा करे।
4. माता-पिता ध्यान रखें कि कहीं बालक की स्वतन्त्रता स्वच्छन्दता में न बदल जाएँ।
5. बालक को भी अपने धार्मिक, सामाजिक, पारिवारिक एवं आर्थिक कर्तव्यों का पालन करना चाहिए।

वर्णलाभ संस्कार की सामग्री–

थाली 2, कलश 2, चम्मच 2, कटोरी 2, प्लेट 1, ठोना 1, आरती 1, धूपदान 1, घी, केशर, जल, चावल, चटक गोला, धूप, बादाम, लौंग, रुई, माचिस, चौका, चौकी, आसन चटाई, मन्त्र लिखा हुआ, विनायक या सिद्धयन्त्र, सिंहासन, छत्र, दीपक छोटे-बड़े ,कलावा, यज्ञोपवीत (जनेऊ) मंगल कलश (श्रीफल,पीला कपड़ा, हल्दीगाँठ, सुपाड़ी, पीलीसरसों, रजतस्वस्तिक, पञ्चरत्न, चाँदी का सिक्का सहित) कुंड, रंगोली आदि।

वर्णलाभ-संस्कार–

विवाह के बाद आजीविका, धार्मिक कार्यों की जिम्मेदारियाँ, सामाजिक प्रतिष्ठा, पारिवारिक कर्तव्यों के प्रति-निष्ठा, स्वतन्त्रता एवं उत्साह के लिए पिता,

बालक को समुचित धन-सम्पत्ति एवं आवास आदि देता है, वह वर्णलाभ संस्कार है।

इससे बालक का मनोबल, आत्मबल एवं इच्छाशक्ति जाग्रत होती है जो उसके चहुँमुखी विकास के कारण होते हैं।

ऊढभार्योऽप्ययं तावदस्वतन्त्रो गुरोर्गृहे।
ततः स्वातन्त्र्यसिद्ध्यर्थं वर्णलाभोऽस्यवर्णितः ॥136॥
गुरोराज्ञया लब्धधनधान्यादिसंपदः॥
पृथक्कृतालयस्यास्यै वृत्तिर्वर्णाप्तिरिष्यते॥137॥
तदापि पूर्ववत्सिद्ध प्रतिमानर्चमग्रतः॥
कृत्वाऽस्योपासकान् मुख्यान् साक्षीकृत्यार्पयेद् धनम्॥
धनमेतदुपादाय स्थित्वाऽस्मिन् स्वगृहं पृथक् ॥
गृहिधर्मस्वया धार्य कृत्सनो दनादिलक्षणः॥139॥
यथाऽस्मत्पितृदत्तेन धनेनास्माभिरर्जितम्॥
यशोधर्मश्च तद्वं यशोधर्मानुपार्जय॥140॥
इत्येवमनुशिष्यैनं वर्णलाभे नियोजयेत्॥
सदारः सोऽपि तं धर्मं तथानुष्ठातुमर्हति॥141॥

–आदिपुराण, पर्व 38

बालक का विवाह हो चुका है तथापि वह पिता के घर रहता है, तब तक अस्वतंत्र ही है। इसलिए उसको स्वतन्त्रता प्राप्त कराने के लिए यह वर्ण लाभ की क्रिया कही गयी है। पिता की आज्ञा से जिसे धन-धान्य आदि सम्पदाएँ एवं अलग मकान भी प्राप्त हो चुका है, ऐसे पुरुष की स्वतन्त्र आजीविका करने लगने को वर्णलाभ कहते हैं।

इस क्रिया के समय भी पहले के समान सिद्धपूजा कर पिता अन्य मुख्य श्रावकों को साक्षी कर उनके सामने पुत्र को धन अर्पण करे, तथा यह कहे कि यह धन लेकर तुम इस घर में पृथक् रूप से रहो। तुम्हें दान, पूजा आदि समस्त गृहस्थ धर्म का पालन करते रहना चाहिए। जिस प्रकार हमारे पिता के द्वारा दिये हुए धन से मैंने यश और धन अर्जित किया है। उसी प्रकार तुम भी यश और धन का अर्जन करो। इस प्रकार पुत्र को समझाकर पिता उसे वर्ण लाभ में नियुक्त करे, जिससे वह सदाचार का पालन करता हुआ पिता-धर्म का पालन करने में समर्थ हो सके।

दत्तक-पुत्र-संस्कार

पिता के धार्मिक, सामाजिक, पारिवारिक एवं आर्थिक उत्तरदायित्व को सँभालने के लिए पुत्र की अवश्यकता होती है। 40-45 वर्ष की आयु तक पुत्र या पुत्री न होने पर सजातीय पुत्र या पुत्री को विधिवत् पुत्र स्वीकार करना दत्तक पुत्र संस्कार है। इससे व्यक्ति अपने गार्हस्थिक दायित्वों से मुक्त होकर निर्बाध रूप से मोक्षमार्ग प्रशस्त करता

है।

दत्तक-पुत्र-संस्कार की सावधानियाँ–

1. दत्तक-पुत्र अपनी जाति और निकट रिश्तेदार का हो।

2. विजातीय या अनाथालय का न हो।

3. दत्तक-पुत्र कम उम्र का हो।

4. दत्तक-पुत्र देने एवं लेने वालों की पूर्ण स्वीकृति हो।

5. दत्तक-पुत्र की न्यायालय से भी अनुमोदना करा लेना चाहिए।

6. दत्तक-पुत्र लेने के बाद पुत्र उत्पन्न होने की दशा में दत्तक पुत्र को अपने पूर्ण अधिकार मिलने चाहिए।

7. दत्तक-पुत्र लेने के बाद उसके संस्कार अवश्य करने चाहिए, जिससे उसका गोत्र परिवर्तन हो सके।

8. दत्तक-पुत्र जिस परिवार में जाता है, उसका वह गोत्र हो जाता है।

दत्तक-पुत्र-संस्कार की सामग्री–

थाली 2, कलश 2, चम्मच 2, कटोरी 2, प्लेट 1, ठोना 1, आरती 1, धूपदान 1, घी, केशर, जल, चावल, चटक गोला, धूप, बादाम, लौंग, रुई, माचिस, चौका, चौकी, आसन चटाई, मन्त्र लिखा हुआ, विनायक या सिद्धयन्त्र, सिंहासन, छत्र, दीपक छोटे-बड़े ,कलावा, यज्ञोपवीत (जनेऊ) मंगल कलश (श्रीफल,पीला कपड़ा, हल्दीगाँठ, सुपाड़ी, पीलीसरसों, रजतस्वस्तिक, पञ्चरत्न, चाँदी का सिक्का सहित) कुंड, रंगोली आदि।

दत्तक-पुत्र-संस्कार मुहूर्त–

नक्षत्र–हस्त, चित्रा, स्वाति, विशाखा, अनुराधा, अश्विनी, धनिष्ठा, पुष्य।

वार–रवि, मंगल, गुरु, शुक्रवार।

तिथि- 2, 3, 5, 6, 7, 8, 10, 11, 12, 13।

लग्न शुद्धि–5, 2 लग्न शुभ हैं। 8, 11 लग्न वर्जित हैं।

दत्तक-पुत्र-संस्कार विधि–

दत्तक-पुत्र देने व लेने वाले माता-पिता अपने-अपने रिश्तेदारों को आमन्त्रित करें। समाज के प्रमुख श्रावकजनों को बुलाकर उनका सम्मान करें। दोनों माता-पिता बालक को लेने और देने की स्वीकृति प्रदान करें। गृहस्थाचार्य विनायक-यन्त्र स्थापित करें।

मंगलाचरण, जलशुद्धि, अमृतस्नान, पात्रशुद्धि, नवतिलक, भूमिशुद्धि, रक्षासूत्रबन्धन, दिग्बन्धन, रक्षामन्त्र, शान्तिमन्त्राराधन, जिनाभिषेक, शान्तिधारा,

मंगलकलश स्थापन, दीपक स्थापन, दैनिक पूजन, विनायकयन्त्र पूजा, शान्तिविधान करें एवं अन्त में हवन करें।

सौभाग्यवती महिलाओं से रंगोली बनवा कर उस पर चौकी रखें। बालक के माता-पिता बालक को उस चौकी पर बैठा दें। गृहस्थाचार्य मंगलकलश-स्थापन, दीपक-स्थापन करें।

ॐ ह्रीं अर्हं अ सि आ उ सा णमो अरहन्ताणं सप्तर्द्धि समृद्ध गणधराणां अनाहतपराक्रमस्ते भवतु भवतु ह्रीं नमः।

बालक पर जल के छींटे दें।

ॐ ह्रीं सम्यग्दर्शनज्ञान चारित्राय नमः।

बालक पर पुष्प क्षेपण करें।

ॐ ह्रीं अर्हं अ सि आ उ सा णमो अरहंताणं अनाहत पराक्रमस्ते भवतु भवतु ह्रीं नमः स्वाहा।

बालक पर पुष्प क्षेपण करें।

ॐ तत्सदद्य भगवतो महापुरुषस्य श्रीमदादिब्रह्मणो मतेऽवसर्पिण्या दुःखमस्यपंचमकालस्य प्रथमपादे........वर्षगते........ श्रीवीरनिर्वाण-संवत्सरे .....मासे.....पक्षे.....तिथौ.....वासरे प्रशस्तलग्ने.......अस्मिन् जम्बूद्वीपस्य भरतक्षेत्रे आर्यखण्डे. .... प्रदेशे.......... ....जनपदे....... नगरे...... नाम्नो..... पुत्रस्य. ....नाम्नो.......... श्रावकेन अस्य बालकः दधामि.......वंशे........गोत्रे.........सन्ताने परावर्तनं यावध्वरं भवतु भवतु क्रौं ह्रीं अर्हं नमः श्रीं वीं क्ष्वीं हं सः स्वाहा।

बालक का तिलक करें, माला पहिनावें।

अहम् श्रीमतः............ नाम्नः (पितृनाम) पुत्रोऽहं......... (प्रदाता का नाम) स्वपुत्रं श्रीमतः............ नामकं बालकं श्रीमतः......... नानः पुत्राय श्रीमते............दत्तक रूपेण प्रयच्छामि।

बालक प्रदान करने वाले का संकल्प करें।

श्रीमतः........ (पितृनाम) नानःपुत्रं श्रीमन्तं.........नामकं अहम्........................... (निजनाम)आत्मीकृतपुत्ररूपेण अंगीकरोमिः स्वीकरोमि।

बालक गोद लेने वाले का संकल्प करें।

ॐ सम्यग्दृष्टे सम्यग्दृष्टे आसन्नभव्य आसन्नभव्य विश्वेश्वरे विश्वेश्वरे अर्जित-पुण्ये अर्जित-पुण्ये श्रीमद्.........एवं तस्य भार्या......दत्तक पुत्रः भवतु भवतु ह्रीं नमः स्वाहा।

गृहस्थाचार्य एवं बालक के माता पुष्प क्षेपण करते हुए आशीष देवें।

ॐ नमोऽर्हते भगवते श्रीमते वर्धमानाय श्रीबलायुरारोग्य कुल गोत्र सन्तानाभिवर्धनं भवतु अमुं बालकं नामधेयं.......... दम्पतये पुत्ररूपेण ददामि झ्वीं झ्वीं हं सः स्वाहा।

बालक के माता-पिता बालक का दाहिना हाथ, बालक लेने वाले माता-पिता को सौंपें।

ॐ अद्य भगवतो महापुरुषवर-परमेण-तेजसा-व्याप्त-लोका-लोकोत्तम मंगलस्य मंगलस्वरूपस्य ....नाम्नः अस्य बालकः गुरुभक्ताः जिनधर्म परायणा भवन्तु। दानतपोवीर्यानुष्ठानं नित्यमेवास्तु, मातृपितृ-भ्रातृ-पुत्र-पौत्र-कलत्र सुहृत्स्वजन सम्बन्धिबन्धु सहितस्य.........अस्य बालकस्य धन- धान्यान्यैश्वर्य बलद्युतियशः प्रमोदोत्सवाः प्रवर्धन्ताम्। तुष्टिरस्तु। पुष्टिरस्तु। वृद्धिरस्तु। कल्याणमस्तु। अविघ्नमस्तु। आयुष्यमस्तु। आरोग्यमस्तु। कर्मसिद्धिरस्तु। इष्ट-संपत्तिरस्तु। काम-मांगल्योत्सवाः सन्तु। निर्वाणपर्वोत्सवाः सन्तु। पापानि शाम्यन्तु। घोराणि शाम्यन्तु। धर्मो वर्धताम् । पुण्यं वर्धताम्।

श्री वर्धताम्। कुलंगोत्रे चाभिवर्धताम्। स्वस्ति भद्रं चास्तु झ्वीं क्ष्वीं हं सः स्वाहा। श्रीमज्जिनेन्द्र चरणारविन्देष्वानन्द भक्तिः सदास्तु।

गृहस्थाचार्य दोनों माता-पिता एवं उपस्थित सभी जन-समूह बालक को पुष्प क्षेपण करते हुए आशीष देवें।

महिलाएँ मंगलाचार करें। उपस्थित सभी महानुभावों का भेंट एवं भोजनादि से सम्मान करें।

शव-दाह-क्रिया (अंतिम-संस्कार)

शरीर से आत्मा निकल जाने के बाद शव को अग्नि में जला देना शवदाह क्रिया है। मृत-शरीर के संस्कार के लिए दो घड़ी के भीतर ही परिवार के सब लोगों को एकत्रित होकर मृतक को श्मशान में ले जाना चाहिए, क्योंकि दो घड़ी के बाद उस मृत-शरीर में अनेक त्रस जीव उत्पन्न हो जाते हैं। श्मशान में जो भूमि जीव रहित हो वहाँ सूखा प्रासुक ईंधन एकत्रित कर दाह-क्रिया करने के पश्चात् अपने घर आकर प्रासुक पानी से स्नान करना चाहिए।

तीन दिन बाद श्मशान जाकर भस्म एवं अस्थि विसर्जन आदि करने का उल्लेख है, क्योंकि अग्नि की उत्कृष्ट आयु 3 दिन की है। तीन दिन में जब अग्नि पूर्णतः शान्त हो जाती है तब अन्य क्रिया करनी चाहिए।

शव-दाह-क्रिया की सावधानियाँ–

1. शव-दाह हमें शीघ्र करना चाहिए, क्योंकि विलम्ब करने से शव में असंख्यात जीवों की उत्पत्ति होती है।
2. लकड़ी सूखी हो, घुनी न हो।
3. विमान मजबूत बनाया गया हो।
4. नारियल, गोला फोड़ कर उपयोग करें।
5. रात्रि में शव दाह न करें।
6. शव-दाह क्रिया में मिथ्यात्व पोषक क्रियाएँ न करें।
7. रात्रि के समय शव पर कपूर अवश्य रखें।
8. शव-दाह स्थल की पूर्ण सुरक्षा करें।
9. रुदन, शोक न करें, क्योंकि इससे असाता वेदनीयकर्म का आस्रव होता है।
10. वैराग्य-वर्धक गीतों के माध्यम से वातावरण प्रशस्त बनाएँ।
11. तीसरे दिन, शुद्धि के पश्चात् शोक-सन्तप्त परिवार के यहाँ उनके साथ सामूहिक रूप से वैराग्य-वर्धक भावना आदि का पाठ करें।
12. शोक संवेदना देने वालों के साथ बैठकर रागादिक एवं पूर्व के स्मरणों का कथन न करें।

13. सद्य-विधवा प्रतिदिन देव-दर्शन एवं तेरहवें दिन पूजन, स्वाध्याय एवं आहारदान आदि कार्य करें।
14. शव-दाह में उपलों का उपयोग न करें।
15. शव को रात्रि में रखना पड़े तो उसका छेदन अवश्य करें।

शव-दाह-क्रिया की सामग्री–

लकड़ी, नारियल, विमान या अर्थी, कपड़ा, अग्नि, ज्वलनशील पदार्थ घृतादि, रस्सी, कुल्हाड़ी, कुदाल, फावड़ा, पानी आदि।

देशान्तर-मरण–अपने कुटुम्ब का कोई व्यक्ति देशान्तर को चला जाय और उसका कोई समाचार न आवे, तो ऐसी दशा में वह पूर्व-वय (तरुण अवस्था की पूर्व अवस्था) का हो तो अट्ठाईस वर्ष तक, मध्यम-वय का हो तो पंद्रह वर्ष तक और अपूर्व-वय (मध्यम वय के बाद की अवस्था) का हो तो बारह वर्ष तक उसके आने की राह देखी जाय। अनन्तर विधि-पूर्वक उसकी प्रेत (शव) क्रिया करनी चाहिए। उसका छह वर्ष तक अपनी शक्ति के अनुसार प्रायश्चित ग्रहण करना चाहिए, और यदि प्रेत कार्य करने पर वह आ जाय तो उसका सर्वौषधि रस और घृत से अभिषेक करें, उसके सब जातकर्म संस्कार करें, नवीन यज्ञोपवीत संस्कार करें और यदि उसका पहले विवाह हुआ हो और वह पूर्व पत्नी जीती है, तो उसी के साथ पुन: विवाह किया जाए।

रजस्वला-मरण–रजस्वला-स्त्री मर जाय तो उसे स्नान कराकर एवं दूसरे वस्त्र पहनाकर विधिपूर्वक उसका दहन करें।

गर्भिणी-मरण–गर्भवती स्त्री गर्भ के छह महीनों के पहले मर जाय तो उसका गर्भ सहित ही दहन करें, गर्भच्छेद न करें। यदि गर्भ छह महीनों से ऊपर का हो तो, उस मृत-गर्भिणी को श्मशान में ले जाएँ, वहाँ उसका पति, पुत्र, पिता या बड़ा भाई इनमें से कोई उसके नाभि से नीचे के बायें-भाग की तरफ से उदर चीरकर बच्चे को बाहर निकालें। बालक का जल से अभिषेचन करें। यदि बालक जीता हो तो उसे पालन-पोषण के लिए दे देवें। उदर के छेद में घृत भरकर दाह क्रिया करें।

दुर्मरण–बिजली, जल, अग्नि, चाण्डाल, सर्प, पक्षी, वृक्ष, व्याघ्र तथा अन्य पशु इत्यादि के द्वारा पापियों का मरण होता है।

जो विष, शस्त्र, अग्नि आदि के द्वारा आत्मघात कर स्वेच्छा मरण को प्राप्त होता है वह सीधा नरक जाता है। ऐसे मनुष्य का देश और काल के भय से दाह संस्कार नहीं कर सकते हों, तो राजा आदि की आज्ञा लेकर उसकी दाह-क्रिया करनी चाहिए। छह माह बाद शान्तिविधान करके उसका विधि-पूर्वक उपवास आदि प्रायश्चित ग्रहण करें। यदि वह अपनी अनिच्छा से विषादि द्वारा मरण को प्राप्त हुआ हो तो उसका दाह-संस्कार तत्काल करें। उसके इस अनिच्छा मरण का प्रायश्चित

नहीं भी लें। शस्त्र आदि का प्रहार होने पर सात दिन के पहले यदि उसका मरण हो जाय तो वह दुर्मरण है, ऐसा पूर्वाचार्य कहते हैं।

शव-यात्रा–मरण के बाद शीघ्रतापूर्वक शव का दाह संस्कार करना चाहिए। यदि मरण शाम को या रात्रि में होता है तो गोधूलि वेला के बाद शवदाह न करें। रात्रि में शव की छेदन क्रिया करें, जगह-जगह कपूर रखें। इससे जीवों से शव की सुरक्षा होती है। शव को ढक दें एवं रात्रि में दृढ़ एवं स्थिर चित्त वाले साहसी व्यक्ति जागरण करें। परिजनों को सान्त्वना दें, संसार, शरीर और भोगों की नश्वरता का स्वरूप समझकर शोक कम करें। रोने से अशुभ कर्मास्रव होता है। प्रातः काल शवदाह क्रिया करें।

एक अच्छा विमान (ठठरी) बनाकर उसमें शव को मजबूती के साथ सुलावें। उसके मुख आदि सब अंग को वस्त्र से ढाकें। ऊपर पुष्पमालाएँ लपेटें। चार व्यक्ति उस विमान को धीरे से उठकार कन्धे पर रखकर ले जावें, शव का मस्तक ग्राम की तरफ रखें। एक मनुष्य उखानल लेकर (हाँडी में अग्नि रखकर) चले। कुटुम्बीजन विमान के आगे चलें। अन्य सब लोग विमान के पीछे-पीछे गमन करें।

दाह-विधि–

शवदाह के लिए चार प्रकार की अग्नियों का उल्लेख है–

1. लौकिक-अग्नि 2. औपासन-अग्नि
3. सन्तापाग्नि 4. अन्वग्नि

लौकिक-अग्नि–घर में भोजन बनाने के लिए जो चूल्हे की अग्नि होती है,उसे लौकिक-अग्नि कहते हैं। इससे सर्व साधारण के शव का दाह किया जाता है।

औपासन-अग्नि–कुंड में अथवा मिट्टी चौकोन चबूतरे पर लौकिक-अग्नि को स्थापन करें, उसमें शास्त्रों में बताये हुए द्रव्यों (धूप आदि) का

ॐ ह्रां ह्रीं ह्रूं ह्रौं ह्रः सर्वशान्तिं कुरु-कुरु स्वाहा।

इस मन्त्र से हवन करें।

ऐसा करने से लौकिक अग्नि औपासन-अग्नि हो जाती है।

विशेष बुद्धिमान पुरुषों के शव संस्कार के लिए औपासन-अग्नि काम में लाना चाहिए।

सन्तापाग्नि–लौकिक-अग्नि को पाँच बार दर्भ डाल-डालकर सन्तापित करें, अनन्तर उसे लकड़ियों में लगाकर प्रज्वलित करें, इसे सन्तापाग्नि कहते हैं। इसमें कन्या और विधवा के शव का दाह किया जाता है।

अन्वग्नि–चूल्हे की अग्नि को मिट्टी की हाँडी या अन्य किसी बर्तन में

रखकर उसके ऊपर ईंधन (नारियल, गोला आदि) जलाना सो अन्वग्नि है। इसमें सभी स्त्रियों के शव का दाह किया जाता है।

ॐ ह्रीं ह्रः काष्ठसञ्चयं करोमि स्वाहा।

इस मन्त्र को पढ़कर चिन्ता बनावें।

ॐ ह्रीं ह्रौं झ्रौं अ सि आ उ सा काष्ठे शवं स्थापयामि स्वाहा।

इस मन्त्र को पढ़कर शव को चिता पर स्थापित करें।

अनन्तर उखाग्नि को प्रज्वलित करें, उसमें एक बार घृत की आहुति दें और चारों तरफ जल सिञ्चन करें। पश्चात् उस अग्नि को उठाकर परिस्तर पर क्षेपण करे, उसके ऊपर लकड़ियाँ रखें, अनन्तर चिता के चारों ओर अग्नि प्रज्वलित कर उस शव को दग्ध करें।

ॐ ॐ ॐ ॐ रं रं रं रं अग्निसन्धुक्षणं करोमि स्वाहा।

इस मन्त्र का उच्चारण कर अग्नि जलावें, घृत आदि की आहुति दें, चिता में अग्नि लगावें।

(अनेनाग्निं सन्धुक्ष्य सर्पिरादिना प्रसिञ्च्य प्रज्वाल्य जलाशयं गत्वा स्नानं कुर्यात्।)

अनन्तर जलाशय पर जाकर स्नान करें।

सब जातीय बान्धवों के साथ-साथ जलाशय के समीप जावें। परन्तु उनमें से विमान उठाने वाले और संस्कार कर्ता उस चिता की प्रदक्षिणा देकर जावें।

शव-गाड़ने की विधि–नामकरण से पहले मरे हुए बालक का शरीर-संस्कार खनन अर्थात् जमीन में गाड़ना चाहिए। नामकरण के बाद और अशन-क्रिया से पहले मरे हुए का खनन अथवा दहन करें।

दाँत उग आने के बाद बालक मरण को प्राप्त हो तो उसका दहन संस्कार करें। अथवा नामकरण और उपनयन से पहले मरे हुए बालक का संस्कार खनन और दहन इन दोनों में से कोई एक करें।

यद्यपि विकल्प में यह बात कही गई है, तो भी इसका निर्वाह इस तरह करना चाहिए कि तीसरे वर्ष जो चूलाकर्म होता है उससे पहले और नामकरण के बाद अर्थात् कुछ कम दो वर्ष तक तो जमीन में ही गाड़ें, पश्चात् तीन वर्ष पूर्ण न हों तब तक जमीन में गाड़ें या जलावें-दोनों में से एक करें। तीन वर्ष के बाद जमीन में न गाड़ें किन्तु जलावें।

दुष्ट-तिथि मरण प्रायश्चित–दुष्ट-तिथि, वार, नक्षत्र और योग में यदि किसी का मरण हो या मृतके को मरण के उपरान्त बहुत देर बाद जलाने के लिए ले जाय, तो उस दोष के परिहार के लिए कर्ता हाथ जोड़ प्रदक्षिणा देकर विद्वानों से प्रार्थना करे और प्रायश्चित लें। यथाशक्ति जिन-भगवान और महायन्त्र की पूजा करें,

शान्तिविधान और होम करें, महामन्त्र का जाप्य दें। सौ, पचास अथवा पच्चीस धर्मात्माओं को आहार दें। नौ, सात या पाँच तीर्थों की वन्दना करें। यह दुष्ट तिथि आदि में मरने का प्रायश्चित है।

मृत-क्रिया करने वाला मरण दिन से लेकर शुद्धि दिन पर्यन्त देवपूजा आदि गृहस्थ के षट्कर्म न करें, धार्मिक ग्रन्थों का अध्ययन-अध्यापन न करें, तांबूल (पान) न खाएँ, तिलक न करें, पलंग पर न सोयें, सभा-गोष्ठी में न बैठें, क्षौर-कर्म न करावें, एक बार भोजन करें, दूध-घी न खाएँ, अन्य देश-ग्राम को न जाएँ, सामूहिक भोजन न करें, स्त्री सेवन न करें, तैल की मालिश कर स्नान न करें, मिष्टान्न भक्षण न करें, पाँसे आदि से न खेलें, चौपड़ शतरंज आदि न खेलें और सिर पर पगड़ी साफा व टोपी वगैरह न लगाएँ। यह सब प्रेत (शव) दीक्षा है।

जब तक बारहवें दिन की शेष-क्रिया न कर लें, तब तक दाह-कर्ता उक्त व्रतों का पालन करे तथा अन्य कुटुम्बीजन दशवें दिन तक इन व्रतों को पालें।

मृतक-क्रिया का कर्ता–मृतक-क्रिया का कर्ता सबसे पहले पुत्र है। पुत्र के अभाव में पोता, पोते के अभाव में भाई, भाई के अभाव में उसके लड़के, उनके भी अभाव में सपिण्डों (जिनको दश दिन तक का सूतक लगता है ऐसे चौथी पीढ़ी तक के सगोत्री बान्धवों) की सन्तान है। इन सभी का अभाव हो तो पति-पत्नी परस्पर एक-दूसरे के संस्कारकर्ता हो सकते हैं। इनका भी अभाव हो अर्थात् पुरुष के पत्नी न हो और स्त्री के पति न हो तो उनकी जाति का कोई एक पुरुष हो सकता है। जिसका उपनयन संस्कार नहीं हुआ हो, वह भी कथचित् कर्ता हो सकता है, परंतु सजाति होना चाहिए। आचार्य मन्त्रोच्चारण अंत में सिर्फ 'स्वाहा' शब्द का प्रयोग करें, मन्त्रोच्चारण न करें।

अस्थि-सञ्चय–मंगलवार, शनिवार, शुक्रवार और रविवार को अस्थि-सञ्चय न करें, किन्तु सोमवार, बुधवार और बृहस्पतिवार को करें। उन अस्थियों को लाकर पर्वत आदि की शिला के नीचे या जमीन में पुरुष प्रमाण पाँच हाथ या साढ़े तीन हाथ गहरा गड्ढा खोदकर उसमें रखें।

श्मशान-क्रिया के बाद–श्मशान से लौटने के बाद गृहस्थ सम्पूर्ण स्नान करें, वस्त्र धोएँ। यदि जनेऊ (यज्ञोपवीत) पहनकर गये हों, तो उसे उतार दें, एवं स्नान कर नया धारण करें। पश्चात् मन्दिर दर्शन करने जाएँ, किन्तु वहाँ किसी वस्तु का स्पर्श न करें। मृतक के परिवारजनों को शोक-सभा आदि का आयोजन कर सान्त्वना दें। बारह दिन का सूतक समाप्त होने के बाद मृतक के परिजन शवदाह आदि दोष के प्रायश्चित रूप में शान्ति-विधान करें। मिथ्यात्व पोषक क्रियाएँ न करें।

शान्ति-विधान मृत आत्मा की शान्ति हेतु नहीं अपितु शव-दाह आदि क्रियाओं

से जो हिंसादि दोष लगे, शोक किया, एवं पूजन आदि षट्कर्म नहीं किए उसके प्राश्चित स्वरूप किया जाता है।

वैधव्य-दीक्षा–पति का परलोकवास हो जाने पर उसकी स्त्री बारहवें दिन जलाशय पर स्नानकर पाँच स्त्रियों को उपायन-भेंट दे। उत्तम भोजन, फल, गन्ध, वस्त्र, पुष्प, नकद रुपया-पैसा, वगैरह देना उपायन है। इसके अनन्तर यदि वह विधवा-स्त्री जिन-दीक्षा-आर्यिका या क्षुल्लिका के व्रत ग्रहण करे तो सबसे उत्तम है, अथवा वैधव्य-दीक्षा ग्रहण करें।

वैधव्य अवस्था के कर्त्तव्य–वैधव्य-दीक्षा में वह स्त्री देशव्रत ग्रहण करे, गले में पहनने के मंगल-सूत्र का त्याग करें, कानों में कोई आभूषण न पहने, बाकी के अन्य गहने भी न पहनें, शरीर पर पहननें और ओढ़नें के दो वस्त्र रखें, पलंग पर न सोएँ, आँखों में काजल न लगावें, हल्दी वगैरह का उबटनकर स्नान न करें, शोकपूर्ण रुदन न करें, विकथाओं का त्याग करें, सुबह, दोपहर और शाम को स्तोत्रों का पाठ करें, जाप दें, शास्त्र सुनें, उनका चिंतन करें, बारह भावना एवं आत्म-भावना भाएँ, यथाशक्ति पात्रदान दें, लोलुपता रहित एक बार भोजन करें, तांबूल-पान न खाएँ।

पति के देहावसान के बाद स्नान कर परिवार की स्त्रियों के साथ जिनमन्दिर में दर्शनकर बारह भावनाओं का चिन्तन करके मन को शोक रहित कर स्थिर भाव से जिनभक्ति करें। बारहवें दिन बाद नियम से जिनपूजन स्वाध्याय आदि कर संसार, शरीर और भोगों से उदासीन रह कर संयमी जीवन व्यतीत करें एवं सन्तुलित और सात्त्विक भोजन करें।

सूतक-पातक विचार

सूतक : जन्म के समय परिजनों को लगने वाला अशौच सूतक कहलाता है।
पातक : मृत्यु के समय परिजनों को लगने वाला अशौच पातक कहलाता है।

पीढ़ी कैसे गिनें–पहली पीढ़ी दादा जी की दूसरी पीढ़ी पिताजी की तथा तीसरी पीढ़ी स्वयं की कहलाती है। वे जीवित हों या न हों। यदि एक ही दादा जी के पुत्र एवं पौत्र की पीढ़ी में सूतक पातक हो, तो उन्हीं से पीढ़ी ली जावेगी। यदि दादा जी के चचेरे भाइयों की पीढ़ी में सूतक पातक होता है तो दादा जी के पिता जी से पीढ़ी ली जावेगी। यदि परिवार में किसी का जन्म हुआ हो तो पीढ़ी नीचे से गिनी जाती है, और यदि किसी का मरण हुआ है तो, पीढ़ी का गिनना ऊपर से होता है।

सूतक-पातक-विधि–सूतक-पातक में देव, शास्त्र, गुरु का स्पर्श अभिषेक,

द्रव्य पूजा, आरती,गन्धोदक का पात्र छूना, पूजन के बर्तन, साधुओं की वैयावृत्ति, आहार-दान एवं गर्भ-गृह में प्रवेश वर्जित है। देवदर्शन, भावपूजा साधुओं के दर्शन सन्त निवास एवं कमरे में करने में कोई बाधा नहीं है। मन्दिर की चटाई, दरी पर नहीं बैठ सकते, लेकिन शास्त्र-सभा में बैठकर स्वाध्याय सुन सकते हैं। धार्मिक ग्रन्थ पुस्तक नहीं छू सकते किन्तु अन्य पूजा करने वालों के साथ खड़े होकर या बैठकर पूजा का वाचन कर सकते हैं। अन्य व्यक्ति से गन्धोदक लेकर लगा सकते हैं।

गर्भवती-महिला–गर्भवती-महिला को पाँच माह के बाद उठने-बैठने में परेशानी होने के कारण आहार दान एवं बड़े अनुष्ठान, विधान आदि नहीं करना चाहिए। द्रव्य पूजा एवं स्वाध्याय नवमें माह तक कर सकती है।

हत्या या आत्म-हत्या का पातक–यदि कोई व्यक्ति किसी को मार डालता है। दहेज आदि न लाने पर पुत्रवधू को जला कर मारता है। यदि कोई व्यक्ति शेयर आदि में घाटा होने, परीक्षा में फेल होने या व्यापार में नुकसान होने पर अपना मरण कर लेता है, तो उसके परिवार को और उसी रसोई में भोजन करने वाले उसके भाई आदि के परिवार को 6माह का पातक लगेगा। यदि भाई आदि अन्य मकान में रहते हैं, अलग व्यापार हैं, तो उनको 12 दिन का पातक लगेगा।

तीन-पीढ़ी तक : जन्म का सूतक 10 दिन एवं मरण का पातक 12 दिन।
चार- पीढ़ी तक : जन्म का सूतक 10 दिन एवं मरण का पातक 10 दिन।
पाँच-पीढ़ी तक : जन्म का सूतक 6 दिन एवं मरण का पातक 6 दिन।
छह-पीढ़ी तक : जन्म का सूतक 4 दिन एवं मरण का पातक 4 दिन।
सात-पीढ़ी तक : जन्म का सूतक 3 दिन एवं मरण का पातक 3 दिन।
आठ-पीढ़ी तक : जन्म का सूतक 1 दिन एवं मरण का पातक 1 दिन।
नौ-पीढ़ी तक : जन्म का सूतक 6 घण्टा एवं मरण का पातक 6घण्टा।
दस-पीढ़ी तक : जन्म का सूतक स्नान तक एवं मरण का पातक स्नान तक।

दाँत उगे बालक एवं जन्मा हुआ बालक 10 दिन के भीतर मरण को प्राप्त हो तो उन्हीं 10 दिन का पातक लगेगा।

तीन वर्ष के बालक का मरण होने पर : 3 पीढ़ी तक 12 दिन एवं 4 पीढ़ी से 10 पीढ़ी तक 1 दिन।

पुत्री एवं रिश्तेदार निज-घर में : जन्म का सूतक 3 दिन एवं मरण का पातक 3 दिन तक। गृह निवास से बाहर जन्म मरण हो तो सूतक पातक नहीं लगेगा।

अन्य व्यक्ति ,दासी-दास एवं पालतू जानवर निज घर में : जन्म का सूतक 1 दिन एवं मरण का पातक 1 दिन तक। गृह से बाहर बगीचे, खेत आदि में जन्म मरण हो तो सूतक पातक नहीं लगेगा।

गृहत्यागी, संन्यासी, संग्राम में : जन्म का सूतक 1 दिन एवं मरण का पातक 1 दिन तक। गृह का त्याग कर समाधि पूर्वक मरण हो, तो परिवार को 1 दिन।

गोत्री अन्य स्थान विदेश आदि में : सूचना मिलने के बाद शेष दिनों का तक। बटबारा, वैमनस्यता होने पर भी सूतक पातक लगेगा।

गर्भस्त्राव होने पर, 3 माह से 4 माह तक : जितने माह का गर्भ हो माता को उतने दिन तक। परिवारजनों को सूतक नहीं लगेगा।

गर्भपात होने पर, 5 माह से 6 माह तक : जितने माह का हो माता को उतने दिन तक। परिवारजनों को 1 दिन का सूतक लगेगा।

मरा हुआ जन्म होने पर : माता को 45 दिन तक। परिवार जनों को 10 दिन।

जीवित उत्पन्न हो, नाल छेदन के पश्चात मृत्यु हो : माता को 45 दिन तक। परिवार जनों को 10 दिन।

आठ वर्ष तक के बालक का मरण हो : तीन पीढ़ी तक 10 दिन का अन्य पीढ़ी को उपर्युक्त ानुसार। आठ वर्ष के बाद पूरा सूतक पातक लगता है।

आत्म-हत्या एवं गर्भपात कराने पर : छह माह तक। प्रायश्चित के पश्चात् ही शुद्ध होंगे। जितनी पीढ़ी का भोजन एक जगह एक साथ होता है, उन्हें 6 माह का पातक लगेगा।

चतुर्थ-खण्ड

गृह एवं प्रतिष्ठान-शुद्धि

गृहारंभ

गृह गृहस्थ जीवन की मुख्य आवश्यकताओं का प्रमुख अंग है। गृह की अनुकूलता-प्रतिकूलता, व्यक्ति के जीवन के उत्थान पतन का कारण होता है, अतः विधिपूर्वक, वास्तु संहिताओं के अनुरूप गृहारम्भ करना चाहिए, जिससे उसका जीवन श्रेष्ठ बन सके।

मन्त्र जाप आदि संस्कार-पूर्वक किया गया गृहारम्भ, उसमें निवास करने वालों को हमेशा सकारात्मक ऊर्जा देता रहता है। जिससे वह जीवन भर शुभ-भावों एवं धार्मिक वातावरण में प्रसन्नता पूर्वक रहता है।

गृहारम्भ की सावधानियाँ–

1. गृहारम्भ सम भूमि में करें।
2. गृहारम्भ के पूर्व भूमि-परीक्षा अवश्य करें।
3. अशुभ भूमि में गृह-निर्माण न करें।
4. गृहारम्भ शुभ मुहूर्त में ही करें।
5. गृहारम्भ योग्य गृहस्थाचार्य के निर्देशन में करें।

गृहारम्भ-विधि की सामग्री–

थाली 2, कलश 2, चम्मच 2, कटोरी 2, प्लेट 1, ठोना 1, आरती 1, धूपदान 1, घी, केशर, जल, चावल, चटक गोला, धूप, बादाम, लौंग, रुई, माचिस, चौका, चौकी, आसन चटाई, मन्त्र लिखा हुआ, विनायक या सिद्धयन्त्र, सिंहासन, छत्र, दीपक छोटे-बड़े ,कलावा, यज्ञोपवीत (जनेऊ) मंगल कलश (श्रीफल,पीला कपड़ा, हल्दीगाँठ, सुपाड़ी, पीलीसरसों, रजतस्वस्तिक, पञ्चरत्न, चाँदी का सिक्का सहित) कुंड, रंगोली, वन्दनवार आदि।

गृहारम्भ-मुहूर्त :

माह–श्रावण, कार्तिक, मार्गशीर्ष, माघ, फाल्गुन, वैशाख,

नक्षत्र–रेवती, चित्रा, अनुराधा तीनों उत्तरा, रोहिणी, मृगशिरा, पुष्य, धनिष्ठा, शतभिषा, हस्त, स्वाती मतान्तर से अश्विनी, पुनर्वसु, मूल, श्रवण।

वार–सोम, बुध, गुरु, शुक्र, शनिवार।

तिथि–1, 2, 3, 5, 7, 10, 11, 12, 13, 15।

लग्न शुद्धि–चरलग्न को छोड़कर 2, 3, 5, 6, 8, 9, 11, 12 लग्नों में, 8, 12 भाव खाली शुभ हैं। चन्द्रमा बलवान हो, गुरु, शुक्र बाल, वृद्ध, तथा अस्त न हों।

वत्सचक्र–सूर्य नक्षत्र से 7 नक्षत्र अशुभ, 11 नक्षत्र शुभ, 10 नक्षत्र अशुभ हैं।

राहु चक्र शुद्धि–सिंह, कन्या, तुला के सूर्य में राहु मुख ईशान में होता है। प्रथम खात आग्नेय में करें। वृश्चिक, धनु, मकर के सूर्य में राहु मुख वायव्य में होता है। प्रथम खात ईशान में करें। कुंभ, मीन, मेष के सूर्य में राहु मुख नैऋत्य में होता है। प्रथम खात वायव्य में करें। वृष, मिथुन के सूर्य में राहु मुख आग्नेय में होता है। प्रथम खात नैऋत्य में करें।

नींव अधोमुख नक्षत्र में खोदें।

अधोमुख नक्षत्र–मूल, अश्लेषा, विशाखा, कृत्तिका, तीनों पूर्वा, भरणी, और मघा।

मुर्हूतानुसार जिस दिशा में खात करना हो, उस कोने पर सीमा के भीतर दो हाथ लम्बी चौड़ी भूमि साफ कर कुंकुम, हल्दी से रेखा खींचें। उसके चारों कोनों में चार खूंटी गाड़ देवें। वहाँ चार दीपक रखकर चारों ओर कलावा को तीन बार लपेटें। उसके भीतर एक हाथ लम्बी-चौड़ी भूमि मापकर कुंकुम, हल्दी से बीच में स्वस्तिक बनावें।

मंगलाचरण, जलशुद्धि, अमृतस्नान, पात्रशुद्धि, नवतिलक, भूमिशुद्धि, रक्षासूत्रबन्धन, दिग्बन्धन, रक्षामन्त्र, शान्तिमन्त्राराधन, जिनाभिषेक, शान्तिधारा, मंगलकलश स्थापन, दीपक स्थापन, दैनिक पूजन, विनायकयन्त्र पूजा, करें। शान्तिमन्त्र एवं भूमिजागरणमन्त्र का अनुष्ठान पूर्वक जाप करें। अन्त में हवन करें।

ॐ ह्रीं अर्हं अ सि आ उ सा नमः सर्व शान्तिं कुरु-कुरु स्वाहा।

शान्ति-मन्त्र का जाप करें।

ॐ ह्रां ह्रीं ह्रूं ह्रौं ह्रः गृहक्षेत्रे धरित्रीं जागृतावस्थायां कुरु-कुरु स्वाहा।

भूमि-जागरण-मन्त्र का जाप करें।

ॐ ह्रां ह्रीं ह्रूं ह्रौं ह्रः पंचपरमेष्ठिभ्यः क्ष्वीं भूः अमृतजलेन खन्त्रीं-शुद्धिं करोमि।

कुदाली फावड़ा आदि की जल मन्त्रित कर शुद्धि करें।

ॐ क्षां क्षीं क्षूं क्षौं क्षः खन्त्रीचन्दनलेपनं करोमि।

कुदाली फावड़ा पर चन्दन लगावें।

ॐ ह्रीं श्रीं क्षीं भू रक्ष रक्ष फट् स्वाहा।

कुदाली फावड़ा पर मंगल सूत्र बाँधें।

कारीगर मजदूर को वस्त्र एवं राशि देकर प्रसन्न करें।

यस्यार्थं क्रियते कर्म सः प्रीतो नित्यमस्तु मे।
शान्तिकं पौष्टिकं चैव सर्वकार्येषु सिद्धिदः।
घण्टाटंकार-वीणा-क्वणित-मुरज-धां धां
क्रियाकाहलाच्छें-च्छेंकारोदार-भेरी-
पटह-धल-धलंकार-सम्भृत-घोषे॥
आक्रम्याश्शेष-काष्ठा-तट-मथ झटिति प्रोच्चटत्युद्भटेऽभ्रम्
शिष्टाभीष्टार्हदिष्टिप्रमुख इह लतान्तांजलिं प्रोत्क्षिपामः॥

ॐ ह्रीं सर्वकार्य-सिद्धयर्थं वाद्यघोष-पूर्वकं पुष्पाञ्जलिं क्षिपेत्।

पुष्पाञ्जलि क्षेपण करें।

ॐ ह्रीं परमब्रह्मणे नमो नमः स्वस्ति स्वस्ति जीव-जीव नन्द-नन्द वर्धस्व-वर्धस्व विजयस्व-विजयस्व अनुसाधि-अनुसाधि पुनीहि-पुनीहि पुण्याहं-पुण्याहं मागल्यं-मागल्यं पुष्पाञ्जलिं क्षिपेत्।

भूमि पर पुष्प क्षेपण करें।

अहो धरामिह ये सुराश्च क्षमन्तु यज्ञाधिकृतिं ददन्तु।
प्रीतिः पुराणा बहुवासयोगात् क्षितावतोऽस्मद्विनिवेदनं वः॥

अस्मिन् यज्ञस्थाने स्थिताः भो देवगणाः आज्ञा प्रदानं कुर्युः।

पुष्प क्षेपण कर स्थान हेतु क्षेत्र रक्षक देवों से आज्ञा माँगे एवं श्रीफल भेंट कर आमन्त्रित करें।

तीर्थंकराणां प्रविहारकाले सेवा कृता यै र्विबुधैः प्रणुत्या।
भक्त्या सदागत्य हि यागभूमेः कुर्वन्तु शुद्धिं पवनाख्य देवाः॥

भो वायुकुमार! सर्वविघ्नविनाशनाय महीपूतां कुरु-कुरु ह्रूं फट् स्वाहा।

स्वच्छ वस्त्र से स्थल मार्जन करें।

तीर्थंकराणां प्रविहारकाले सेवा कृता यै र्विबुधैः प्रणुत्या।
भक्त्या सदागत्य हि यागभूमेः कुर्वन्तु शुद्धिं वरमेघदेवाः॥

भो मेघकुमार! सर्वविघ्नविनाशनाय धरां प्रक्षालय प्रक्षालय अं हं सं वं झं ठं यः क्षः फट् स्वाहा ।

भूमि पर जल सिञ्चन करें।

तीर्थंकराणां प्रविहारकाले सेवा कृता यै र्विबुधैः प्रणुत्या।

भक्त्या सदागत्य हि यागभूमेः कुर्वन्तु शुद्धिं ज्वलनाख्यदेवाः।

भो अग्निकुमारदेव! सर्वविघ्नविनाशनाय धरां ज्वालय ज्वालय अं हं सं वं झं ठं यः क्षः फट् स्वाहा।

कपूर जला कर भूमि पर डालें।

वास्तु-शान्ति-विधि

णमो अरहंताणं, णमो सिद्धाणं, णमो आइरियाणं,
णमो उवज्झायाणं, णमो लोए सव्वसाहूणं।

ॐ ह्रीं अक्षीणमहानसर्द्धिभ्यो नमः स्वाहा।

ॐ ह्रीं अक्षीणमहालयर्द्धिभ्यो नमः स्वाहा।

ॐ ह्रीं दशदिशातः आगतविघ्नान् निवारय निवारय सर्वं रक्ष रक्ष हूं फट् स्वाहा।

ॐ ह्रीं दुर्मुहूर्त-दुःशकुनादिकृतोपद्रवशान्तिं कुरु-कुरु स्वाहा।

ॐ ह्रीं परकृत मन्त्र तन्त्र-डाकिनी-शाकिनी-भूतपिशाचादि कृतोपद्रव-शान्तिं कुरु-कुरु स्वाहा ।

ॐ ह्रीं वास्तुदेवेभ्यः स्वाहा।

ॐ ह्रीं सर्वविघ्नोपशान्तिं कुरु-कुरु स्वाहा।

ॐ ह्रीं सर्वाधिव्याधिशान्तिं कुरु-कुरु स्वाहा।

ॐ ह्रीं सर्वत्रक्षेमं आरोग्यतां विस्तारय विस्तारय सर्वं हृष्टं पुष्टं प्रसन्नचित्तं कुरुकुरु स्वाहा।

ॐ ह्रीं यजमानादीनां सर्वसंघस्य शान्तिं तुष्टिं पुष्टिं ऋद्धिं वृद्धिं समृद्धिं अक्षीणर्द्धिं पुत्र-पौत्रादिवृद्धिं आयुर्वृद्धिं धनधान्यसमृद्धिं धर्म-वृद्धिं कुरु-कुरु स्वाहा।

ॐ क्षां क्षीं क्षूं क्षें क्षैं क्षों क्षौं क्षं क्षः नमोऽर्हते सर्वं रक्ष रक्ष हूं फट् स्वाहा।

ॐ ह्रीं भूर्भुवः स्वः नमः स्वाहा।

ॐ ह्रीं क्रौं आं अनुत्पन्नानां द्रव्याणामुत्पादकाय उत्पन्नानां द्रव्याणां वृद्धिकराय चिन्तामणिपार्श्वनाथाय वसुदाय नमः स्वाहा।

प्रत्येक मन्त्र के बाद भूमि पर पुष्प पीली सरसों क्षेपण करें।

जिस कोण में कार्य करना हो वहाँ नौ बार णमोकार मन्त्र पढ़कर पूर्व या उत्तर दिशा में मुँह करके

ॐ ह्रीं क्षूं फट् स्वाहा

मन्त्रोच्चारण करते हुए गेंती फावड़ा आदि से कार्य आरम्भ करें।

शिलान्यास

गृहारम्भ के बाद नींव में शिला स्थापित करना शिलान्यास है। इसे विधि विधान पूर्वक करना चाहिए, क्योंकि भवन निर्माण में नींव का बहुत महत्त्व होता है। शुभ मुहूर्त में रखी गयी नींव जहाँ भवन को सुदृढ़ बनाकर शीघ्र निर्माण की पूर्णता करती है, वहीं उसमें रहने वालों को सकारात्मक ऊर्जा प्रदान कर उनके मन को प्रशस्त रखती है।

मन्त्रोच्चारण पूर्वक रखी गयी शिला मन्त्रित होकर जो भवन बनाती है, उसमें रहने वाले शुभ परिणामों से सुख-पूर्वक जीवन-यापन करते हैं। उनके भाव सदैव वात्सल्य, दया, स्नेह एवं धर्ममय होते हैं, जो व्यक्ति की प्रगति के कारण बनते हैं।

शिलान्यास की सावधानियाँ

1. भवन-निर्माण वास्तुशास्त्रानुकूल हो।
2. भवन-निर्माण करने वाले शाकाहारी हों।
3. भवन-निर्माण में दूसरे मकान की सामग्री का उपयोग न करें।
4. शिलान्यास शुभ मुहूर्त में ही करें। वृष वास्तुचक्र अवश्य देखें।
5. गृह के शिलान्यास में यन्त्र एवं बीजाक्षर वाली शिलाएँ न रखें।
6. जिसके नाम से मुहूर्त निकाला हो उससे ही सभी क्रियाएँ कराएँ।
7. शिलाएँ शुद्धि पूर्वक तैयार की गयी हों।
8. शिलान्यास के बाद गड्ढा पूरा भर दें।
9. शिलान्यास पिलर या बीम के नीचे करें।
10. शिलान्यास गृहस्थाचार्य के निर्देशानुसार ही करें।

शिलान्यास की सामग्री–

थाली 2, कलश 2, चम्मच 2, कटोरी 2, प्लेट 1, ठोना 1, आरती 1, धूपदान 1, घी, केशर, जल, चावल, चटक गोला, धूप, बादाम, लौंग, रुई, माचिस, चौका, चौकी, आसन चटाई, मन्त्र लिखा हुआ, विनायक या सिद्धयन्त्र, सिंहासन, छत्र, दीपक छोटे-बड़े ,कलावा, यज्ञोपवीत (जनेऊ) मंगल कलश (श्रीफल,पीला कपड़ा,

हल्दीगाँठ, सुपाड़ी, पीलीसरसों, रजतस्वस्तिक, पञ्चरत्न, चाँदी का सिक्का सहित) कुंड, रंगोली, शिलाएँ, गेंती, फावड़ा, करणी, सीमेंन्ट, रेत, मजदूर आदि।

शिलान्यास मुहूर्त :

माह–श्रावण, मार्गशीर्ष, माघ, फाल्गुन, वैशाख, ज्येष्ठ मतान्तर से पौष।

नक्षत्र–रेवती, चित्रा, अनुराधा उत्तराषाढ़ा, उत्तराभाद्रपद, उत्तराफाल्गुनी, रोहिणी, मृगशिरा, पुष्य, धनिष्ठा, शतभिषा, हस्त, स्वाती।

वार–सोम, बुध, गुरु, शुक्र, शनिवार।

तिथि–2, 3, 5, 7, 10, 11, 13, 15।

लग्न शुद्धि–चरलग्न को छोड़कर 2, 3, 5, 6, 8, 9, 11, 12 लग्नों में, 8, 12 भाव खाली 1, 4, 5, 7, 9, 10 में शुभग्रह 3, 6, 11 में पापग्रह शुभ हैं।

वृषवास्तु चक्र–सूर्य नक्षत्र से कार्य नक्षत्र तक 3 नक्षत्र दाह, 4 नक्षत्र शून्य, 4 नक्षत्र स्थिरता, 3 नक्षत्र लक्ष्मी, 4 नक्षत्र लाभ, 3 नक्षत्र स्वामीनाश, 4 नक्षत्र दरिद्र, 3 नक्षत्र सर्वदा पीड़ा। शिलान्यास में वृषवास्तु चक्र शुद्धि अनिवार्य है।

शिलान्यास ऊर्ध्वमुख नक्षत्र में करें।

ऊर्ध्वमुख नक्षत्र–आर्द्रा, पुष्य, श्रवण, धनिष्ठा, शतभिषा।

मंगलाष्टक, दिग्बन्धन,आदि क्रियाओं पूर्वक यन्त्र अभिषेक पूजा के पश्चात् पिसी हल्दी से नन्द्यावर्त स्वस्तिक बनाएँ तथा रंगोली से साज सज्जा करके

ॐ ह्रां ह्रीं ह्रूं ह्रौं ह्रः पंचपरमेष्ठिभ्यः क्ष्रीं भूः खन्त्री शुद्धिं करोमि।

मन्त्र द्वारा स्वर्ण सौभाग्यवती महिलाओं से स्थल की प्रथम शुद्धि हरिद्रा चूर्ण एवं शुद्ध जल से कराकर कार्य आरम्भ करें। पाँच मार्बल की शिलाओं को जल से शुद्ध करें। उन पर स्वस्तिक बनाकर कलावा से वेष्टित करें। थाली में स्वस्तिक बनाकर उसमें पाँचों शिलाएँ रखें।

ॐ ह्रीं पञ्च परमेष्ठिभ्यः नमः।

यह मन्त्र 108 बार पढ़कर पुष्प क्षेपण कर मन्त्रित करें।

ॐ ह्रीं नीरजसे नमः। (जलं)
ॐ ह्रीं शीलगन्धाय नमः। (चन्दनं)
ॐ ह्रीं अक्षताय नमः। (अक्षतं)
ॐ ह्रीं विमलाय नमः । (पुष्पं)
ॐ ह्रीं परमसिद्धाय नमः। (नैवेद्यं)
ॐ ह्रीं ज्ञानोद्योताय नमः। (दीपं)
ॐ ह्रीं श्रुतधूपाय नमः। (धूपं)
ॐ ह्रीं अभीष्टफलदाय नमः। (फलं)

ॐ ह्रीं वसुकर्मरहिताय सिद्धपरमेष्ठिने नमः। (अर्घ्यं)

सिद्धभक्ति पढ़कर अष्टद्रव्य से गर्त शुद्धि करें।

स्वर्गापवर्ग-सुखमंगलता प्रदानमासन्न
भव्यसकला सुभृतां हि भूयात्।
मांगल्य-भूत शुभपूत सुभाग्यदं च,
सिद्धार्थपुञ्जमनघं विकरामि दिक्षु॥

ॐ ह्रीं आग्नेयादि कोणेषु सिद्धार्थान् स्थापनं करोमि।

आठों दिशाओं में पीलें सरसों क्षेपण करना।

भूकम्पकम्पादशनि-प्रपाताद्, दुष्टाक्षिदोषादवनिस्थ दोषात्।
माऽभूत् कदाचिच्च चिरं प्रहाणिः, प्रक्षेपयामि क्षिति मध्य बाणान्॥

गृहकोणेषु वाणस्थापनं करोमि ।

आग्नेयादि दिशा में 8 वाण (ताम्रशलाका) स्थापित करें।

ॐ ह्रीं श्रीं क्ष्वीं भूः रक्ष रक्ष स्वाहा।

कलावा से तीन घेरा लगा दें।

ॐ सर्वजनानन्दकारिणि सौभाग्यवति तिष्ठ-तिष्ठ स्वाहा।

आधार-शिला स्थापित करें।

ॐ ह्रीं नन्द्यावर्तस्वस्तिक-स्थापनं करोमि।

शिला के मध्य में स्वस्तिक स्थापित करें।

मध्ये कर्णिकमर्हदार्य मनघं बाह्येष्टपत्रोदरे,
सिद्धान् सूरिवरांश्च पाठक-गुरून् साधूंश्च दिक्पत्रगान्।
सद्धर्मागम-चैत्यचैत्यनिलयान् कोणस्थ-दिक्पत्रगान्,
भक्त्या सर्वसुरासुरेन्द्र-महितान् तानष्टधेष्ट्या यजे॥

ॐ ह्रीं अर्हदादि-नवदेवेभ्योऽर्घ्यं निर्वपामीति स्वाहा।

सबसे मध्य में पूर्व, दक्षिण, पश्चिम, तथा उत्तर दिशा में मध्य शिला से सटा कर पाँच शिलाएँ स्थापित करें।

ॐ ह्रां णमो अरहन्ताणं शिला स्थापनं करोमि।

ॐ ह्रीं णमो सिद्धाणं शिलास्थापनं करोमि ।

ॐ ह्रूं णमो आइरियाणं शिलास्थापनं करोमि ।

ॐ ह्रौं णमो उवज्झायाणं शिलास्थापनं करोमि।

ॐ ह्रः णमो लोए सव्व साहूणं शिलास्थापनं करोमि।

इन शिलाओं के ऊपर क्रमशः मंगल द्रव्य से परिपूर्ण कलश दीपक सहित स्थापित करें।

कलशों को जल से शुद्ध करके उन पर केशर से स्वस्तिक बनाएँ, मंगलसूत्र

बाँधें, हल्दी की गाँठें, सुपारी, पारद, पीली सरसों, चाँदी का स्वस्तिक, चाँदी के सिक्के कलश में डालें।

सिद्धार्थपूगफल-पारदपंचरत्नै-हारिद्रखंडविविधैः कलशं प्रपूर्य,
तस्योपरिज्वलितदीप-शिखां निधाय, संस्थापयामि तमहं क्षिति मूलभागे।

ॐ ह्रीं मंगलकलश-स्थापनं करोमि ।

एक कलश बीच में और चार कलश चारों दिशाओं में रखें। पश्चात् अनादि मन्त्र पढ़कर गर्त को पूरा भर दें और शान्तिहवन, पुण्याहवाचन, शान्त्यष्टक, शान्तिभक्ति, पाठ पढ़कर विसर्जन करें।

गृह-प्रवेश

नवनिर्मित गृह में निवास करने के लिए जाना गृह-प्रवेश है। गृह जहाँ श्रावक धर्म पालन का साधन है, वहीं मुनिधर्म पालन में भी सहायक होता है। श्रमण संस्कृति उन्नयन में गृह का भी महत्त्वपूर्ण स्थान है।

गृह-प्रवेश शुभमुहूर्त में करने से सात्त्विक विचार, साधु की आहार चर्या, व्रतों का पालन, सुसंस्कारों का उद्‌भव एवं परस्पर में वात्सल्य का प्रादुर्भाव होता है।

गृह-प्रवेश की सावधानियाँ–

1. गृह-प्रवेश शुक्लपक्ष के पूर्वाह्न में करें।
2. गृह-प्रवेश भवन निर्माण पूर्ण होने पर ही करें।
3. गृह-प्रवेश के पूर्व शौचालय का उपयोग न करें।
4. गृह-प्रवेश शुभ मुहूर्त में ही करें। कलशचक्र अवश्य देखें।
5. गृह-प्रवेश के पूर्व वहाँ कोई भी भोजन न करें।
6. जिसके नाम से मुहूर्त निकाला हो, उससे ही सभी क्रियाएँ कराएँ।
7. गृह-प्रवेश के समय भोजन में अभक्ष्य वस्तुओं का उपयोग न करें।
8. भोजन करा देने से गृहप्रवेश नहीं होता है। जाप-हवन जरूरी है।
9. गृह-प्रवेश में हिंसात्मक कार्यों एवं प्रदर्शन से बचें।
10. गृह-प्रवेश गृहस्थाचार्य के निर्देशानुसार ही करें।

गृहप्रवेश की सामग्री–

थाली 2, कलश 2, चम्मच 2, कटोरी 2, प्लेट 1, ठोना 1, आरती 1, धूपदान 1, घी, केशर, जल, चावल, चटक गोला, धूप, बादाम, लौंग, रुई, माचिस, चौका, चौकी, आसन चटाई, मन्त्र लिखा हुआ, विनायक या सिद्धयन्त्र, सिंहासन, छत्र, दीपक छोटे-बड़े,कलावा, यज्ञोपवीत (जनेऊ) मंगल कलश (श्रीफल,पीला कपड़ा, हल्दीगाँठ, सुपाड़ी, पीलीसरसों, रजतस्वस्तिक, पञ्चरत्न, चाँदी का सिक्का सहित) कुंड, रंगोली, वन्दनवार आदि।

गृहप्रवेश मुहूर्त–

माह–माघ, फाल्गुन, वैशाख, ज्येष्ठ।

नक्षत्र–रेवती, चित्रा, अनुराधा, तीनों उत्तरा, रोहिणी, मृगशिरा।

वार–सोम, बुध, गुरु, शुक्र, शनिवार।

तिथि–शुक्लपक्ष की 2, 3, 5, 6, 7, 10, 11, 12, 13।

लग्न शुद्धि–2, 5, 8, 11 उत्तम में 3, 6, 9, 12 मध्यम लग्न में तथा लग्न से 1, 2, 3, 5, 7, 9, 10 स्थानों में शुभग्रह हों, तथा 3, 6, 11 में पापग्रह हो, पर 4, 8 भाव खाली शुभ होते हैं।

कलश चक्र–सूर्य नक्षत्र से कार्य नक्षत्र 1 अग्निभय 2, 3, 4, 5, उजाड़, 6, 7, 8, 9, लाभ, 10, 11, 12, 13, धन, 14, 15, 16, 17, कलह, 18, 19, 20, 21,विनाश, 22, 23, 24, स्थिरता, 25, 26, 27, स्थिरता।

गृह के पूर्ण निर्मित होने पर उसे जल आदि से शुद्ध कर गृहस्थाचार्य के निर्देशन में कार्य प्रारंभ करें।

मंगलाचरण, जलशुद्धि, अमृतस्नान, पात्रशुद्धि, नवतिलक, भूमिशुद्धि, रक्षासूत्रबन्धन, दिग्बन्धन, रक्षामन्त्र, शान्ति मन्त्राराधन, जिनाभिषेक, शान्तिधारा, मंगलकलश स्थापन, दीपक स्थापन, दैनिक पूजन, यन्त्र के सामने पृथ्वी पर रोली हल्दी से स्वस्तिक बनाकर गाय के घी से 11 दीपक जलाएँ। विनायकयन्त्र पूजा, शान्तिमन्त्र का जाप करें।

ॐ ह्रीं अर्हं अ सि आ उ सा नमः सर्व शान्तिं कुरु-कुरु स्वाहा।

वास्तुशान्ति विधान, शान्तिविधान, हवन, पुण्याहवाचन करें।

ॐ ह्रीं क्ष्रूं फट् किरिटिं किरिटिं घातय घातय पर विघ्नान् स्फोटय स्फोटय सहस्त्र खंडान् कुरु-कुरु परमुद्रां छिन्द छिन्द परमन्त्रान् भिन्द भिन्द क्षः क्षः हूं फट् स्वाहा।

पुण्याहवाचन का जल पूरे गृह में रक्षामन्त्र बोलते हुए सिञ्चन करें। ध्यान रहे कि जल जमीन में न गिरे।

ॐ णमो अरहंताणं स्वस्ति भद्रं भवतु सर्वलोक शान्तिर्भवतु स्वाहा।

यह मन्त्र बोलकर गृह के नैऋत्य कोण पर ध्वज लगाएँ। गृहादि के प्रत्येक द्वार पर केशर से स्वस्तिक बनाएँ। गृहस्वामी धर्मपत्नी के साथ कलश लेकर अपने निवास स्थान पर जाएँ। हल्दी रोली से स्वस्तिक बनाकर उस पर कलश स्थापित कर दें। गृहस्थाचार्य मंगलाष्टक और निम्न मन्त्र बोलकर गृहस्वामी युगल से कलश में पुष्प या पीले सरसों क्षेपण करावें।

णमो अरहंताणं णमो सिद्धाणं णमो आइरियाणं णमो उवज्झायाणं णमो लोएसव्वसाहूणं ह्रौं सर्वशान्तिं कुरु-कुरु स्वाहा।

प्रत्येक मन्त्र के बाद कलश में पुष्प या पीले सरसों का क्षेपण करें।

ॐ ह्रीं अक्षीणमहानसर्द्धिभ्यो नमः स्वाहा।

ॐ ह्रीं अक्षीणमहालयर्द्धिभ्यो नमः स्वाहा।

ॐ ह्रीं दशदिशातः आगतविघ्नान् निवारय निवारय सर्वं रक्ष रक्ष हूं फट् स्वाहा।

ॐ ह्रीं दुर्मुहूर्त-दुःशकुनादिकृतोपद्रवशान्तिं कुरु-कुरु स्वाहा।

ॐ ह्रीं परकृत मन्त्र तन्त्र-डाकिनी शाकिनी-भूतपिशाचादि कृतोपद्रव-शान्तिं कुरु-कुरु स्वाहा ।

ॐ ह्रीं वास्तुदेवेभ्यः स्वाहा।

ॐ ह्रीं सर्वविघ्नोपशान्तिं कुरु-कुरु स्वाहा।

ॐ ह्रीं सर्वाधिव्याधिशान्तिं कुरु-कुरु स्वाहा।

ॐ ह्रीं सर्वत्रक्षेमं आरोग्यतां विस्तारय विस्तारय सर्वं हृष्टं पुष्टं प्रसन्नचित्तं कुरु-कुरु स्वाहा।

ॐ ह्रीं यजमानादीनां सर्वसंघस्य शान्तिं तुष्टिं पुष्टिं ऋद्धिं वृद्धिं समृद्धिं अक्षीणर्द्धिं पुत्र-पौत्रादिवृद्धिं आयर्वृद्धिं धनधान्यसमृद्धिं धर्म-वृद्धिं कुरु-कुरु स्वाहा।

ॐ क्षां क्षीं क्षूं क्षें क्षैं क्षों क्षौं क्षं क्षः नमोऽर्हते सर्वंरक्ष रक्ष हूं फट् स्वाहा।

ॐ ह्रीं भूर्भुवः स्वः नमः स्वाहा।

ॐ ह्रीं क्रौं आं अनुत्पन्नानां द्रव्याणामुत्पादकाय उत्पन्नानां द्रव्याणां वृद्धिकराय चिन्तामणिपार्श्वनाथाय वसुदाय नमः स्वाहा।

शान्ति भक्ति का पाठ करके गृहस्वामिनी कलश शिर पर लेकर गाजे-बाजे सहित जिन मन्दिर जाएँ। दर्शन कर श्रीफल आदि सामग्री चढायें दान दें, कलश में जल भर लें।

गृहस्वामिनी कलश शिर पर लेकर एवं गृहस्वामी थाली में पुष्प, पीली सरसों, दीपक, श्रीफल, कलावा, केशर और अर्घ्य आदि लेकर परिवार, रिश्तेदार एवं समाज के श्रेष्ठजनों के साथ गाजे-बाजे सहित नवीन गृह के मुख्य द्वार पर पहुँचें।

ॐ ह्रां णमो अरहंताणं ह्रां पूर्व दिशातः आगत विघ्नान् निवारय निवारय मां रक्ष रक्ष हूं फट् स्वाहा ।

ॐ ह्रीं णमो सिद्धाणं ह्रीं दक्षिण दिशातः आगत विघ्नान् निवारय निवारय मां रक्ष रक्ष हूं फट् स्वाहा।

ॐ ह्रूं णमो आइरियाणं ह्रूं पश्चिम दिशातः आगत विघ्नान् निवारय निवारय मां रक्ष रक्ष हूं फट् स्वाहा ।

ॐ ह्रौं णमो उवज्झायाणं ह्रौं उत्तर दिशातः आगत विघ्नान् निवारय निवारय मां रक्ष रक्ष हूं फट् स्वाहा ।

ॐ ह्रः णमो लोएसव्वसाहूणं ह्रः सर्व दिशातः आगत विघ्नान् निवारय निवारय मां रक्ष रक्ष हूं फट् स्वाहा ।

दिग्बंधन करें।

ॐ ह्रूं क्षूं फट् किरिटिं किरिटिं घातय घातय पर विघ्नान् स्फोटय स्फोटय सहस्र खंडान् कुरु-कुरु परमुद्रां छिन्द छिन्द परमन्त्रान् भिन्द भिन्द क्षः क्षः हूं फट् स्वाहा ।

पुष्प क्षेपण करें।

ॐ नमोऽर्हते भगवते प्रक्षीणाशेषदोष-कल्मषाय दिव्य तेजोमूर्तये नमः श्रीशान्तिनाथाय शान्तिकराय सर्व विघ्नप्रणाशनाय सर्वरोगापमृत्यु विनाशनाय सर्वपरकृच्छुद्रोपद्रव विनाशनाय सर्व-क्षाम-डामर-विनाशनाय ॐ ह्रां ह्रीं ह्रूं ह्रौं ह्रः अ सि आ उ सा नमः सर्वशान्तिं तुष्टिं पुष्टिं च कुरु-कुरु स्वाहा

पुष्प क्षेपण करें।

ॐ ह्रीं वन्दनमालां बध्नामि स्वस्ति भवतु।

मुख्यद्वार पर वन्दनवार बाँधें।

मुख्यद्वार पर केशर से

ॐ स्वस्तिक श्री महावीराय नमः एवं **शुभ लाभ** लिखें।

गृहस्थाचार्य जिसके नाम से मुहूर्त निकला हो, सबसे पहले उसे फिर अन्य लोगों को तिलक करें।

शुभ लग्न में गृहस्वामिनी गृहस्वामी एवं परिवार के अन्य वरिष्ठ सदस्यों के साथ मंगल कलश, और मंगलद्रव्य सहित णमोकार मन्त्र का स्मरण करते हुए, दाहिना पैर बढ़ा कर गृह में प्रवेश करें। मंगल कलश गृह के शुभ एवं शुद्ध स्थान ईशान, पूर्व या उत्तर में एवं दीपक रसोई की आग्नेय दिशा में स्थापित करें।

ॐ नमोऽर्हं अ आ इ ई उ ऊ ऋ ॠ ऌ ॡ ए ऐ ओ औ अं अः, क ख ग घ ङ, च छ ज झ ञ , ट ठ ड ढ ण, त थ द ध न, प फ ब भ म, य र ल व, श ष स ह, ह्रीं क्लीं क्रौं स्वाहा।

यह मन्त्र बोलकर दीपक से चूल्हा जलावें।

चूल्हे पर हलुआ मीठा आदि बना लें।

वरिष्ठजनों से आशीर्वाद प्राप्त करें। गृहप्रवेश कर्ताओं का मंगल तिलक कर भेंट एवं बधाई देवें, मिष्टान्न वितरण करें, दान करें और सभी को भोजन करावें। उपस्थित साधर्मी-जनों का सम्मान करें।

प्रतिष्ठान शुभारम्भ

प्रतिष्ठान आजीविका का वह साधन है जिससे धन एकत्रित करके श्रावक-धर्म का पालन एवं परिवार का पोषण किया जाता है। अनीति, अन्याय से अर्जित धन जहाँ परिवार में कलह, रोग एवं विद्वेष उत्पन्न करता है, वहीं न्याय और नीति पूर्वक कमाया धन वात्सल्य, प्रेम, एवं स्नेह की त्रिवेणी बहाता है, अतः प्रतिष्ठान शुभारम्भ शुभ-मुहूर्त एवं विधि-विधान पूर्वक ही करना चाहिए।

प्रतिष्ठान शुभारम्भ की सावधानियाँ

1. प्रतिष्ठान शुभारम्भ शुक्लपक्ष के शुभ दिन एवं पूर्वाह्न में करें।
2. प्रतिष्ठान शुभारम्भ निर्माण पूर्ण होने पर ही करें ।
3. प्रतिष्ठान शुभारम्भ पूर्व शौचालय का उपयोग न करें।
4. प्रतिष्ठान शुभारम्भ मुहूर्त में ही करें। कलशचक्र अवश्य देखें।
5. प्रतिष्ठान शुभारम्भ में हिंसात्मक कार्यों एवं प्रदर्शन से बचें।
6. जिसके नाम से मुहूर्त निकाला हो उससे ही सभी क्रियाएँ कराएँ।
7. प्रतिष्ठान शुभारम्भ के समय भोजन में अभक्ष्य वस्तुओं उपयोग न करें।
8. प्रतिष्ठान शुभारम्भ गृहस्थाचार्य के निर्देशानुसार ही करें।
9. प्रतिष्ठान में मंगल कलश ईशान या उत्तर दिशा में स्थापित करें।
10. हिंसात्मक वस्तुओं का व्यापार न करें।

प्रतिष्ठान शुभारम्भ की सामग्री-

थाली 2, कलश 2, चम्मच 2, कटोरी 2, प्लेट 1, ठोना 1, आरती 1, धूपदान 1, घी, केशर, जल, चावल, चटक गोला, धूप, बादाम, लौंग, रुई, माचिस, चौका, चौकी, आसन चटाई, मन्त्र लिखा हुआ, विनायक या सिद्धयन्त्र, सिंहासन, छत्र, दीपक छोटे-बड़े ,कलावा, यज्ञोपवीत (जनेऊ) मंगल-कलश(श्रीफल,पीला कपड़ा, हल्दीगाँठ, सुपाड़ी, पीलीसरसों, रजतस्वस्तिक, पञ्चरत्न, चाँदी का सिक्का सहित) कुंड, रंगोली वन्दनवार आदि।

प्रतिष्ठान शुभारम्भ मुहूर्त–

नक्षत्र–हस्त, अश्विनी, पुष्य, स्वाति, रेवती, चित्रा, अनुराधा, तीनों उत्तरा, रोहिणी।

वार–सोम, बुध, गुरु, शुक्रवार।

तिथि–2, 3, 5, 7, 10, 11, 12, 13 तिथियाँ शुभ हैं।

प्रतिष्ठान के पूर्ण निर्मित होने पर उसे जल आदि से शुद्ध कर गृहस्थाचार्य के निर्देशन में कार्य प्रारंभ करें।

मंगलाचरण, जलशुद्धि, अमृतस्नान, पात्रशुद्धि, नवतिलक, भूमिशुद्धि, रक्षासूत्रबन्धन, दिग्बन्धन, रक्षामन्त्र, शान्तिमन्त्राराधन, जिनाभिषेक, शान्तिधारा, मंगलकलश स्थापन, दीपक स्थापन, दैनिक पूजन, यन्त्र के सामने पृथ्वी पर रोली हल्दी से स्वस्तिक बनाकर गाय के घी से 11 दीपक जलाएँ। विनायकयन्त्र पूजा करें।

ॐ ह्रीं अर्हं अ सि आ उ सा नमः सर्व शान्तिं कुरु-कुरु स्वाहा।

शान्तिमन्त्र का जाप करें।

वास्तुशान्ति विधान, शान्तिविधान करें। हवन, पुण्याहवाचन करें।

ॐ हूं क्षूं फट् किरिटिं किरिटिं घातय घातय पर विघ्नान् स्फोटय-स्फोटय सहस्त्र खंडान् कुरु-कुरु परमुद्रां छिन्द छिन्द परमन्त्रान् भिन्द भिन्द क्षः क्षः हूं फट् स्वाहा।

पुण्याहवाचन का जल पूरे प्रतिष्ठान में रक्षामन्त्र बोलते हुए सिञ्चन करें। ध्यान रहे कि जल जमीन में न गिरे।

ॐ ह्रीं अर्हं अनाहत पराक्रमाय सकल कर्मविमुक्ताय सिद्धाय सर्वोपद्रव विनाशाय ह्रीं नमः स्वाहा।

प्रतिष्ठान की पूर्वादि आठों दिशा में पुष्प क्षेपण करें।

ॐ नमोऽर्हते भगवते सर्वं रक्ष रक्ष ह्रौं फट् स्वाहा।

प्रतिष्ठान की पूर्वादि आठों दिशा में पीले सरसों क्षेपण करें।

अद्य भगवतो महापुरुषस्य श्रीमदादि ब्रह्मणोमतेऽस्मिन् विधीय-मानेकर्मणि - श्रीवीरनिर्वाणसंवत्सरे---मासे-----पक्षे----तिथौ---- वासरे प्रशस्तलग्ने प्रतिष्ठान प्रारंभ कार्यस्य निर्विघ्न समाप्त्यर्थं ऋद्धि सिद्धि वृद्धि सम्पादनार्थं नवरत्नगन्ध पुष्पाक्षत श्रीफलादिशोभितं मंगलकलश स्थापनं करोमि। ॐ वीं हं सः स्वाहा

प्रतिष्ठान के ईशान कोण में मंगल कलश स्थपित करें।

रुचिर-दीप्तिकरं शुभदीपकं, सकललोक सुखाकर-मुज्ज्वलं।
तिमिर-जालहरं प्रकरं सदा, किल-धरामि सुमंगलकं मुदा॥

ॐ ह्रीं अज्ञानतिमिरहरं दीपकं स्थापयामि।

दीपक-स्थापन करें।

ॐ ह्रीं वन्दनमालां बध्नामि स्वस्ति भवतु।

मुख्यद्वार पर वन्दनवार बाँधें।

मुख्यद्वार पर केशर से **ॐ स्वस्तिक श्री महावीराय नमः** एवं **शुभ लाभ** लिखें।

गृहस्थाचार्य जिसके नाम से मुहूर्त निकला हो सबसे पहले उसे फिर अन्य लोगों को तिलक करें।

............अस्य यजमानस्य धन धान्यान्यैश्वर्य बलद्युतियशः प्रमोदोत्सवाः प्रवर्धन्ताम् तुष्टिरस्तु। पुष्टिरस्तु। वृद्धिरस्तु। कल्याणमस्तु। अविघ्नमस्तु। आयुष्यमस्तु। आरोग्यमस्तु। कर्मसिद्धिरस्तु। इष्ट संपत्तिरस्तु। काम-मांगल्योत्सवाः सन्तु। निर्वाणपर्वोत्सवाः सन्तु। पापानि शाम्यन्तु। घोराणि शाम्यन्तु। धर्मो वर्धताम् । पुण्यं वर्धताम्।

श्री वर्धताम्। कुलंगोत्रे चाभिवर्धेताम्। स्वस्ति भद्रं चास्तु इवीं क्ष्वीं हं सः स्वाहा। श्रीमज्जिनेन्द्रचरणारविन्देष्वानन्द-भक्तिः सदास्तु।

गृहस्थाचार्य यजमान पर पुष्प क्षेपण कर आशीर्वाद दें।

उपस्थित सभी महानुभावों का भेंट एवं भोजनादि से सम्मान करें।

जलाशय-शुद्धि-संस्कार

कुआँ, बावड़ी, बोरबेल, नलकूप, तालाब आदि जलाशय के खननोपरान्त उसके जल को प्रथमबार उपयोग करने के पूर्व तीर्थजल से मन्त्रों द्वारा शुद्धि करना जलाशय शुद्धि संस्कार है। इससे वह जल निर्दोष, रोग नाशक, सुपाच्य, हल्का,एवं पुष्टिकारक होता है।

जलाशय-शुद्धि-संस्कार की सावधानियाँ

1. जलाशय-शुद्धि संस्कार शुभ मुहूर्त में करें।
2. जलाशय-शुद्धि संस्कार में मिथ्यात्व का पोषण न करें।
3. नल कूप में जीवानी डालने की व्यवस्था होनी चाहिए।
4. कुआँ, तालाब आदि में मछली पालन न करें।
5. जलाशय में किसी प्रकार की दवाइयाँ न डालें।
6. अनावश्यक जल न बहाएँ।

जलाशय-शुद्धि-संस्कार की सामग्री-

थाली 2, कलश 2, चम्मच 2, कटोरी 2, प्लेट 1, ठोना 1, आरती 1, धूपदान 1, घी, केशर, जल, चावल, चटक गोला, धूप, बादाम, लौंग, रुई, माचिस, चौका, चौकी, आसन चटाई, मन्त्र लिखा हुआ, विनायक या सिद्धयन्त्र, जलयन्त्र, सिंहासन, छत्र, दीपक छोटे-बड़े ,कलावा, यज्ञोपवीत (जनेऊ) मंगल कलश (श्रीफल,पीला कपड़ा, हल्दीगाँठ, सुपाड़ी, पीलीसरसों, रजतस्वस्तिक, पञ्चरत्न, चाँदी का सिक्का सहित) कुंड, रंगोली हल्दी पिसी, रोरी आदि।

जलाशय खनन मुहूर्त-

नक्षत्र-हस्त, पुष्य, मघा, रेवती, अनुराधा तीनों उत्तरा, पूर्वाषाढ़ा, रोहिणी, शतभिषा, मृगशिरा, धनिष्ठा।

वार-सोम, बुध, गुरु, शुकवार।

तिथि-शुक्लपक्ष की 2, 3, 5, 7, 10, 11, 12, 13,15।

कूप चक्र-रोहिणी नक्षत्र से दिनावधि नक्षत्र तक गिने 3 नक्षत्र स्वादु जल,

3 नक्षत्र निर्जल, 3 नक्षत्र निर्मल जल, 3 नक्षत्र जल हानि, 3 नक्षत्र मधुर जल, 3 नक्षत्र क्षार जल, 3 नक्षत्र मिश्रित जल, 3 नक्षत्र मीठा जल, 3 नक्षत्र क्षार जल।

कुआँ वावड़ी, वोरिंग, तालाब आदि जलाशय के किनारे जल निकालने के स्थान पर रंगोली बना लें। उत्तर या पूर्व मुख विनायक यन्त्र स्थापित करें।

मंगलाचरण, जलशुद्धि, अमृतस्नान, पात्रशुद्धि, नवतिलक, भूमिशुद्धि, रक्षासूत्रबन्धन, दिग्बन्धन, रक्षामन्त्र, शान्तिमन्त्राराधन, जिनाभिषेक, शान्तिधारा, मंगलकलश स्थापन, दीपक स्थापन, दैनिक पूजन, विनायकयन्त्र पूजा, अन्त में हवन करें। जलाशय के चारों ओर केशर से स्वस्तिक बनाएँ।

तीर्थ-मण्डल-पूजा

ॐ ह्रीं परब्रह्मणेऽनन्तानन्तज्ञानशक्तयेऽर्घ्यं निर्वपामीति स्वाहा।
ॐ ह्रीं पद्महृद-देवता-स्थाने चैत्यचैत्यालयेभ्योऽर्घ्यं निर्व. स्वाहा।
ॐ ह्रीं महापद्महृद-देवता-स्थाने चैत्यचैत्यालयेभ्याऽर्घ्यं निर्व. स्वाहा।
ॐ ह्रीं तिगिञ्छहृद-देवता-स्थाने चैत्यचैत्यालयेभ्याऽर्घ्यं निर्व. स्वाहा।
ॐ ह्रीं केशरीहृद-देवता-स्थाने चैत्यचैत्यालयेभ्याऽर्घ्यं निर्व. स्वाहा।
ॐ ह्रीं महापुण्डरीकहृद-देवता-स्थाने चैत्यचैत्यालयेभ्योऽर्घ्यं निर्व. स्वाहा।
ॐ ह्रीं पुण्डरीकहृद-देवता-स्थाने चैत्यचैत्यालयेभ्योऽर्घ्यं निर्व. स्वाहा।
ॐ ह्रीं गंगानदी-देवता-स्थाने चैत्यचैत्यालयेभ्योऽर्घ्यं निर्व. स्वाहा।
ॐ ह्रीं सिन्धुनदी-देवता-स्थाने चैत्यचैत्यालयेभ्योऽर्घ्यं निर्व. स्वाहा।
ॐ ह्रीं रोहित्नदी-देवता-स्थाने चैत्यचैत्यालयेभ्योऽर्घ्यं निर्व. स्वाहा।
ॐ ह्रीं रोहितास्यानदी-देवता-स्थाने चैत्यचैत्यालयेभ्योऽर्घ्यं निर्व. स्वाहा।
ॐ ह्रीं हरित्नदी-देवता-स्थाने चैत्यचैत्यालयेभ्योऽर्घ्यं निर्व. स्वाहा।
ॐ ह्रीं हरिकान्तानदी-देवता-स्थाने चैत्यचैत्यालयेभ्योऽर्घ्यं निर्व. स्वाहा।
ॐ ह्रीं सीतानदी-देवता-स्थाने चैत्यचैत्यालयेभ्योऽर्घ्यं निर्व. स्वाहा।
ॐ ह्रीं सीतोदानदी-देवता-स्थाने चैत्यचैत्यालयेभ्योऽर्घ्यं निर्व. स्वाहा।
ॐ ह्रीं नारीनदी-देवता-स्थाने चैत्यचैत्यालयेभ्योऽर्घ्यं निर्व. स्वाहा।
ॐ ह्रीं नरकान्तानदी-देवता-स्थाने चैत्यचैत्यालयेभ्योऽर्घ्यं निर्व. स्वाहा।
ॐ ह्रीं स्वर्णकूलानदी-देवता-स्थाने चैत्यचैत्यालयेभ्योऽर्घ्यं निर्व. स्वाहा।
ॐ ह्रीं रूप्यकूलानदी-देवता-स्थाने चैत्यचैत्यालयेभ्योऽर्घ्यं निर्व. स्वाहा।
ॐ ह्रीं रक्तानदी-देवता-स्थाने चैत्यचैत्यालयेभ्योऽर्घ्यं निर्व. स्वाहा।
ॐ ह्रीं रक्तोदानदी-देवता-स्थाने चैत्यचैत्यालयेभ्योऽर्घ्यं निर्व. स्वाहा।

ॐ ह्रीं लवणोद-कालोद-मागधादि-तीर्थस्थाने चैत्य-चैत्यालयेभ्योऽर्घ्यं निर्वपामीति स्वाहा।

ॐ ह्रीं संख्यातीतसमुद्र-देवता-स्थाने चैत्यचैत्यालयेभ्योऽर्घ्यं निर्व. स्वाहा।

ॐ ह्रीं लोकस्थित-तीर्थस्थाने चैत्यचैत्यालयेभ्योऽर्घ्यं निर्व. स्वाहा।

जलाशय पर पुष्प क्षेपण करें।

ॐ ह्रां ह्रीं ह्रूं ह्रौं ह्रः नमोऽर्हते भगवते श्रीमत्पद्म महापद्म तिगिञ्छ केसरि महापुण्डरीक पुण्डरीक गंगा सिन्धु रोहिद्रोहितास्या हरिद्धरिकान्ता सीता-सीतोदा नारीनरकान्ता सुवर्णरूप्यकूला रक्तारक्तोदा क्षीराम्भोनिधि जलं सुवर्ण घट प्रक्षिप्तं नवरत्नगन्धाक्षत पुष्पार्चितामोदकं पवित्रं कुरु-कुरु झं झं झौं झौं वं वं मं मं हं हं सं सं तं तं पं पं द्रां द्रां द्रीं द्रीं हं सः स्वाहा। जलाभिमन्त्रणम् ।

जलाशय में जल डालें।

क्षीराब्धिंसर्वतीर्थोदक मयवपुषा स्वैरमाक्रोशतोऽस्य।
क्षीरैःपद्माकरस्य प्रणयमुपगतान् शात कुम्भीय कुम्भान्॥
सानन्दं यादिदेवी निचयपरिचयो ज्जृंभमाणा प्रभावान्।
एतानभ्युद्धरामो भगवदभिषव श्रीविधानाय हर्षात्॥

ॐ ह्रीं श्रीं अर्हं पञ्च परम गुरुभ्यो नमः स्वाहा।

अर्घ्य चढ़ाकर जलाशय से जल भरें।

मन्दिर जाकर भगवान का अभिषेक शान्तिधारा, जलादिक से भगवान की पूजा करें।

श्रावकजनों को भोजन कराएँ जल पिलावें।

वाहन-शुद्धि-संस्कार

द्विचक्र, चतुचक्र आदि वाहन की प्रथम सवारी करने के पूर्व उसकी मन्त्रों के द्वारा शुद्धि, रक्षा संस्कार, एवं विघ्नादि के निरसन को वाहन शुद्धि-संस्कार कहते हैं।

इससे वाहन, चालक, सवारी, स्वामी एवं सेवक आदि सभी जनों की सुरक्षा, सुविधाजनक, आनन्ददायी, मंगलमय यात्रा होती है।

वाहन-शुद्धि-संस्कार की सावधानियाँ–

1. अत्यावश्क होने पर ही वाहन का उपयोग करें।
2. वाहन सावधानी पूर्वक चलाएँ।
3. वाहन में जैन प्रतीक रखें और लिखें।
4. वाहन सर्व प्रथम जैनमन्दिर या तीर्थक्षेत्र पर ले जाएँ।
5. वाहन का चालक सप्त-व्यसन का त्यागी हो।
6. वाहन का चालक बीड़ी, पान, तम्बाकू, सिगरेट, आदि नशीले पदार्थों का त्याग करने वाला हो।

वाहन शुद्धि संस्कार की सामग्री–

थाली 2, कलश 2, चम्मच 2, कटोरी 2, प्लेट 1, ठोना 1, आरती 1, धूपदान 1, घी, केशर, जल, चावल, चटक गोला, धूप, बादाम, लौंग, रुई, माचिस, चौका, चौकी, आसन चटाई, मन्त्र लिखा हुआ, विनायक या सिद्धयन्त्र, सिंहासन, छत्र, दीपक छाटे-बड़े ,कलावा, यज्ञोपवीत (जनेऊ) मंगल कलश (श्रीफल,पीला कपड़ा, हल्दीगाँठ, सुपाड़ी, पीलीसरसों, रजतस्वस्ति, पञ्चरत्न, चाँदी का सिक्का सहित) कुंड, रंगोली आदि।

वाहन-शुद्धि- संस्कार मुहूर्त–

नक्षत्र–रेवती, मृगशिरा, पुष्य, धनिष्ठा, शतभिषा, हस्त, स्वाती, अश्विनी, पुनर्वसु, अभिजित्।

वार–सोम, बुध, गुरु, शुक्र, शनिवार।

तिथि–1, 2, 3, 5, 6, 7, 8, 10, 11, 12, 13, 15।

लग्न शुद्धि–चरलग्न 1, 4, 7, 10 लग्नों में उत्तम, 3, 6, 8, 12 मध्यम हैं। इष्ट दिन अशुभयोग न हो रवियोग हो तो श्रेष्ठ है। वाहन को शुद्ध करके जिन मंदिर के सामने पूर्व या उत्तर मुख खड़ा करें।

मन्दिर में मंगलाचरण, जलशुद्धि, अमृतस्नान, पात्रशुद्धि, नवतिलक, भूमिशुद्धि, रक्षासूत्रबन्धन, दिग्बन्धन, रक्षामन्त्र, शान्ति-मन्त्राराधन, जिनाभिषेक, शान्तिधारा, मंगलकलश स्थापन, दीपक स्थापन, दैनिक पूजन, विनायकयन्त्र पूजा, एवं शान्ति विधान करें।

वाहन के सामने आकर मंगलाचरण पढ़ते हुए वाहन पर पुष्प क्षेपण करें।

दिग्बन्धन, रक्षामन्त्र, शान्तिमन्त्राराधन कर वाहन के चारों ओर पीली सरसों छोड़ें।

ॐ ह्रीं द्विचक्र/चतुर्चक्र वाहनं पवित्रं कुरु-कुरु हूं फट् स्वाहा।

वाहन पर जल सिञ्चन करें।

ॐ ह्रीं नमोऽर्हते वाहनं माला रक्षासूत्रेण वेष्टयामि।

वाहन के आगे माला और स्टेरिंग में रक्षासूत्र बाँधें।

ॐ ह्रीं नमोऽर्हते सर्वं रक्ष रक्ष हूं फट् स्वाहा।

चालक और वाहन स्वामी को रक्षासूत्र बाँधें।

अस्य......................यजमानस्य धन-धान्यैश्वर्य बलद्युतियशः प्रमोदोत्सवाः प्रवर्धन्ताम् । तुष्टिरस्तु। पुष्टिरस्तु। वृद्धिरस्तु। कल्याणमस्तु। अविघ्नमस्तु। आयुष्यमस्तु। आरोग्यमस्तु। कर्मसिद्धिरस्तु। इष्टसंपत्तिरस्तु। काम-मांगल्योत्सवाः सन्तु। निर्वाणपर्वोत्सवाः सन्तु। पापानि शाम्यन्तु। घोराणि शाम्यन्तु। धर्मो वर्धताम् । पुण्यं वर्धताम्। श्री वर्धताम्। कुलंगोत्रे चाभिवर्धेताम्। स्वस्ति भद्रं चास्तु झ्वीं क्ष्वीं हं सः स्वाहा। श्रीमज्जिनेन्द्रचरणार विन्देष्वानन्द-भक्तिः सदास्तु।

यह मन्त्र पढ़कर चालक और वाहन स्वामी को केशर से तिलक कर आशीर्वाद देते हुए पुष्प क्षेपण करें।

उपस्थित सभी महानुभावों का भेंट, मिष्टान्न भोजनादि से सम्मान करें।

पंचम-खण्ड

उपसर्ग एवं दोष-निवारण

शान्ति-कर्म-विधि

बृहच्छान्ति धारा, बृहच्छान्ति मन्त्र का 21 हजार जाप, शान्ति विधान, श्री पार्श्वनाथ स्तोत्र बीजाक्षर मन्त्र सहित, या उवसग्गहर स्तोत्र का 11 बार शुद्ध उच्चारण सहित पाठ एवं शान्ति हवन करना शान्तिकर्म विधि है।

अनुष्ठान में किसी प्रकार का विघ्न, उपसर्ग आदि होने पर, मन्दिर में विशेष अशुद्धि, प्राकृतिक प्रकोप, प्रतिमा का गिरना, हँसना, रोना, पसीना आना एवं खण्डित होने पर शान्तिकर्म विधि की जाती है। इससे उपद्रव शान्त होते हैं। वातावरण अनुकूल होता है। अशुभ कर्मों का प्रभाव एवं शत्रुओं का विद्वेष कम हो जाता है।

शान्तिकर्म करने से अशुभ कार्यों के दोष कम हो जाते हैं। अत: उन्हें भावों की विशुद्धि-पूर्वक करना चाहिए।

शान्ति-कर्म-विधि की सावधानियाँ

1. शान्ति-कर्म-विधि करने वाले के मानसिक विकृत न हो।
2. स्वस्थ एवं नीरोग हो एवं अति बाल एवं वृद्ध न हो।
3. आठ वर्ष से कम उम्र न हो।
4. मन्त्र का शुद्ध-उच्चारण करने वाला हो।
5. सप्त-व्यसन का त्यागी हो।
6. बीड़ी, पान, तम्बाकू, सिगरेट, आदि नशीले पदार्थों का त्यागी हो।
7. शुद्धि एवं मर्यादा का ध्यान हो।
8. शान्तिकर्म विधि शुभ मुहूर्त में ही करें।
9. शान्तिकर्म विधि में दिशा का ध्यान रखें।
10. शान्तिकर्म विधि गृहस्थाचार्य के निर्देशन में करें।

शान्ति-कर्म-विधि की सामग्री–

थाली 2, कलश 2, चम्मच 2, कटोरी 2, प्लेट 1, ठोना 1, आरती 1, धूपदान

1, घी, केशर, जल, चावल, चटक गोला, धूप, बादाम, लौंग, रुई, माचिस, चौका, चौकी, आसन चटाई, मन्त्र लिखा हुआ, विनायक या सिद्धयन्त्र, सिंहासन, छत्र, दीपक छोटे-बड़े ,कलावा, यज्ञोपवीत (जनेऊ) मंगल कलश (श्रीफल,पीला कपड़ा, हल्दीगाँठ, सुपाड़ी, पीलीसरसों, रजतस्वस्तिक, पञ्चरत्न, चाँदी का सिक्का सहित) कुंड, रंगोली आदि।

शान्ति-कर्म मुहूर्त

नक्षत्र—हस्त, अश्विनी, पुष्य, श्रवण, स्वाति, रेवती, पुनर्वसु, मघा, अनुराधा तीनों उत्तरा, रोहिणी, शतभिषा, धनिष्ठा।

वार—सोम, बुध, गुरु, शुक्रवार।

तिथि—2, 3, 5, 7, 10, 11, 12, 13 तिथियाँ शुभ हैं।

मंगलाचरण, जलशुद्धि, अमृतस्नान, पात्रशुद्धि, नवतिलक, भूमिशुद्धि, रक्षासूत्रबन्धन, दिग्बन्धन, रक्षामन्त्र, शान्तिमन्त्राराधन, जिनाभिषेक, बृहद् शान्तिधारा, मंगलकलश स्थापन, दीपक स्थापन, दैनिक पूजन, विनायकयन्त्र पूजा, शान्तिनाथ विधान या भक्तामर विधान या कल्याणमन्दिर विधान करें, बृहद्शान्तिमन्त्र का जाप, श्रीपार्श्वनाथ मन्त्रात्मक स्तोत्र एवं उवसग्गहर पार्श्वनाथ स्तोत्र का पाठकर दशांश आहुति दें।

बृहद् शान्तिधारा

ॐ णमो अरहंताणं, णमो सिद्धाणं, णमो आइरियाणं, णमो उवज्झायाणं, णमो लोए सव्व साहूणं। चत्तारि मंगलं, अरहन्ता मंगलं, सिद्धा मंगलं, साहू मंगलं, केवलिपण्णत्तो धम्मो मंगलं। चत्तारि लोगुत्तमा, अरहन्ता लोगुत्तमा, सिद्धा लोगुत्तमा, साहूलोगुत्तमा, केवलिपण्णत्तो धम्मो लोगुत्तमो। चत्तारि शरणं पव्वज्जामि, अरहन्ते शरणं पव्वज्जामि, साहू शरणं पव्वज्जामि, केवलिपण्णत्तं धम्मं शरणं पव्वज्जामि।

ॐ अनादि सिद्धमहामन्त्र पूजन भक्ति प्रसादात् सर्व शान्तिर्भवतु स्वाहा।

ॐ नमोऽर्हते भगवते प्रक्षीणाशेषदोष-कल्मषाय दिव्यतेजोमूर्तये नमः श्री शान्तिनाथाय शान्तिकराय सर्वविघ्न प्रणाशनाय सर्वरोगापमृत्यु-विनाशनाय सर्वपरकृच्छुद्रोपद्रवविनाशनाय सर्वक्षाम -डामरविनाशनाय ॐ ह्रां ह्रीं ह्रूं ह्रौं ह्रः अ सि आ उ सा नमः सर्वशान्तिं तुष्टिं पुष्टिं च कुरु-कुरु स्वाहा।

ॐ ह्रीं श्रीं क्लीं अर्हं अ सि आ उ सा अनाहतविद्यायै णमो अरहन्ताणं ह्रौं सर्वशान्तिर्भवतु स्वाहा।

ॐ ह्रीं श्रीं क्लीं ऐं अर्हं वं मं हं सं तं पं वं वं मं मं हं हं सं सं तं तं पं पं झं झं झ्वीं झ्वीं क्ष्वीं क्ष्वीं द्रां द्रां द्रीं द्रीं नमोऽर्हते स्वाहा।

ॐ ह्रीं श्रीं सिद्धचक्राधिपतये अष्टगुणसमृद्धाय फट् स्वाहा।

ॐ ह्रीं अर्हन्मुख कमलनिवासिनी पापात्मक्षयङ्करि श्रुतज्वाला सहस्रप्रज्वलिते सरस्वति

तव भक्ति प्रसादात् मम पाप विनाशनं भवतु क्षां क्षीं क्षूं क्षौं क्षः क्षीरवरधवले अमृत सम्भवे वं वं ह्रूं ह्रूं सर्वशान्तिर्भवतु स्वाहा सरस्वति तव भक्ति प्रसादात् सुज्ञानं भवतु स्वाहा।

ॐ णमो भगवदो वड्ढमाणस्स रिसहस्स जस्स चक्कं जलंतं गच्छइ आयासं पायालं लोयाणं भूयाणं जये वा विवाए वा रणंगणे वा थंभणे वा मोहणे वा सव्व जीवसत्ताणं अपराजिदो भवदु, मे रक्ख रक्ख स्वाहा। वर्धमान मन्त्रेण सर्वरक्षा भवतु स्वाहा।

ॐ ह्रूं क्षूं फट् किरिटिं किरिटिं घातय घातय परविघ्नान्-

स्फोटय स्फोटय सहस्त्र खंडान् कुरु-कुरु परमुद्रां छिन्द-छिन्द परमन्त्रान् भिन्द भिन्द क्षः क्षः हूं फट् स्वाहा।

ॐ क्षां क्षीं क्षूं क्षें क्षों क्षौं क्षं क्षः नमोऽर्हते सर्वं रक्ष रक्ष हूं फट् स्वाहा। उसहायि जिणे पणमामि सया अमलो-विमलो विरजो वरकप्पतरू,

सअकामदुहा मम रक्ख सया पुरुविज्जुणुहि पुरविज्जुणुहि।

ॐ अट्ठेव य अट्ठसया अट्ठसहस्सा य अट्ठकोडीओ।

रक्खं तुम्म सरीरं देवासुरपणमिया सिद्धा ।

ॐ श्रीं अर्ह नमः स्वधा सर्वशान्तिर्भवतु स्वाहा ।

ॐ ह्रां ह्रीं ह्रूं ह्रौं ह्रः अ सि आ उ सा नमः एतन्मन्त्रप्रसादात् सर्वभूतव्यन्तरादि बाधा विनाशनं भवतु सर्वशान्तिर्भवतु स्वाहा।

ॐ श्रीं क्लीं महालक्ष्म्यै स्वाहा।

ॐ नमोऽर्हते सर्वं रक्ष रक्ष हूं फट् स्वाहा ।

ॐ ह्रां ह्रीं ह्रूं ह्रौं ह्रः सर्वदिशागत-विघ्नविनाशनं भवतु स्वाहा।

ॐ क्षां क्षीं क्षूं क्षौं क्षः सर्वदिशागत-विघ्नविनाशनं भवतु स्वाहा सम्प्रतिकालजाताः श्रेयस्करस्वर्गावतरणजन्माभिषेक-परिनिक्रमण केवलज्ञान निर्वाणकल्याणक विभूतिविभूषित महाभ्युदयाः श्रीवृषभाजित-संभवाभिनन्दन-सुमतिपद्मप्रभ सुपार्श्वचन्द्रप्रभ-पुष्पदन्तशीतल-श्रेयोवासुपूज्य विमलानन्त धर्मशान्ति-कुन्थ्वर-मल्लि-मुनिसुव्रत-नमि-नेमि-पार्श्व वर्धमान परमदेव पूजन-भक्तिप्रसादात् सर्वशान्तिर्भवतु तुष्टिः पुष्टिश्च भवतु स्वाहा।

ॐ ह्रीं लोकोद्योतनकरा अतीतकालसञ्जाता निर्वाण-सागर-महासाधुविमलप्रभ-शुद्धप्रभ-श्रीधर सुदत्तामलप्रभोद्धाराग्नि-सन्मति-सिन्धु-कुसुमाञ्जलि-शिवगणोत्साह-ज्ञानेश्वर-परमेश्वर-विमलेश्वर-यशोधर-कृष्णमति-ज्ञानमति-शुद्धमति-श्रीभद्रातिक्रान्तशान्ताश्चेति चतुर्विंशति-भूतपरमदेवपूजन-भक्तिप्रसादात् सर्वशान्तिर्भवतु तुष्टिः पुष्टिश्च भवतु स्वाहा ।

ॐ भविष्यत्कालाभ्युदयप्रभवाःमहापद्म-सुरदेव-सुप्रभ-स्वयंप्रभ-सर्वायुधजयदेवोदयदेव-प्रभादेवोदंकप्रश्नकीर्ति-जयकीर्ति- पूर्णबुद्धि-निष्कषाय-विमलप्रभ-बहुल-निर्मल-चित्रगुप्त-समाधि गुप्त-स्वयंभू-कन्दर्प-जयनाथ-

विमलनाथ-दिव्यवादानन्त वीर्याश्चेति-चतुर्विंशति-भविष्यत्परमदेवपूजन-भक्तिप्रसादात् सर्वशान्तिर्भवतु तुष्टिः पुष्टिश्च भवतु स्वाहा।

ॐ त्रिकालवर्तिपरमधर्माभ्युदयाः सीमन्धर-युगमन्धर- बाहुसुबाहु-सञ्जातक-स्वयंप्रभ-वृषभाननानन्तवीर्य-सुरप्रभ- विशालकीर्ति-वज्रधर-चन्द्रानन-भद्रबाहु-भुजंगमेश्वर-नेमिप्रभ-वीरसेन- महाभद्र-देवयशोऽजितवीर्याश्चेति पञ्चविदेहक्षेत्र विहरमाण-विंशतितीर्थंकरपरमदेव-पूजन भक्तिप्रसादात् सर्वशान्तिर्भवतु तुष्टिः पुष्टिश्च भवतु स्वाहा।

पूजिता भरताद्यैश्च भूपेन्द्रैर्भूरि-भूतिभिः।
चतुर्विधस्य संघस्य शातिं कुर्वन्तु शाश्वतीम्॥
विघ्नौघाः प्रलयं यान्ति शाकिनीभूतपन्नगाः।
विषं निर्विषतां याति स्तूयमाने जिनेश्वरे॥
दुर्भिक्षादिमहादोष-निवारणपरम्पराः।
कुर्वन्तु जगतः शान्तिं जिनश्रुतमुनीश्वराः॥
यत्संस्मरणमात्रेण विघ्ना नश्यन्ति मूलतः।
कुर्वन्तु जगतः शान्तिं जिनश्रुतमुनीश्वराः॥
पदार्थान् लभते प्राणी यत्प्रसादात् प्रसादतः।
कुर्वन्तु जगतः शान्तिं जिनश्रुतमुनीश्वराः॥

ॐ ह्रीं अर्हं णमो अरिहंताणं णमो जिणाणं ह्रां ह्रीं ह्रूं ह्रौं ह्रः अप्रतिचक्रे फट् विचक्राय झ्रौं झ्रौं स्वाहा ऋद्धिमन्त्रभक्तिप्रसादात् सर्वेषां शान्तिर्भवतु विसूचिका-ज्वरादि-रोग विनाशनं भवतु स्वाहा।

ॐ ह्रीं अर्हं णमो ओहि जिणाणं शिरोरोगविनाशनं भवतु स्वाहा।

ॐ ह्रीं अर्हं णमो परमोहि जिणाणं नासिकारोगविनाशनं भवतु स्वाहा

ॐ ह्रीं अर्हंणमो सव्वोहि जिणाणं अक्षिरोगविनाशनं भवतु स्वाहा

ॐ ह्रीं अर्हं णमो अणंतोहि जिणाणं कर्णरोगविनाशनं भवतु स्वाहा

ॐ ह्रीं अर्हं णमो कोट्ठबुद्धीणं ममात्मनि विवेकज्ञानं भवतु स्वाहा।

ॐ ह्रीं अर्हं णमो बीजबुद्धीणं हृदयरोगविनाशनं भवतु स्वाहा।

ॐ ह्रीं अर्हं णमो पदाणुसारीगं परस्परविरोधविनाशनं भवतु स्वाहा।

ॐ ह्रीं अर्हं णमो संभिण्णसोदाराणं श्वासरोगविनाशनं भवतु स्वाहा।

ॐ ह्रीं अर्हं णमो सयंबुद्धीणं कवित्वं पाण्डित्यं च भवतु स्वाहा।

ॐ ह्रीं अर्हं णमो पत्तेयबुद्धीणं प्रतिवादिविद्याविनाशनं भवतु स्वाहा।

ॐ ह्रीं अर्हं णमो बोहियबुद्धीणं अन्यगृहीतं श्रुतज्ञानं भवतु स्वाहा।

ॐ ह्रीं अर्हं णमो उजुमदीणं सर्वशान्तिर्भवतु स्वाहा।

ॐ ह्रीं अर्हं णमो विउलमदीणं बहुश्रुतज्ञानं भवतु स्वाहा।

ॐ ह्रीं अर्हं णमो दसपुव्वीणं सर्ववेदी भवतु स्वाहा।

ॐ ह्रीं अर्हं णमो चउदशपुव्वीणं स्वसमय परसमय वेदी भवतु स्वाहा।
ॐ ह्रीं अर्हं णमो अट्ठंगमहीणिमित्तकुसलाणं जीवितमरणादिज्ञानं भवतु स्वाहा।
ॐ ह्रीं अर्हं णमो विउव्वणपत्ताणं कामितवस्तुप्राप्तिर्भवतु स्वाहा।
ॐ ह्रीं अर्हं णमो विज्जाहराणं उपदेशप्रदेशमात्र-ज्ञानं भवतु स्वाहा
ॐ ह्रीं अर्हं णमो चारणाणं नष्टपदार्थचिन्ताज्ञानं भवतु स्वाहा।
ॐ ह्रीं अर्हं णमो पण्णसमणाणं आयुष्यावसानज्ञानं भवतु स्वाहा।
ॐ ह्रीं अर्हं णमो आगासगामीणं अन्तरिक्षगमनं भवतु स्वाहा।
ॐ ह्रीं अर्हं णमो आसीविसाणं विद्वेषप्रतिहतं भवतु स्वाहा।
ॐ ह्रीं अर्हं णमो दिट्ठिविसाणं स्थावर जंगमकृत विघ्नविनाशनं भवतु स्वाहा
ॐ ह्रीं अर्हं णमो उग्गतवाणं वच:स्तम्भनं भवतु स्वाहा।
ॐ ह्रीं अर्हं णमो दित्ततवाणं सेनास्तम्भनं भवतु स्वाहा।
ॐ ह्रीं अर्हं णमो तत्ततवाणं अग्निस्तम्भनं भवतु स्वाहा ।
ॐ ह्रीं अर्हं णमो महातवाणं जलस्तम्भनं भवतु स्वाहा।
ॐ ह्रीं अर्हं णमो घोरतवाणं विषरोगादिविनाशनं भवतु स्वाहा।
ॐ ह्रीं अर्हं णमो घोरगुणपरक्कमाणं लूतागर्भान्तिका-वलिविनाशनं भवतु स्वाहा।
ॐ ह्रीं अर्हं णमो घोरगुणाणं दुष्टमृगादिभयविनाशनं भवतु स्वाहा।
ॐ ह्रीं अर्हं णमोऽघोरगुणबंभयारीणं भूतप्रेतादिभयविनाशो भवतु स्वाहा।
ॐ ह्रीं अर्हं णमो आमोसहिपत्ताणंअपस्मारप्रलापनचिन्ताविनाशो भवतु स्वाहा।
ॐ ह्रीं अर्हं णमो खेल्लोसहिपत्ताणं सर्वापमृत्युविनाशो भवतु स्वाहा।
ॐ ह्रीं अर्हं णमो जल्लोसहिपत्ताणं जन्मान्तरवैरभावविनाशो भवतु स्वाहा।
ॐ ह्रीं अर्हं णमो विट्ठोसहिपत्ताणं गजमारीं विनाशनं भवतु स्वाहा।
ॐ ह्रीं अर्हं णमो सव्वो सहिपत्ताणं मनुष्यामरोपसर्ग विनाशो भवतु स्वाहा।
ॐ ह्रीं अर्हं णमो मणबलीणं गोमारीविनाशो भवतु स्वाहा।
ॐ ह्रीं अर्हं णमो वचिबलीणं अजमारीविनाशो भवतु स्वाहा।
ॐ ह्रीं अर्हं णमो कायबलीणं महिषमारीविनाशो भवतु स्वाहा।
ॐ ह्रीं अर्हं णमो खीरसवीणं अष्टदश कुष्ठ गण्डमालादिक विनाशनं भवतु स्वाहा।
ॐ ह्रीं अर्हं णमो सप्पिसवीणं सर्वशीतज्वरविनाशनं भवतु स्वाहा।
ॐ ह्रीं अर्हं णमो महुरसवीणं समस्तोपसर्गविनाशनं भवतु स्वाहा।
ॐ ह्रीं अर्हं णमो अमइसवीणं सर्वव्याधिविनाशनं भवतु स्वाहा।
ॐ ह्रीं अर्हं णमो अक्खीणमहाणसाणं अक्षीणर्द्धिर्भवतु स्वाहा।
ॐ ह्रीं अर्हं णमो वड्ढमाणबुद्धिरिसिस्स राजपुरुषादिभय विनाशनं भवतु स्वाहा।
ॐ ह्रीं अर्हं णमो सव्वसिद्धायदणाणं धनधान्यसमृद्धिर्भवतु रत्नत्रयं भवतु स्वाहा।

ॐ ह्रीं अर्हं णमो भयवदो महदि-महावीर-वड्ढमाण-बुद्धिरिसीणं समाधि-सुखं भवतु स्वाहा।

ॐ ह्रीं अर्हं णमो अक्खर-घणप्पयालं विउव्वणपत्ताणं सर्वज्वर-विनाशनं भवतु स्वाहा।

ॐ ह्रीं अर्हं णमो सव्वरायवसीकरणकुसलाणं श्रीजिणाणं सर्वराज्य प्रजावशीभूतं भवतु स्वाहा।

ॐ ह्रीं अर्हं णमो दुस्सह कट्ठणिवारयाणं श्रीजिणाणं सर्वदु:ख निवारणं भवतु स्वाहा।

ॐ ह्रीं अर्हं णमो इत्थितरो अविणासयाणं विट्ठोसहिपत्ताणं समस्तस्त्रीरोग विनाशनं भवतु स्वाहा।

ॐ ह्रीं अर्हं णमो तखरभय-पणासयाणं श्रीजिणाणं समस्त चौरभय-विनाशनं भवतु स्वाहा।

ॐ ह्रीं अर्हं णमो अपुव्वल-पइट्ठिइयाणंबलड्ढिपत्ताणं समस्तमनोवाञ्छित-सिद्धिर्भवतु स्वाहा।

ॐ ह्रीं अर्हं णमो सव्वोसहिपत्ताणं मिगरोय-निवारयाणं सर्वमृगीरोगविनाशनं भवतु स्वाहा।

ॐ ह्रीं अर्हं णमो सव्वसिद्धायदणाणं वंदिमोअप्पाणं समस्तबन्धन-भयविनाशनं भवतु स्वाहा।

ॐ ह्रीं अर्हं णमो दव्वंकराय सर्वार्थसिद्धिर्भवतु स्वाहा।

ॐ ह्रीं अर्हं णमो धम्मराए जपतिए गर्भपतन-निवारणं भवतु स्वाहा।

ॐ ह्रीं अर्हं णमो धणवुड्ढिकराए धनगोधन-लाभं भवतु स्वाहा।

ॐ ह्रीं अर्हं णमो पुत्त-इत्थिकराय सन्तानवर्धनं भवतु स्वाहा।

ॐ ह्रीं अर्हं णमो उण्हगदहारिए सर्वेषां रोगविनाशनं भवतु स्वाहा।

ॐ ह्रीं अर्हं णमो आगालभववज्जणाए अग्निभयनिवारणं भवतु स्वाहा।

ॐ ह्रीं अर्हं णमो इक्खुवज्जणाए मधुरजलं भवतु स्वाहा।

ॐ ह्रीं अर्हं णमो णगभयपणासए वन-नगमेदिनीकृतोपद्रव विनाशनं भवतु स्वाहा।

ॐ ह्रीं अर्हं णमो पासेसिद्धासुणंतिए सर्पविष विनाशनं भवतु स्वाहा।

ॐ ह्रीं अर्हं णमो अक्खिगदणासए नेत्रपीडा निवारणं भवतु स्वाहा।

ॐ ह्रीं अर्हं णमो पुप्फियतरुपत्ताए सर्ववृक्षलतामारीनिवारणं भवतु स्वाहा।

ॐ ह्रीं अर्हं णमो जावित्तापरिवत्ताए दुर्भिक्षकृतोपद्रव विनाशनं भवतु स्वाहा।

ॐ ह्रीं अर्हं णमो इट्ठि मिट्ठि भक्खकराए सर्वांगपीडा निवारणं भवतु स्वाहा।

ॐ ह्रीं अर्हं णमो ह्रां ह्रीं ह्रूं ह्रौं ह्रः धनधान्यसमृद्धिर्भवतु रत्नत्रय भवतु स्वाहा।

ॐ नमोऽर्हते भगवते श्रीमते श्रीमत्पार्श्वतीर्थंकराय श्रीमद्-रत्नत्रय रूपाय दिव्य तेजोमूर्तये प्रभामण्डलमण्डिताय द्वादशगणसहिताय अनन्तचतुष्टयसहिताय समवशरण-केवलज्ञान-लक्ष्मीशोभिताय अष्टादशदोषरहिताय षट्चत्वारिंशद्-गुणसंयुक्ताय परमेष्ठिपवित्राय सम्यग्ज्ञानाय स्वयंभुवे सिद्धाय बुद्धाय परमात्मने परमसुखाय त्रैलोक्यमहिताय अनंतसंसारचक्रपरिमर्दनाय अनन्तज्ञान दर्शनवीर्य सुखास्पदाय त्रैलौक्यवशंकराय सत्यब्रह्मणे उपसर्ग-विनाशनाय घातिकर्मक्षयंकराय अजराय अभवाय ऋष्यार्यिका-श्रावक-श्राविका प्रमुखचतुः संघोपसर्गविनाशनाय देवाधिदेवाय नमो नमः स्वाहा ।

पूर्वोक्त-मन्त्राणां पूजन-भक्तिप्रसादात् ऋष्यार्यिकाश्रावक श्राविकाणां सर्वक्रोध-मान-माया-लोभ-हास्यरत्यरतिशोक-भय-जुगुप्सा स्त्रीपुरुषनपुंसक-वेद-विनाशनं भवतु स्वाहा ।

मिथ्यात्व-रागद्वेष-मोह-मत्सरासूयेर्ष्या-विभाव-विकार-विषाद प्रमाद-कषाय-विकथा-विनाशनं भवतु स्वाहा ।

सर्वपञ्चेन्द्रिय-विषयेच्छास्नेहाशार्त्त-रौद्राकुलताव्याधिदीनता- पाप दोष-विरोध-विनाशनं भवतु स्वाहा ।

सर्वममकार-विकल्प-निद्रा-तृष्णाधितापदुःखवैराहंकार-संकल्प विनाशो भवतु स्वाहा ।

सर्वाहारभयमैथुनपरिग्रह-संज्ञा-विनाशो भवतु स्वाहा ।

सर्वोपसर्गविघ्नराजचोरदुष्ट-मृगेहलोकपरलोकाकस्मान्-मरणवेदना शरणा-त्राणभयविनाशो भवतु स्वाहा ।

सर्वक्षयरोग-कुष्ठरोग-ज्वरातिसारादिरोग-विनाशनं भवतु स्वाहा

सर्वनरगज-गोमहिष-धान्य-वृक्षगुल्मपत्रपुष्प-फलमारीराष्ट्र देशमारी विश्वमारीविनाशो भवतु स्वाहा।

सर्वमोहनीय-ज्ञानावरणीय-दर्शनावरणीय-वेदनीय-नाम-गोत्रायु- अन्तराय-कर्म-विनाशनं भवतु स्वाहा।

ॐ ह्रां ह्रीं ह्रूं ह्रौं ह्रः अ सि आ उ सा नमः मन्त्रभक्ति प्रसादात्सर्वेषां यजमानानां शान्तिर्भवतु स्वाहा।

ॐ ह्रां ह्रिं हुं ह्रूं ह्रें ह्रैं ह्रौं ह्रः अ सि आ उ सा सम्यग्दर्शनज्ञानचारित्रेभ्यो ह्रीं नमः सर्वशान्तिर्भवतु स्वाहा।

ॐ ह्रीं क्लीं श्रीं अर्हं श्रीवृषभनाथतीर्थंकराय नमः सर्वशान्तिर्भवतु स्वाहा।

ॐ ह्रीं श्रीशान्तिनाथाय जगच्छान्तिकराय सर्वोपद्रवशान्तिं कुरु-कुरु स्वाहा।

ॐ ह्रीं ह्रँ क्रौं श्रीं ह्रीं क्लीं शान्तिं तुष्टिं पुष्टिं कुरु-कुरु अ सि आ उ सा वीं क्ष्वीं हं सं तं पं द्रां द्रीं द्रावय द्रावय श्रीं ह्रीं सर्वशान्तिर्भवतु स्वाहा।

ॐ ह्रीं अर्हं अ सि आ उ सा सम्पूर्ण-कल्याण-मंगलरूप- मोक्ष- पुरुषार्थश्च भवतु स्वाहा।

सम्पूजकानां प्रतिपालकानां, यतीन्द्र- सामान्य-तपोधनानाम्।
देशस्य राष्ट्रस्य पुरस्य राज्ञः, करोतु शान्तिं भगवान जिनेन्द्रः॥

उवसग्गहर पार्श्वनाथ स्तोत्र

उवसग्गहरं पासं, पासं वंदामि कम्मघण मुक्कं।
विसहर-विस-णिण्णासं, मंगल-कल्लाण-आवासं॥
विहर-फुलिंगमंतं, कण्ठे धारेदि जो सया मणुवो।
तस्स गह-रोग-मारी, दुट्ठ-जरा जंति उवसामं॥
चिट्ठदु दूरे मंतो, तुज्झ पणामो वि बहुफलो होदि।
णर-तिरियेसु वि जीवा, पावंति ण दुक्ख-दोगच्चं॥
तुह सम्मत्ते लद्धे, चिंतामणि-कप्पपायव-सरिसे।
पावंति अविग्घेणं जीवा अयरामरं ठाणं॥
इह संथुदो महायस, भत्तिब्भर हिदयेण।
ता देव, दिज्ज बोहिं, भवे भवे पास जिणचंदं॥
ॐ अमरतरु-कामधेणु-चिन्तामणि कामकुंभमादिया।
सिरि-पासणाह-सेवाग्गहणे सव्वे वि दासत्तं॥
उवसग्गहरं त्थोत्तं, कादूणं जेण संघकल्लाणं।
करुणायरेण विहिदं, स भद्दबाहू गुरू जयदु॥

मन्त्र-ॐ अर्हं णमिदूण पास विसहर विसणिण्णण्णासणं जिण फुलिंग ह्रीं श्रीं क्लीं ब्लूं नमः।

श्रीपार्श्वनाथ मन्त्रात्मक स्तोत्र

श्रीमद्देवेन्द्र-वृन्दारक-मुकुटमणिज्योतिषां चक्रवालै-
र्व्यालीढं पादपीठं शठ-कमठ-कृतोपद्रवैर्बाधितस्य।
लोकालोकावभासिस्फुरदुरु-विमलज्ञानदीपप्रदीपः,
प्रध्वस्त-ध्वान्तजालः स वितरतु सुखं पार्श्वनाथोऽत्र नित्यम्॥1॥
ह्रां ह्रीं ह्रूं ह्रौं ह्रः एतैर्मरकत-मणि-भाक्रान्त-मूर्तिर्हि वं मं,
हं सं तं बीजमन्त्रैः कृतसकल-जगत्क्षेम-रक्षोरुवक्षः।
क्षां क्षीं क्षूं क्षें समस्त क्षितितल-महितज्योति-रुद्योतितार्थः,
क्षैं क्षों क्षौं क्षः क्षिप्त-बीजात्मक-सकलतनुर्नः सदा पार्श्वनाथः॥2॥
ह्रींकार रेफयुक्तं र र र र र र रं देव सं सं प्रयुक्तं।
ह्रीं क्लीं ब्लूं द्रां सरेफं विषदलनकला-पञ्चकोद्भासि हूं हूं।

धूं धूं धूं धूम्रवर्णै-रखिलमिह जगन्मे-विधह्योमुवश्यं,
वौषट्मन्त्रं पठन्तं त्रिजगदधिपते, पार्श्व, मां रक्ष रक्ष ॥3॥
आं ह्रीं क्रौं सर्ववश्यं कुरु-कुरु सरसं क्रामणं तिष्ठ तिष्ठ,
हूं हूं हूं रक्ष रक्ष प्रबल-बलमहाभैरवारातिभीते:।
द्रां द्रीं द्रूं द्रावयेति द्रव हन हन फट् फट् वषट् भिन्दि भिन्दि,
स्वाहामन्त्र पठन्तं त्रिजगदधिपते, पार्श्व, मां रक्ष रक्ष ॥4॥
हं स: झ्वीं क्ष्वीं सं हं स: कुवलय-कलितै-रर्चितांगप्रसूनै:,
झं वं हं पक्षि हं हं हर हर हर हूं पक्षिप: पक्षिकोपम्।
वं झं हं संभवं स: सर सर सर समं स: स्वधाबीजमन्त्रै-
स्त्रायस्व स्थावरादि-प्रबलविषमुखं हारिभि: पार्श्वनाथ: ॥5॥
क्ष्मां क्ष्मीं क्ष्मूं क्ष्मौं क्ष्म: एतैरहिपति-विनुतै-र्मन्त्रबीजैश्च नित्यं
हाहाकारोग्रनादै-र्ज्वल-दनलशिखा-कल्पदीर्घोर्ध्वकेशै:।
पिंगाक्षैर्लोलजिह्वै-र्विषमविषधरालंकतैस्तीक्ष्णदंष्ट्रै-
र्भूतै: प्रेतै: पिशाचै-रनघकृत-महोपद्रवाद्रक्ष रक्ष ॥6॥
ॐ झ्रौं झ्र: शाकिनीनां सपदि हरमिदं भिन्दि शुध्देद्ध बुद्धे,
ग्लौं क्ष्मं ठं दिव्य जिह्वागतिमतिकुपितं स्तम्भनं संविधेहि।
फट् फट् फट् सर्वरोग-ग्रहमरण भयोच्चाटनं चैव पार्श्व:,
त्रायस्वाशेष-दोषा-दमर-नरवरै र्नूतपादारविन्द: ॥7॥
स्क्रां स्क्रीं स्क्रूं स्क्रौं स्क्र: एवं प्रबल-बल-फलं मन्त्रबीजं।
जिनेद्र,रां रीं रूं रौं र:एभि: परमतरहितं पार्श्वदेवाधिदेवम्।
क्रां क्रीं क्रूं क्रौं क्र: एतै: ज ज ज ज ज जरा जर्जरीकृत्यदेहं,
धूं धूं धूं धूम्रवर्ण दुरित-विरहितं पार्श्व, मां रक्ष नित्यं ॥8॥
ह्रींकारे चन्द्रमध्ये बहिरपि वलये षोडशं वर्णपूर्ण,
बाह्ये ठंकार-वेष्ट्यं वसुदलसहितं मूलमन्त्रेण युक्तं।
साक्षात्-त्रैलौक्यवश्यं सकल सुखकरं सर्वरोग प्रणाशं,
स्यादेतद् यन्त्ररूपं परमपदमिदं पातु मां पार्श्वनाथ: ॥9॥
इत्थं मन्त्राक्षरराथं वचनमनुपमं पार्श्वनाथस्य नित्यं,
विद्वेषोच्चाटन-स्तम्भन-जनवश-कृत्पाप-रोगापनोदि।
प्रोत्सर्पज्जंगम-स्थावरविषमविष-ध्वंसनं चायुदीर्घ-
मारोग्यैश्वर्य-भक्त्या स्मरति पठति य: स्तौति तस्येष्ट-सिद्धि: ॥10॥

भक्तामर या कल्याण-मन्दिर-स्तोत्र एवं शान्तिभक्ति पढ़ें।

वास्तु-शान्ति-संस्कार

शान्तिधारा, शान्ति-मन्त्र का 21 हजार जाप, शान्ति विधान, वास्तु-शुद्धि-विधान,एवं वास्तु शान्ति मन्त्रों से हवन एवं दशांश आहुति देना और सम्पूर्ण घर की शुद्धि एवं सकारात्मक-ऊर्जा प्रदीप्त करना वास्तुशान्ति-संस्कार है।

घर में किसी प्रकार का विघ्न, उपसर्ग, कलह, तनाव, प्राकृतिक प्रकोप, हत्या, आत्महत्या एवं वास्तु-दोष आदि होने पर वास्तुशान्ति संस्कार किया जाता है। इससे उपद्रव शान्त होते हैं। वातावरण अनुकूल होता है। अशुभ कर्मों का प्रभाव एवं शत्रुओं का विद्वेष कम हो जाता है। वात्सल्य भाव, प्रेम, स्नेह आदि सकारात्मक विचारों का प्रादुर्भाव होता है।

शान्ति-कर्म-विधि की सावधानियाँ

1. वास्तु-शान्ति-संस्कार विधि करने वाले के मानसिक विकृत न हो।
2. स्वस्थ और नीरोग हो। अति बाल एवं वृद्ध न हो।
3. आठ वर्ष से कम उम्र न हो।
4. मन्त्र का शुद्ध उच्चारण करने वाला हो।
5. सप्त व्यसन का त्यागी हो।
6. बीड़ी, पान, तम्बाकू, सिगरेट,आदि नशीले पदार्थों का त्यागी हो।
7. शुद्धि एवं मर्यादा का ध्यान हो।
8. वास्तुशान्ति-संस्कार शुभ मुहूर्त में ही करें।
9. वास्तुशान्ति-संस्कार में दिशा का ध्यान रखें।
10. वास्तुशान्ति-संस्कार गृहस्थाचार्य के निर्देशन में करें।

वास्तुशान्तिकर्म विधि की सामग्री–

थाली 2, कलश 2, चम्मच 2, कटोरी 2, प्लेट 1, ठोना 1, आरती 1, धूपदान 1, घी, केशर, जल, चावल, चटक गोला, धूप, बादाम, लौंग, रुई, माचिस, चौका, चौकी, आसन चटाई, मन्त्र लिखा हुआ, विनायक या सिद्धयन्त्र, सिंहासन, छत्र, दीपक छोटे-बड़े ,कलावा, यज्ञोपवीत (जनेऊ) मंगल कलश (श्रीफल,पीला कपड़ा,

हल्दीगाँठ, सुपाड़ी, पीलीसरसों, रजतस्वस्तिक, पञ्चरत्न, चाँदी का सिक्का सहित) कुंड, रंगोली आदि।

वास्तु-शान्ति-कर्म मुहूर्त–

नक्षत्र–हस्त, अश्विनी, पुष्य, श्रवण, स्वाति, रेवती, पुनर्वसु, मघा, अनुराधा तीनों उत्तरा, रोहिणी, शतभिषा, धनिष्ठा।

वार–सोम, बुध, गुरु, शुक्रवार।

तिथि–2, 3, 5, 7, 10, 11, 12, 13 तिथियाँ शुभ हैं।

गृह, दुकान, कारखाना, एवं किसी भी प्रतिष्ठान में प्रति-वर्ष वास्तु संस्कार करना चाहिए। गृहादि के एक कक्ष की शुद्धि कर लें। पूर्व या उत्तर मुख विनायक या सिद्धयन्त्र विराजमान करें।

मंगलाचरण, जलशुद्धि, अमृतस्नान, पात्रशुद्धि, नवतिलक, भूमिशुद्धि, रक्षासूत्रबन्धन, दिग्बन्धन, रक्षामन्त्र, शान्तिमन्त्राराधन, जिनाभिषेक, शान्तिधारा, मंगलकलश स्थापन, दीपक स्थापन, दैनिक पूजन, यन्त्र के सामने पृथ्वी पर रोली हल्दी से स्वस्तिक बनाकर गाय के घी से 11 दीपक जलाएँ। विनायकयन्त्र पूजा, शान्तिमन्त्र का जाप, वास्तुशान्ति विधान, शान्तिविधान एवं हवन, करें।

निन मन्त्रों से आहुतियाँ दें।

ॐ ह्रीं अर्हं सर्व वास्तुदोष निवारक अर्हत्परमेष्ठिने नमः सर्व शान्तिं कुरु–कुरु स्वाहा।

ॐ ह्रीं अर्हं सर्व वास्तुदोष निवारक सिद्धपरमेष्ठिने नमः सर्व शान्तिं कुरु–कुरु स्वाहा।

ॐ ह्रीं अर्हं सर्व वास्तुदोष निवारक आचार्यपरमेष्ठिने नमः सर्व शान्तिं कुरु–कुरु स्वाहा।

ॐ ह्रीं अर्हं सर्व वास्तुदोष निवारक उपाध्यायपरमेष्ठिने नमः सर्व शान्तिं कुरु–कुरु स्वाहा।

ॐ ह्रीं अर्हं सर्व वास्तुदोष निवारक सर्वसाधुपरमेष्ठिने नमः सर्व शान्तिं कुरु–कुरु स्वाहा।

ॐ ह्रीं अर्हं सर्व वास्तुदोष निवारक अर्हन्मंगलाय नमः सर्व शान्तिं कुरु–कुरु स्वाहा।

ॐ ह्रीं अर्हं सर्व वास्तुदोष निवारक सिद्धमंगलाय नमः सर्व शान्तिं कुरु–कुरु स्वाहा।

ॐ ह्रीं अर्हं सर्व वास्तुदोष निवारक साधुमंगलाय नमः सर्व शान्तिं कुरु–कुरु स्वाहा।

ॐ ह्रीं अर्हं सर्व वास्तुदोष निवारक केवलीप्रज्ञप्तधर्म मंगलाय नमः सर्व शान्तिं कुरु–कुरु स्वाहा।

ॐ ह्रीं अर्हं सर्व वास्तुदोष निवारक अर्हत्लोगुत्तमाय नमः सर्व शान्तिं कुरु–कुरु स्वाहा।

ॐ ह्रीं अर्हं सर्व वास्तुदोष निवारक सिद्धलोगुत्तमाय नमः सर्व शान्तिं कुरु-कुरु स्वाहा।

ॐ ह्रीं अर्हं सर्व वास्तुदोष निवारक साधुलोगुत्तमाय नमः सर्व शान्तिं कुरु-कुरु स्वाहा।

ॐ ह्रीं अर्हं सर्व वास्तुदोष निवारक केवलीप्रज्ञप्तधर्म लोगुत्तमाय नमः सर्व शान्तिं कुरु-कुरु स्वाहा।

ॐ ह्रीं अर्हं सर्व वास्तुदोष निवारक अर्हत्शरणाय नमः सर्व शान्तिं कुरु-कुरु स्वाहा।

ॐ ह्रीं अर्हं सर्व वास्तुदोष निवारक सिद्धशरणाय नमः सर्व शान्तिं कुरु-कुरु स्वाहा।

ॐ ह्रीं अर्हं सर्व वास्तुदोष निवारक साधुशरणाय नमः सर्व शान्तिं कुरु-कुरु स्वाहा।

ॐ ह्रीं अर्हं सर्व वास्तुदोष निवारक केवलीप्रज्ञप्तधर्म शरणाय नमः सर्व शान्तिं कुरु-कुरु स्वाहा।

ॐ ह्रीं णमो अरहंताणं पूर्वदिशाः समागत विघ्नान् निवारय निवारय सर्वं वास्तुं रक्ष रक्ष ह्रां अरहंत परमेष्ठिने नमः सर्व-शान्तिं कुरु-कुरु स्वाहा।

ॐ ह्रीं णमो अरहंताणं आग्नेयदिशाः समागत विघ्नान् निवारय निवारय सर्वं वास्तुं रक्ष रक्ष ह्रीं सिद्धपरमेष्ठिने नमःसर्व-शान्तिं कुरु-कुरु स्वाहा।

ॐ ह्रीं णमो अरहंताणं दक्षिणदिशाः समागत विघ्नान् निवारय निवारय सर्वं वास्तुं रक्ष रक्ष ह्रूं आचार्यपरमेष्ठिने नमः सर्व-शान्तिं कुरु-कुरु स्वाहा।

ॐ ह्रीं णमो अरहंताणं नैऋत्यदिशाः समागत विघ्नान् निवारय निवारय सर्वं वास्तुं रक्ष रक्ष ह्रौं उपाध्याय परमेष्ठिने नमः सर्व-शान्तिं कुरु-कुरु स्वाहा।

ॐ ह्रीं णमो अरहंताणं पश्चिमदिशाः समागत विघ्नान् निवारय निवारय सर्वं वास्तुं रक्ष रक्ष ह्रः सर्वसाधुपरमेष्ठिने नमःसर्व-शान्तिं कुरु-कुरु स्वाहा।

ॐ ह्रीं णमो अरहंताणं वायव्यदिशाः समागत विघ्नान् निवारय निवारय सर्वं वास्तुं रक्ष रक्ष जिनधर्मेभ्यो नमः सर्व-शान्तिं कुरु-कुरु स्वाहा।

ॐ ह्रीं णमो अरहंताणं उत्तरदिशाः समागत विघ्नान् निवारय निवारय सर्वं वास्तुं रक्ष रक्ष जिनागमेभ्यो नमः सर्व-शान्तिं कुरु-कुरु स्वाहा।

ॐ ह्रीं णमो अरहंताणं ईशानदिशाः समागत विघ्नान् निवारय निवारय सर्वं वास्तुं रक्ष रक्ष जिनचैत्येभ्यो नमः सर्व-शान्तिं कुरु-कुरु स्वाहा।

ॐ ह्रीं णमो अरहंताणं ऊर्ध्वदिशाः समागत विघ्नान् निवारय निवारय सर्वं वास्तुं रक्ष रक्ष जिनचैत्यालयेभ्यो नमः सर्व-शान्तिं कुरु-कुरु स्वाहा।

ॐ ह्रीं णमो अरहंताणं अधोदिशाः समागत विघ्नान् निवारय निवारय सर्वं वास्तुं रक्ष रक्ष नवदेवेभ्यो नमः सर्व-शान्तिं कुरु-कुरु स्वाहा।

ॐ ह्रीं अर्हं श्रीं भूदोष निवारक स्वयंभू चतुर्विंशति तीर्थंकरेभ्यो नमः सर्व शान्तिं कुरु-कुरु स्वाहा।

ॐ ह्रीं अर्हं श्रीं भूरसदोष निवारक स्वयंभू चतुर्विंशति तीर्थंकरेभ्यो नमः सर्व-शान्तिं कुरु-कुरु स्वाहा।

ॐ ह्रीं अर्हं श्रीं भूस्पर्शदोष निवारक स्वयंभू चतुर्विंशति तीर्थंकरेभ्यो नमः सर्व-शान्तिं कुरु-कुरु स्वाहा।

ॐ ह्रीं अर्हं श्रीं भूगन्धदोष निवारक स्वयंभू चतुर्विंशति तीर्थंकरेभ्यो नमः सर्व-शान्तिं कुरु-कुरु स्वाहा।

ॐ ह्रीं अर्हं श्रीं भूवर्णदोष निवारक स्वयंभू चतुर्विंशति तीर्थंकरेभ्यो नमः सर्व-शान्तिं कुरु-कुरु स्वाहा।

ॐ ह्रीं अर्हं श्रीं भूजातिदोष निवारक स्वयंभू चतुर्विंशति तीर्थंकरेभ्यो नमः सर्व-शान्तिं कुरु-कुरु स्वाहा।

ॐ ह्रीं अर्हं श्रीं दैत्यपृष्ठभूदोष निवारक स्वयंभू चतुर्विंशति तीर्थंकरेभ्यो नमः सर्व-शान्तिं कुरु-कुरु स्वाहा।

ॐ ह्रीं अर्हं श्रीं नागपृष्ठभूदोष निवारक स्वयंभू चतुर्विंशति तीर्थंकरेभ्यो नमः सर्व-शान्तिं कुरु-कुरु स्वाहा।

ॐ ह्रीं अर्हं श्रीं अशुभभूदोष निवारक स्वयंभू चतुर्विंशति तीर्थंकरेभ्यो नमः सर्व-शान्तिं कुरु-कुरु स्वाहा।

ॐ ह्रीं अर्हं श्रीं पशु पक्षीनिवास भूदोष निवारक स्वयंभू चतुर्विंशति तीर्थंकरेभ्यो नमः सर्व शान्तिं कुरु-कुरु स्वाहा।

ॐ ह्रीं अर्हं श्रीं वर्गाकारभूदोष निवारक स्वयंभू चतुर्विंशति तीर्थंकरेभ्यो नमः सर्व-शान्तिं कुरु-कुरु स्वाहा।

ॐ ह्रीं अर्हं श्रीं आयताकारभूदोष निवारक स्वयंभू चतुर्विंशति तीर्थंकरेभ्यो नमः सर्व-शान्तिं कुरु-कुरु स्वाहा।

ॐ ह्रीं अर्हं श्रीं चर्तुभुजभूदोष निवारक स्वयंभू चतुर्विंशति तीर्थंकरेभ्यो नमः सर्व-शान्तिं कुरु-कुरु स्वाहा।

ॐ ह्रीं अर्हं श्रीं षट्कोणभूदोष निवारक स्वयंभू चतुर्विंशति तीर्थंकरेभ्यो नमः सर्व-शान्तिं कुरु-कुरु स्वाहा।

ॐ ह्रीं अर्हं श्रीं गोलाकारभूदोष निवारक स्वयंभू चतुर्विंशति तीर्थंकरेभ्यो नमः सर्व-शान्तिं कुरु-कुरु स्वाहा।

ॐ ह्रीं अर्हं श्रीं अण्डाकारभूदोष निवारक स्वयंभू चतुर्विंशति तीर्थंकरेभ्यो नमः सर्व-शान्तिं कुरु-कुरु स्वाहा।

ॐ ह्रीं अर्हं श्रीं त्रिकोणाकारभूदोष निवारक स्वयंभू चतुर्विंशति तीर्थंकरेभ्यो

नमः सर्व-शान्तिं कुरु-कुरु स्वाहा।

ॐ ह्लीं अर्हं श्रीं अर्धगोलाकारभूदोष निवारक स्वयंभू चतुर्विंशति तीर्थंकरेभ्यो नमः सर्व-शान्तिं कुरु-कुरु स्वाहा।

ॐ ह्लीं अर्हं श्रीं सूपाकारभूदोष निवारक स्वयंभू चतुर्विंशति तीर्थंकरेभ्यो नमः सर्व-शान्तिं कुरु-कुरु स्वाहा।

ॐ ह्लीं अर्हं श्रीं धनुषाकारभूदोष निवारक स्वयंभू चतुर्विंशति तीर्थंकरेभ्यो नमः सर्व-शान्तिं कुरु-कुरु स्वाहा।

ॐ ह्लीं अर्हं श्रीं पंखाकारभूदोष निवारक स्वयंभू चतुर्विंशति तीर्थंकरेभ्यो नमः सर्व-शान्तिं कुरु-कुरु स्वाहा।

ॐ ह्लीं अर्हं श्रीं मृदंगाकारभूदोष निवारक स्वयंभू चतुर्विंशति तीर्थंकरेभ्यो नमः सर्व-शान्तिं कुरु-कुरु स्वाहा।

ॐ ह्लीं अर्हं श्रीं शकटाकारभूदोष निवारक स्वयंभू चतुर्विंशति तीर्थंकरेभ्यो नमः सर्व-शान्तिं कुरु-कुरु स्वाहा।

ॐ ह्लीं अर्हं श्रीं अष्टकोणाकारभूदोष निवारक स्वयंभू चतुर्विंशति तीर्थंकरेभ्यो नमः सर्व-शान्तिं कुरु-कुरु स्वाहा।

ॐ ह्लीं अर्हं श्रीं मूसलाकारभूदोष निवारक स्वयंभू चतुर्विंशति तीर्थंकरेभ्यो नमः सर्व-शान्तिं कुरु-कुरु स्वाहा।

ॐ ह्लीं अर्हं श्रीं चिमटाकारभूदोष निवारक स्वयंभू चतुर्विंशति तीर्थंकरेभ्यो नमः सर्व-शान्तिं कुरु-कुरु स्वाहा।

ॐ ह्लीं अर्हं श्रीं कुम्भाकारभूदोष निवारक स्वयंभू चतुर्विंशति तीर्थंकरेभ्यो नमः सर्व-शान्तिं कुरु-कुरु स्वाहा।

ॐ ह्लीं अर्हं श्रीं कोणवृद्धिभूदोष निवारक स्वयंभू चतुर्विंशति तीर्थंकरेभ्यो नमः सर्व-शान्तिं कुरु-कुरु स्वाहा।

ॐ ह्लीं अर्हं श्रीं आग्नेयकोणवृद्धिभूदोष निवारक स्वयंभू चतुर्विंशति तीर्थंकरेभ्यो नमः सर्व-शान्तिं कुरु-कुरु स्वाहा।

ॐ ह्लीं अर्हं श्रीं नैऋत्यकोणवृद्धिभूदोष निवारक स्वयंभू चतुर्विंशति तीर्थंकरेभ्यो नमः सर्व-शान्तिं कुरु-कुरु स्वाहा।

ॐ ह्लीं अर्हं श्रीं वायव्यकोणवृद्धिभूदोष निवारक स्वयंभू चतुर्विंशति तीर्थंकरेभ्यो नमः सर्व-शान्तिं कुरु-कुरु स्वाहा।

ॐ ह्लीं अर्हं श्रीं ईशानकोणहीनभूदोष निवारक स्वयंभू चतुर्विंशति तीर्थंकरेभ्यो नमः सर्व-शान्तिं कुरु-कुरु स्वाहा।

ॐ ह्लीं अर्हं श्रीं आग्नेयकोणहीनभूदोष निवारक स्वयंभू चतुर्विंशति तीर्थंकरेभ्यो नमः सर्व-शान्तिं कुरु-कुरु स्वाहा।

ॐ ह्रीं अर्हं श्रीं नैऋत्यकोणहीनभूदोष निवारक स्वयंभू चतुर्विंशति तीर्थंकरेभ्यो नमः सर्व-शान्तिं कुरु-कुरु स्वाहा।

ॐ ह्रीं अर्हं श्रीं वायव्यकोणहीनभूदोष निवारक स्वयंभू चतुर्विंशति तीर्थंकरेभ्यो नमः सर्व शान्तिं कुरु-कुरु स्वाहा।

ॐ ह्रीं अर्हं श्रीं भुजाभूदोष निवारक स्वयंभू चतुर्विंशति तीर्थंकरेभ्यो नमः सर्व-शान्तिं कुरु-कुरु स्वाहा।

ॐ ह्रीं अर्हं श्रीं मार्गभूदोष निवारक स्वयंभू चतुर्विंशति तीर्थंकरेभ्यो नमः सर्व-शान्तिं कुरु-कुरु स्वाहा।

ॐ ह्रीं अर्हं श्रीं ऊँची-नीची भूदोष निवारक स्वयंभू चतुर्विंशति तीर्थंकरेभ्यो नमः सर्व-शान्तिं कुरु-कुरु स्वाहा।

ॐ ह्रीं अर्हं तलवेधदोष-निवारक-चतुःषष्ठि-ऋद्धिधारक-मुनिवरेभ्यो नमः सर्व-शान्तिं कुरु-कुरु स्वाहा।

ॐ ह्रीं अर्हं तालवेधदोष-निवारक-चतुःषष्ठि-ऋद्धिधारक-मुनिवरेभ्यो नमः सर्व-शान्तिं कुरु-कुरु स्वाहा।

ॐ ह्रीं अर्हं दृष्टिवेधदोष-निवारक-चतुःषष्ठि-ऋद्धिधारक-मुनिवरेभ्यो नमः सर्व-शान्तिं कुरु-कुरु स्वाहा।

ॐ ह्रीं अर्हं तुलावेधदोष-निवारक-चतुःषष्ठि-ऋद्धिधारक-मुनिवरेभ्यो नमः सर्व-शान्तिं कुरु-कुरु स्वाहा।

ॐ ह्रीं अर्हं स्तम्भवेधदोष-निवारक-चतुःषष्ठि-ऋद्धिधारक-मुनिवरेभ्यो नमः सर्व-शान्तिं कुरु-कुरु स्वाहा।

ॐ ह्रीं अर्हं हृदयवेधदोष-निवारक-चतुःषष्ठि-ऋद्धिधारक-मुनिवरेभ्यो नमः सर्व-शान्तिं कुरु-कुरु स्वाहा।

ॐ ह्रीं अर्हं मर्मवेधदोष-निवारक-चतुःषष्ठि-ऋद्धिधारक-मुनिवरेभ्यो नमः सर्व-शान्तिं कुरु-कुरु स्वाहा।

ॐ ह्रीं अर्हं मार्गवेधदोष-निवारक-चतुःषष्ठि-ऋद्धिधारक-मुनिवरेभ्यो नमः सर्व-शान्तिं कुरु-कुरु स्वाहा।

ॐ ह्रीं अर्हं वृक्षवेधदोष-निवारक-चतुःषष्ठि-ऋद्धिधारक-मुनिवरेभ्यो नमः सर्व-शान्तिं कुरु-कुरु स्वाहा।

ॐ ह्रीं अर्हं छायावेधदोष-निवारक-चतुःषष्ठि-ऋद्धिधारक-मुनिवरेभ्यो नमः सर्व-शान्तिं कुरु-कुरु स्वाहा।

ॐ ह्रीं अर्हं द्वारवेधदोष-निवारक-चतुःषष्ठि-ऋद्धिधारक-मुनिवरेभ्यो नमः सर्व-शान्तिं कुरु-कुरु स्वाहा।

ॐ ह्रीं अर्हं स्वरवेधदोष-निवारक-चतुःषष्ठि-ऋद्धिधारक-मुनिवरेभ्यो नमः सर्व-

शान्तिं कुरु-कुरु स्वाहा।

ॐ ह्रीं अर्हं कीलवेधदोष-निवारक-चतु:षष्ठि-ऋद्धिधारक-मुनिवरेभ्यो नमः सर्व-शान्तिं कुरु-कुरु स्वाहा।

ॐ ह्रीं अर्हं दीपालयवेधदोष-निवारक-चतु:षष्ठि-ऋद्धिधारक-मुनिवरेभ्यो नमः सर्व-शान्तिं कुरु-कुरु स्वाहा।

ॐ ह्रीं अर्हं पूर्वदिशावीथीदोष-निवारक-चतु:षष्ठि-ऋद्धिधारक-मुनिवरेभ्यो नमः सर्व-शान्तिं कुरु-कुरु स्वाहा।

ॐ ह्रीं अर्हं दक्षिणदिशावीथीवेधदोष-निवारक-चतु:षष्ठि-ऋद्धिधारक-मुनिवरेभ्यो नमः सर्व-शान्तिं कुरु-कुरु स्वाहा।

ॐ ह्रीं अर्हं पश्चिमदिशा वीथीवेधदोष-निवारक-चतु:षष्ठि-ऋद्धिधारक-मुनिवरेभ्यो नमः सर्व-शान्तिं कुरु-कुरु स्वाहा।

ॐ ह्रीं अर्हं उत्तरदिशा वीथीवेधदोष-निवारक-चतु:षष्ठि-ऋद्धिधारक-मुनिवरेभ्यो नमः सर्व-शान्तिं कुरु-कुरु स्वाहा।

ॐ ह्रीं अर्हं अशुभदिशावीथीदोष-निवारक-चतु:षष्ठि-ऋद्धिधारक-मुनिवरेभ्यो नमः सर्व-शान्तिं कुरु-कुरु स्वाहा।

ॐ ह्रीं अर्हं अशुभगृहदोष-निवारक-चतु:षष्ठि-ऋद्धिधारक-मुनिवरेभ्यो नमः सर्व-शान्तिं कुरु-कुरु स्वाहा।

ॐ ह्रीं अर्हं पूर्वदिशास्थितअशुभवृक्षदोष-निवारक-चतु:षष्ठि-ऋद्धिधारक-मुनिवरेभ्यो नमः सर्व-शान्तिं कुरु-कुरु स्वाहा।

ॐ ह्रीं अर्हं दक्षिणदिशास्थित अशुभवृक्षदोष-निवारक-चतु:षष्ठि-ऋद्धिधारक-मुनिवरेभ्यो नमः सर्व-शान्तिं कुरु-कुरु स्वाहा।

ॐ ह्रीं अर्हं पश्चिमदिशास्थित-अशुभवृक्षदोष-निवारक-चतु:षष्ठि-ऋद्धिधारक-मुनिवरेभ्यो नमः सर्व-शान्तिं कुरु-कुरु स्वाहा।

ॐ ह्रीं अर्हं उत्तरदिशास्थित अशुभवृक्षदोष-निवारक-चतु:षष्ठि-ऋद्धिधारक-मुनिवरेभ्यो नमः सर्व-शान्तिं कुरु-कुरु स्वाहा।

ॐ ह्रीं अर्हं पशु पक्षीकृत अशुभदोष-निवारक-चतु:षष्ठि-ऋद्धिधारक-मुनिवरेभ्यो नमः सर्व-शान्तिं कुरु-कुरु स्वाहा।

ॐ ह्रीं अशुभ-वारदोष-निवारक-अनन्तानन्त-सिद्धेभ्यो नमः सर्व-शान्तिं कुरु-कुरु स्वाहा।

ॐ ह्रीं अशुभ-अंशदोष-निवारक-अनन्तानन्त-सिद्धेभ्यो नमः सर्व-शान्तिं कुरु-कुरु स्वाहा।

ॐ ह्रीं अशुभ-ऋणदोष-निवारक-अनन्तानन्त-सिद्धेभ्यो नमः सर्व-शान्तिं कुरु-कुरु स्वाहा।

ॐ ह्रीं अशुभ-धनदोष-निवारक-अनन्तानन्त-सिद्धेभ्यो नमः सर्व-शान्तिं कुरु-कुरु स्वाहा।

ॐ ह्रीं अशुभ-तिथिदोष-निवारक-अनन्तानन्त-सिद्धेभ्यो नमः सर्व-शान्तिं कुरु-कुरु स्वाहा।

ॐ ह्रीं अशुभ-योगदोष-निवारक-अनन्तानन्त-सिद्धेभ्यो नमः सर्व-शान्तिं कुरु-कुरु स्वाहा।

ॐ ह्रीं अशुभ-राशिदोष-निवारक-अनन्तानन्त-सिद्धेभ्यो नमः सर्व-शान्तिं कुरु-कुरु स्वाहा।

ॐ ह्रीं अशुभ-गणदोष-निवारक-अनन्तानन्त-सिद्धेभ्यो नमः सर्व-शान्तिं कुरु-कुरु स्वाहा।

ॐ ह्रीं अशुभ-नक्षत्रदोष-निवारक-अनन्तानन्त-सिद्धेभ्यो नमः सर्व-शान्तिं कुरु-कुरु स्वाहा।

ॐ ह्रीं अशुभ-आयदोष-निवारक-अनन्तानन्त-सिद्धेभ्यो नमः सर्व-शान्तिं कुरु-कुरु स्वाहा।

ॐ ह्रीं शल्यदोष-निवारक-अनन्तानन्त-सिद्धेभ्यो नमः सर्व-शान्तिं कुरु-कुरु स्वाहा।

ॐ ह्रीं अशुभ-द्वारदोष-निवारक-अनन्तानन्त-सिद्धेभ्यो नमः सर्व-शान्तिं कुरु-कुरु स्वाहा।

ॐ ह्रीं अशुभ-गवाक्षदोष-निवारक-अनन्तानन्त-सिद्धेभ्यो नमः सर्व-शान्तिं कुरु-कुरु स्वाहा।

ॐ ह्रीं अशुभ-परकोटादोष-निवारक-अनन्तानन्त-सिद्धेभ्यो नमः सर्व-शान्तिं कुरु-कुरु स्वाहा।

ॐ ह्रीं अशुभ-भोजनकक्षदोष-निवारक-अनन्तानन्त-सिद्धेभ्यो नमः सर्व-शान्तिं कुरु-कुरु स्वाहा।

ॐ ह्रीं अशुभ-बैठककक्षदोष-निवारक-अनन्तानन्त-सिद्धेभ्यो नमः सर्व-शान्तिं कुरु-कुरु स्वाहा।

ॐ ह्रीं अशुभ-धनसंग्रहकक्षदोष-निवारक-अनन्तानन्त-सिद्धेभ्यो नमः सर्व-शान्तिं कुरु-कुरु स्वाहा।

ॐ ह्रीं अशुभ-स्वाध्यायकक्षदोष-निवारक-अनन्तानन्त-सिद्धेभ्यो नमः सर्व-शान्तिं कुरु-कुरु स्वाहा।

ॐ ह्रीं अशुभ-शयनकक्षदोष-निवारक-अनन्तानन्त-सिद्धेभ्यो नमः सर्व-शान्तिं कुरु-कुरु स्वाहा।

ॐ ह्रीं अशुभ-मुकुरदोष-निवारक-अनन्तानन्त-सिद्धेभ्यो नमः सर्व-शान्तिं कुरु-

कुरु स्वाहा।

ॐ ह्रीं अशुभ-स्नानकक्षदोष-निवारक-अनन्तानन्त-सिद्धेभ्यो नमः सर्व-शान्तिं कुरु-कुरु स्वाहा।

ॐ ह्रीं अशुभ-औषधिकक्ष दोष-निवारक-अनन्तानन्त-सिद्धेभ्यो नमः सर्व-शान्तिं कुरु-कुरु स्वाहा।

ॐ ह्रीं अशुभ-तलघरदोष-निवारक-अनन्तानन्त-सिद्धेभ्यो नमः सर्व-शान्तिं कुरु-कुरु स्वाहा।

ॐ ह्रीं अशुभ-सोपानदोष-निवारक-अनन्तानन्त-सिद्धेभ्यो नमः सर्व-शान्तिं कुरु-कुरु स्वाहा।

ॐ ह्रीं अशुभ-विद्यालयदोष-निवारक-अनन्तानन्त-सिद्धेभ्यो नमः सर्व-शान्तिं कुरु-कुरु स्वाहा।

ॐ ह्रीं अशुभ-अनुपयोगीसामग्रीकक्षदोष-निवारक-अनन्तानन्त-सिद्धेभ्यो नमः सर्व-शान्तिं कुरु-कुरु स्वाहा।

ॐ ह्रीं अशुभ-कूपदोष-निवारक-अनन्तानन्त-सिद्धेभ्यो नमः सर्व-शान्तिं कुरु-कुरु स्वाहा।

ॐ ह्रीं अशुभ-भण्डारकक्षदोष-निवारक-अनन्तानन्त-सिद्धेभ्यो नमः सर्व-शान्तिं कुरु-कुरु स्वाहा।

ॐ ह्रीं अशुभ-जलभण्डारणकक्षदोष-निवारक-अनन्तानन्त-सिद्धेभ्यो नमः सर्व-शान्तिं कुरु-कुरु स्वाहा।

ॐ ह्रीं अशुभ-व्यापारस्थलदोष-निवारक-अनन्तानन्त-सिद्धेभ्यो नमः सर्व-शान्तिं कुरु-कुरु स्वाहा।

ॐ ह्रीं अशुभ-उद्यानदोष-निवारक-अनन्तानन्त-सिद्धेभ्यो नमः सर्व-शान्तिं कुरु-कुरु स्वाहा।

ॐ ह्रीं सर्वअशुभदोष-निवारक-अनन्तानन्त-सिद्धेभ्यो नमः सर्व-शान्तिं कुरु-कुरु स्वाहा।

ॐ ह्रीं अर्हं सर्व वास्तुदोष निवारक चतुःषष्ठि ऋद्धि विभूषित गणधर सहित चतुर्विंशति तीर्थंकरेभ्यो नमः स्वाहा।

ॐ ह्रीं अर्हं सर्व वास्तुदोष निवारक चतुःषठि ऋद्धिविभूषित चतुरशीतिः गणधर सहित ऋषभदेव तीर्थंकरेभ्यो नमः स्वाहा।

ॐ ह्रीं अर्हं सर्व वास्तुदोष-निवारक चतुःषष्ठि ऋद्धिविभूषित नवति गणधर सहित अजितनाथ तीर्थंकरेभ्यो नमः स्वाहा।

ॐ ह्रीं अर्हं सर्व वास्तुदोष-निवारक चतुःषष्ठि ऋद्धिविभूषित पञ्चाधिकशतं गणधर सहित संभवनाथ तीर्थंकरेभ्यो नमः स्वाहा।

ॐ ह्रीं अर्हं सर्व वास्तुदोष-निवारक चतु:षष्ठि ऋद्धिविभूषित त्रयशत गणधर सहित अभिनन्दननाथ तीर्थंकरेभ्यो नमःस्वाहा

ॐ ह्रीं अर्हं सर्व वास्तुदोष-निवारक चतु:षष्ठि ऋद्धिविभूषित षोडशाधिकशत गणधर सहित सुमितनाथतीर्थंकरेभ्यो नमः स्वाहा।

ॐह्रीं अर्हं सर्व वास्तुदोष-निवारक चतु:षष्ठि ऋद्धिविभूषित एकादशाधिकशत गणधर सहित पद्मप्रभ तीर्थंकरेभ्यो नमःस्वाहा।

ॐ ह्रीं अर्हं सर्व वास्तुदोष-निवारक चतु:षष्ठि ऋद्धिविभूषित पञ्चनवतिः गणधर सहित सुपार्श्वनाथतीर्थंकरेभ्यो नमः स्वाहा

ॐ ह्रीं अर्हं सर्व वास्तुदोष-निवारक चतु:षष्ठि ऋद्धिविभूषित त्रयनवतिः गणधर सहित चन्द्रप्रभ तीर्थंकरेभ्यो नमः स्वाहा।

ॐ ह्रीं अर्हं सर्व वास्तुदोष निवारक चतु:षष्ठि ऋद्धिविभूषित अष्टाशीतिः गणधर सहित पुष्पदन्तनाथ तीर्थंकरेभ्यो नमः स्वाहा।

ॐ ह्रीं अर्हं सर्व वास्तुदोष-निवारक चतु:षष्ठि ऋद्धिविभूषित एकाशीतिः गणधर सहित शीतलनाथ तीर्थंकरेभ्यो नमः स्वाहा।

ॐ ह्रीं अर्हं सर्व वास्तुदोष-निवारक चतु:षष्ठि ऋद्धिविभूषित सप्त सप्ततिः गणधर सहित श्रेयांसनाथ तीर्थंकरेभ्यो नमः स्वाहा।

ॐ ह्रीं अर्हं सर्व वास्तुदोष-निवारक चतु:षष्ठि ऋद्धिविभूषित षट्षष्टिः गणधर सहित वासुपूज्य तीर्थंकरभ्यो नमः स्वाहा।

ॐ ह्रीं अर्हं सर्व वास्तुदोष-निवारक चतु:षष्ठि ऋद्धिविभूषित पञ्चपञ्चाशत गणधर सहित विमलनाथ तीर्थंकरेभ्यो नमः स्वाहा।

ॐह्रीं अर्हं सर्व वास्तुदोष-निवारक चतु:षष्ठि ऋद्धिविभूषित पञ्चाशत गणधर सहित अनन्तनाथ तीर्थंकरेभ्यो नमः स्वाहा।

ॐ ह्रीं अर्हं सर्व वास्तुदोष निवारक चतु:षष्ठि ऋद्धिविभूषित त्रय चत्वारिंशत् गणधर सहित धर्मनाथ तीर्थंकरेभ्यो नमः स्वाहा।

ॐ ह्रीं अर्हं सर्व वास्तुदोष-निवारक चतु:षष्ठि ऋद्धिविभूषित षट्त्रिंशत् गणधर सहित शान्तिनाथ तीर्थंकरेभ्यो नमः स्वाहा।

ॐ ह्रीं अर्हं सर्व वास्तुदोष निवारक चतु:षष्ठि ऋद्धिविभूषित पञ्चत्रिंशत् गणधर सहित कुन्थुनाथ तीर्थंकरेभ्यो नमः स्वाहा।

ॐ ह्रीं अर्हं सर्व वास्तुदोष निवारक चतु:षष्ठि ऋद्धिविभूषित त्रिंशत गणधर सहित अरनाथ तीर्थंकरभ्यो नमः स्वाहा।

ॐ ह्रीं अर्हं सर्व वास्तुदोष निवारक चतु:षष्ठि ऋद्धिविभूषित अष्टाविंशति गणधर सहित मल्लिनाथ तीर्थंकरेभ्यो नमः स्वाहा।

ॐ ह्रीं अर्हं सर्व वास्तुदोष निवारक चतु:षष्ठि ऋद्धिविभूषित अष्टादश

गणधर सहित मुनिसुव्रतनाथ तीर्थंकरेभ्यो नमः स्वाहा।

ॐ ह्रीं अर्हं सर्व वास्तुदोष निवारक चतु:षष्ठि ऋद्धिविभूषित सप्तदश गणधर सहित नमिनाथ तीर्थंकरेभ्यो नमः स्वाहा।

ॐ ह्रीं अर्हं सर्व वास्तुदोष निवारक चतु:षष्ठि ऋद्धिविभूषित एकादश गणधर सहित नेमिनाथ तीर्थंकरेभ्यो नमः स्वाहा।

ॐ ह्रीं अर्हं सर्व वास्तुदोष निवारक चतु:षष्ठि ऋद्धिविभूषित दश गणधर सहित पार्श्वनाथ तीर्थंकरेभ्यो नमः स्वाहा।

ॐ ह्रीं अर्हं सर्व वास्तुदोष निवारक चतु:षष्ठि ऋद्धिविभूषित एकादश गणधर सहित वर्धमान तीर्थंकरेभ्यो नमः स्वाहा।

ॐ ह्रीं अर्हं क्लीं क्रौं चतु:षष्ठी ऋद्धिभ्यो नमः स्वाहा।

ॐ ह्रीं अर्हं क्लीं क्रौं केवलज्ञान ऋद्धिभ्यो नमः स्वाहा।

ॐ ह्रीं अर्हं क्लीं क्रौं मन:पर्ययज्ञान ऋद्धिभ्यो नमः स्वाहा।

ॐ ह्रीं अर्हं क्लीं क्रौं अवधिज्ञान ऋद्धिभ्यो नमः स्वाहा।

ॐ ह्रीं अर्हं क्लीं क्रौं कोष्ठबुद्धि ऋद्धिभ्यो नमः स्वाहा।

ॐ ह्रीं अर्हं क्लीं क्रौं बीजबुद्धि ऋद्धिभ्यो नमः स्वाहा।

ॐ ह्रीं अर्हं क्लीं क्रौं पदानुसारि ऋद्धिभ्यो नमः स्वाहा।

ॐ ह्रीं अर्हं क्लीं क्रौं संभिन्नश्रोतृ ऋद्धिभ्यो नमः स्वाहा।

ॐ ह्रीं अर्हं क्लीं क्रौं दूरस्पर्श ऋद्धिभ्यो नमः स्वाहा।

ॐ ह्रीं अर्हं क्लीं क्रौं दूरास्वादन ऋद्धिभ्यो नमः स्वाहा।

ॐ ह्रीं अर्हं क्लीं क्रौं दूरघ्राण ऋद्धिभ्यो नमः स्वाहा।

ॐ ह्रीं अर्हं क्लीं क्रौं दूरदर्श ऋद्धिभ्यो नमः स्वाहा।

ॐ ह्रीं अर्हं क्लीं क्रौं दूरश्रवण ऋद्धिभ्यो नमः स्वाहा।

ॐ ह्रीं अर्हं क्लीं क्रौं दशपूर्व ऋद्धिभ्यो नमः स्वाहा।

ॐ ह्रीं अर्हं क्लीं क्रौं चौदहपूर्व ऋद्धिभ्यो नमः स्वाहा।

ॐ ह्रीं अर्हं क्लीं क्रौं अष्टांगमहानिमित्त ऋद्धिभ्यो नमः स्वाहा।

ॐ ह्रीं अर्हं क्लीं क्रौं प्रज्ञाश्रमण ऋद्धिभ्यो नमः स्वाहा।

ॐ ह्रीं अर्हं क्लीं क्रौं प्रत्येकबुद्धि ऋद्धिभ्यो नमः स्वाहा।

ॐ ह्रीं अर्हं क्लीं क्रौं वादित्व ऋद्धिभ्यो नमः स्वाहा।

ॐ ह्रीं अर्हं क्लीं क्रौं अणिमा ऋद्धिभ्यो नमः स्वाहा।

ॐ ह्रीं अर्हं क्लीं क्रौं महिमा ऋद्धिभ्यो नमः स्वाहा।

ॐ ह्रीं अर्हं क्लीं क्रौं लघिमा ऋद्धिभ्यो नमः स्वाहा।

ॐ ह्रीं अर्हं क्लीं क्रौं गरिमा ऋद्धिभ्यो नमः स्वाहा।

ॐ ह्रीं अर्हं क्लीं क्रौं प्राप्तिविक्रिया ऋद्धिभ्यो नमः स्वाहा।

ॐ ह्रीं अर्हं क्लीं क्रौं प्राकाम्य ऋद्धिभ्यो नमः स्वाहा।
ॐ ह्रीं अर्हं क्लीं क्रौं ईशत्व ऋद्धिभ्यो नमः स्वाहा।
ॐ ह्रीं अर्हं क्लीं क्रौं वशित्व ऋद्धिभ्यो नमः स्वाहा।
ॐ ह्रीं अर्हं क्लीं क्रौं अप्रतिघात ऋद्धिभ्यो नमः स्वाहा।
ॐ ह्रीं अर्हं क्लीं क्रौं अन्तर्ध्यान ऋद्धिभ्यो नमः स्वाहा।
ॐ ह्रीं अर्हं क्लीं क्रौं कामरूप ऋद्धिभ्यो नमः स्वाहा।
ॐ ह्रीं अर्हं क्लीं क्रौं नभचारण ऋद्धिभ्यो नमः स्वाहा।
ॐ ह्रीं अर्हं क्लीं क्रौं जलचारण ऋद्धिभ्यो नमः स्वाहा।
ॐ ह्रीं अर्हं क्लीं क्रौं जंघाचारण ऋद्धिभ्यो नमः स्वाहा।
ॐ ह्रीं अर्हं क्लीं क्रौं पुष्पचारण ऋद्धियुत् मुनिन्द्रेभ्यो नमः स्वाहा।
ॐ ह्रीं अर्हं क्लीं क्रौं अग्निचारण ऋद्धिभ्यो नमः स्वाहा।
ॐ ह्रीं अर्हं क्लीं क्रौं मेघचारण ऋद्धिभ्यो नमः स्वाहा।
ॐ ह्रीं अर्हं क्लीं क्रौं तंतूचारण ऋद्धिभ्यो नमः स्वाहा।
ॐ ह्रीं अर्हं क्लीं क्रौं वायुचारण ऋद्धिभ्यो नमः स्वाहा।
ॐ ह्रीं अर्हं क्लीं क्रौं ज्योतिषचारण ऋद्धिभ्यो नमः स्वाहा।
ॐ ह्रीं अर्हं क्लीं क्रौं उग्रतप ऋद्धिभ्यो नमः स्वाहा।
ॐ ह्रीं अर्हं क्लीं क्रौं दीप्तितप ऋद्धिभ्यो नमः स्वाहा।
ॐ ह्रीं अर्हं क्लीं क्रौं महातप ऋद्धिभ्यो नमः स्वाहा।
ॐ ह्रीं अर्हं क्लीं क्रौं घोरतप ऋद्धिभ्यो नमः स्वाहा।
ॐ ह्रीं अर्हं क्लीं क्रौं तप्ततप ऋद्धिभ्यो नमः स्वाहा।
ॐ ह्रीं अर्हं क्लीं क्रौं घोरपराक्रम ऋद्धिभ्यो नमः स्वाहा।
ॐ ह्रीं अर्हं क्लीं क्रौं अघोरब्रह्मचर्य ऋद्धिभ्यो नमः स्वाहा।
ॐ ह्रीं अर्हं क्लीं क्रौं मनबल ऋद्धिभ्यो नमः स्वाहा।
ॐ ह्रीं अर्हं क्लीं क्रौं वचनबल ऋद्धिभ्यो नमः स्वाहा।
ॐ ह्रीं अर्हं क्लीं क्रौं कायबल ऋद्धिभ्यो नमः स्वाहा।
ॐ ह्रीं अर्हं क्लीं क्रौं आमर्शौषधि ऋद्धिभ्यो नमः स्वाहा।
ॐ ह्रीं अर्हं क्लीं क्रौं क्ष्वेलौषधि ऋद्धिभ्यो नमः स्वाहा।
ॐ ह्रीं अर्हं क्लीं क्रौं जल्लौषधि ऋद्धिभ्यो नमः स्वाहा।
ॐ ह्रीं अर्हं क्लीं क्रौं मल्लौषधि ऋद्धिभ्यो नमः स्वाहा।
ॐ ह्रीं अर्हं क्लीं क्रौं विप्रौषधि ऋद्धिभ्यो नमः स्वाहा।
ॐ ह्रीं अर्हं क्लीं क्रौं सर्वौषधि ऋद्धिभ्यो नमः स्वाहा।
ॐ ह्रीं अर्हं क्लीं क्रौं मुखनिर्विष ऋद्धिभ्यो नमः स्वाहा।
ॐ ह्रीं अर्हं क्लीं क्रौं दृष्टिनिर्विष ऋद्धिभ्यो नमः स्वाहा।

ॐ ह्रीं अर्हं क्लीं क्रौं आशीर्विष ऋद्धिभ्यो नमः स्वाहा।

ॐ ह्रीं अर्हं क्लीं क्रौं दृष्टिर्विष ऋद्धिभ्यो नमः स्वाहा।

ॐ ह्रीं अर्हं क्लीं क्रौं क्षीरस्रावी ऋद्धिभ्यो नमः स्वाहा।

ॐ ह्रीं अर्हं क्लीं क्रौं मधुरस्रावी ऋद्धिभ्यो नमः स्वाहा।

ॐ ह्रीं अर्हं क्लीं क्रौं अमृतस्रावी ऋद्धिभ्यो नमः स्वाहा।

ॐ ह्रीं अर्हं क्लीं क्रौं सर्पिस्रावी ऋद्धिभ्यो नमः स्वाहा।

ॐ ह्रीं अर्हं क्लीं क्रौं अक्षीणमहालय ऋद्धिभ्यो नमः स्वाहा।

ॐ ह्रीं अर्हं क्लीं क्रौं अक्षीणमहानस ऋद्धिभ्यो नमः स्वाहा।

पुण्याहवाचन करें।

ॐ ह्रूं क्षूं फट् किरिटिं किरिटिं घातय घातय पर विघ्नान् स्फोटय स्फोटय सहस्त्र खंडान् कुरु-कुरु परमुद्रां छिन्द छिन्द परमन्त्रान् भिन्द भिन्द क्षः क्षः हूं फट् स्वाहा।

पुण्याहवाचन का जल पूरे गृह में रक्षामन्त्र बोलते हुए सिञ्चन करें। ध्यान रहे कि जल जमीन में न गिरे।

ॐ ह्रीं वन्दनमालां बध्नामि स्वस्ति भवतु।

मुख्यद्वार पर वन्दनवार बाँधें।

ॐ णमो अरिहन्ताणं स्वस्ति भद्रं भवतु सर्वलोक शान्तिर्भवतु स्वाहा।

गृह के नैऋत्य कोण पर ध्वज लगायें।

गृहादि के प्रत्येक द्वार पर केशर से स्वस्तिक बनाएँ। शान्ति भक्ति का पाठ करके विसर्जन करें। उपस्थित साधर्मी जनों का सम्मान करें। दान करें।

कालसर्प, शनि साढ़ेसाती, मूल एवं नवग्रहादि दोष : जैन दर्शन के आलोक में

चन्द्र, सूर्य, ग्रह, नक्षत्र, और तारे ज्योतिष्क जाति के देव विमान चमकीले होते हैं। ये सभी विमान अर्धगोलक के समान हैं, एवं इनमें अकृत्रिम जिन चैत्यालय हैं। इनके नीचे का गोलाकार भाग हमें दिखाई देता है। ये विमान पृथ्वी से 790 योजन से 900 योजन ऊपर तक आकाश में हमेशा मेरु पर्वत को 1121 योजन छोड़कर मेरुपर्वत की परिक्रमा करते हैं।

इनका पथ और गति निश्चित है। इनकी किरणें मनुष्य आदि सभी जीवों पर अपना प्रभाव डालती हैं। जिससे जहाँ मानव का शरीर प्रभावित होता है, वहीं मस्तिष्क भी परिवर्तन का अनुभव करता है। चन्द्र, सूर्यादि के पथ और गतियों में अन्तर पाया जाता है। जिससे सूर्य एक माह, चन्द्रमा ढ़ाई दिन, मंगल 45 दिन, बुध 20-25 दिन, गुरु 13 माह, शनि 30 माह, राहु और केतु 18 माह में एक राशि को पार करते हैं।

चन्द्र, सूर्य, ग्रह, नक्षत्र, और तारों की प्रकृति आकृति एवं प्रभाव में अन्तर होने से इनके संयोग से भी अलग-अलग प्रकृति निर्मित होती है। इसका अध्ययन करने वाले ग्रन्थ को ज्योतिष-शास्त्र कहते हैं।

आकाश में 360 अंशों का विभाजन मान्य है। जिसके 30-30 अंशों के बारह भाग किये जा सकते हैं। ये बारह भाग राशियों का क्षेत्र है। तारों के समूह को राशि कहते हैं। इनकी आकृति मेष, वृष, मिथुन आदि के आकार की हैं। अतः राशियों के ये नाम निश्चित किये गये हैं। राशियों के इन क्षेत्रों में जब सूर्य, चन्द्र, ग्रह, नक्षत्र आदि गति करते हैं, तब इन की युति होती है। इनके संयोग से अनेक प्रकार की मिश्रित किरणें बनती हैं जो मानव मन को प्रभावित करती हैं।

व्यक्ति का जब जन्म होता है तब चन्द्रमा जिस राशि में होता है उस व्यक्ति की वह राशि होती है। जन्म के समय ज्योतिषीय आकाश में जो ग्रह जिस राशि में होते हैं वह उस व्यक्ति की कुंडली अर्थात् जन्म पत्री में स्थित कर दिये जाते हैं। जिससे उस व्यक्ति के सम्पूर्ण जीवन की घटनाओं स्वभाव, शरीर-संरचना, प्रभाव एवं संयोग, वियोग, सुख-दुःख आदि का ज्ञान प्राप्त किया जा सकता है।

ग्रहादि सुख-दुःख के कर्ता नहीं

ग्रह, नक्षत्र आदि सुख-दुःख घटनाओं के सूचक होते हैं। वे उनमें परिवर्तन करने में सक्षम नहीं होते हैं। जिस प्रकार सड़क किनारे सूचना-पट पर लिखा होता है कि आगे दायाँ मोड़ है। ये सूचना मात्र है, मुड़ना तो हमें ही पड़ेगा। नहीं मुड़ेंगे तो दुर्घटना संभव है। ये सूचना-पट बचाता नहीं, मात्र सूचना देता है। उसी प्रकार ज्योतिष-शास्त्र मात्र सूचना देते हैं।

जैनागम में अष्टांग-निमित्त का उल्लेख प्राप्त होता है। इन अष्टांग-निमित्तों में ग्रह, नक्षत्र आदि के माध्यम से शुभाशुभ की जानकारी प्राप्त होती है। श्रवण नक्षत्र को हिलता देखने से मुनियों पर हो रहे उपसर्ग की जानकारी प्राप्त कर श्री विष्णुकुमार मुनि ने अकम्पनाचार्य आदि सात सौ मुनियों की रक्षा की थी। इसका सबसे बड़ा उदाहरण है।

कर्म-सिद्धान्त और ज्योतिष

व्यक्ति का जन्म उसके पूर्वोपार्जित कर्मों के अनुसार ग्रह नक्षत्रों में होता है। यह मात्र निमित्त नैमित्तिक सम्बन्ध ही है। कर्मों को तो देखा पढ़ा नहीं जा सकता है, अतः ग्रह नक्षत्रादिकों की स्थिति देखकर शुभाशुभ कर्मों को जाना जा सकता है। अशुभ योगों से अशुभ कर्म का उदय आने वाला है, ऐसी सूचना प्राप्त होने से व्यक्ति को शुभ कार्यों में लग जाना चाहिए।

इसका विशेष उल्लेख पं. श्री रतनचन्द्र मुख्तार व्यक्तित्व कृतित्व में पृष्ठ 630 पर निम्नानुसार किया है- भगवान की भक्ति पूजा आदि करने से परिणाम विशुद्ध होने से मन्द बन्ध होता है। यदि विशुद्ध परिणाम प्रबल हों, तो पूर्व में जो तीव्र बन्ध हुआ था वह भी मन्द पड़ जाता है। जिसके कारण सांसारिक दुःख देने वाले कर्मों का अनुभाग घट जाने से तथा अशुभ कर्मों का शुभ रूप संक्रमण हो जाने से दुःखों का अभाव एवं लौकिक सुख की प्राप्ति होती है। स्तोत्र आदि के पाठ द्वारा प्रयोजन सिद्ध होने की बहुत कथाएँ सर्व विदित हैं।

स्तोत्र आदि के पाठ द्वारा पुण्य बन्ध होने से रोगों का शमन भी हो जाता है। अतः अशुभ कर्मों का उदय जान कर हमें शुभकार्यों में लग जाना चाहिए।

पूजा-पाठ से ग्रहादिकों का शमन

पूजा-पाठ, जाप आदि से अशुभयोग (कालसर्प), शनि, नवग्रहादि ठीक नहीं होता है। उन ग्रहादिक की स्थिति जैसी की तैसी ही रहती है। किन्तु पूजा-पाठ आदि करने से शुभास्रव होता है जिससे वर्तमान कर्मोदय में परिवर्तन होने से दुःखी व्यक्ति सुखानुभव करता है। अतः पूजा-पाठ करना चाहिए। कोई दावा करे कि मैं पूजा करवा के तुम्हारे ग्रह अशुभयोग (कालसर्प) दूर कर दूँगा तो वह व्यर्थ है।

निरन्तर देव दर्शन, पूजा, अभिषेक, विधान, पाठ, जाप आदि करने वाले के

कभी अशुभ कर्मोदय नहीं होता है। ग्रहादिक उनके अशुभ में निमित्त पड़ते नहीं हैं। यदि अशुभ कर्मोदय होता भी है तो अल्प समय में ठीक भी हो जाता है। श्रद्धान की दृढ़ता से उसके अशुभ का अल्प वेदन होता है। जिसे वह कर्मोदय समझकर सहजता से निकाल देता है। अत: हमेशा नित्य नियम पूजा, पाठ करने वालों को ग्रहादिक प्रभावित नहीं करते हैं।

ग्रहादिक की पूजा ग्रहीत-मिथ्यात्व है

नवग्रह की मान्यता जैनागम सम्मत नहीं है। जैन शास्त्रों में सूर्य और चन्द्रमा को ग्रहों में नहीं लिया गया है। जैनागम में ग्रह 88 बताये हैं। इन ग्रहों के माध्यम से ज्योतिष-विद्या द्वारा भविष्य की बातों का ज्ञान तो संभव है, परन्तु इनके द्वारा हमारा कुछ भी इष्ट या अनिष्ट नहीं होता है। ग्रहों की पूजा करना गृहीत-मिथ्यात्व है। (प्रश्नोत्तर संग्रह भाग 2 पृष्ठ 30)

जैनागम में ज्योतिष्क देवों के भेद-प्रभेदों में इन्द्र-प्रत्येन्द्र, ग्रह-नक्षत्र और तारों का उल्लेख है। जिसमें एक इन्द्र के परिवार में एक इन्द्र, एक प्रत्येन्द्र, 88 ग्रह, 28 नक्षत्र और 66975 कोड़ा-कोड़ी तारे होते हैं। ज्योतिष्क देवों के असंख्यात इन्द्र होते हैं। मात्र नवग्रह मानना और उनमें सूर्य, चन्द्रमा को भी ग्रह कहना जैनागम सम्मत नहीं है। किन्तु सूर्य, चन्द्र, ग्रहों की तरह व्यक्ति और वस्तुओं पर प्रभाव करते हैं अत: इन्हें ग्रहों के साथ ग्रहण किया गया प्रतीत होता है।

इन ग्रहादिक की पूजा करने से भी कोई कार्य की सिद्धी नहीं होती है। किसी ग्रह विशेष के दोष शमनार्थ किसी विशेष तीर्थंकर की पूजा का निर्धारण ग्रह के रंग और तीर्थंकर के शरीर के रंगानुसार किया गया है। जिस रंग वाले ग्रह के दोष-शमन करना है उसे उस रंग वाले तीर्थंकर की पूजा आराधना का कथन किया गया है। जबकि किसी भी तीर्थंकर की आराधना से, सभी ग्रहों का प्रभाव शमन हो सकता है।

ग्रहों की पूजा करने से भी किसी भी प्रकार के कार्य की सिद्धि की संभावना ही नहीं है। अपितु वह जैनागम बाह्य-क्रिया है। मिथ्यात्व का पोषण है। ये सुख दु:ख देने, न देने में साधक नहीं हैं। अपितु संसार वर्धक ही हैं, अत: हमें ग्रहों की पूजा नहीं करना चाहिए। तीर्थंकर अरिहंत भगवान की पूजा करने से सभी दु:ख स्वमेव दूर हो जाते हैं।

अशुभयोग (कालसर्प)

कालसर्पयोग नामका कोई भी योग ज्योतिष-शास्त्र में प्राप्त नहीं होता है। कालयोग और सर्पयोग का तो उल्लेख है किन्तु कालसर्पयोग का नहीं, फिर भी कालसर्प योग की अनेक पुस्तकें बाजार में उपलब्ध हो रही हैं। जो लोगों के बीच अशुभयोग (कालसर्प) का भय उत्पन्न कर रहीं है। जिन लोगों को अशुभयोग

(कालसर्प) है, वह जीवन के प्रत्येक पायदान पर असफल रहता है, जीवन संघर्षमय बीतता है, ऐसी जानकारी पहुँच रही है। जिससे सामान्यजन भयभीत हो रहे हैं। मन में अशान्ति ने स्थान बना लिया है। वे शान्ति और सफलता की खोज में कालसर्पयोग के दोष से बचने, निराकरण एवं उसकी शान्ति के लिए प्रयास करते हैं, और अविवेकी बनकर मिथ्यादेवों का आश्रय ले रहे हैं। अशुभयोग (कालसर्प) ग्रहों की अशुभ स्थिति मानी जा सकती है। वह अनेक प्रकार से भी हो सकती है। इसे कालसर्प कह कर भयानक नहीं बनना चाहिए। उसे अशुभ योग कहा जा सकता है।

जिन लोगों की मानसिक स्थिति ऐसी बन गयी है कि हमारे जो भी अशुभ हो रहा है वह कालसर्प योग से ही हो रहा है, वे अशुभयोग (कालसर्प) के निवारण के लिए प्रतिदिन देव-दर्शन, अभिषेक, पूजा एवं श्री पार्श्वनाथ भगवान की आराधना जाप और कल्याण मन्दिर-विधान कर अपने अशुभ कर्मों का शमन कर सकते हैं। पूजा-भक्ति आदि से शान्ति और सफलता स्वयमेव प्राप्त हो जाती है।

ग्रहादि-दोष-निवारण पूजा

वर्तमान में जगह-जगह काल सर्प दोष, शनिबाधा निवारण, ग्रहशान्ति आदि होना प्रारम्भ हो गये हैं। उनमें नीले काले वस्त्रों का प्रयोग एवं उतारा आदि जैन पूजा अनुष्ठान सम्मत नहीं है। जैन शास्त्रों में सफेद या पीले वस्त्रों का ही उल्लेख है।

अनेक प्रकार की विधियों द्वारा कालसर्प आदि का निराकरण किया जाना मिथ्यात्व का पोषण मात्र है। इनमें हमें विवेक पूर्वक अर्हंत भगवान की ही पूजा आराधना करना चाहिए। कलावा बाँधना, माला, अंगूठी, ताबीज पहिनने से भी ग्रहों के प्रभाव कम नहीं होंगे, क्योंकि ग्रह सुख-दुःख देते ही नहीं हैं। हमारे अशुभ कर्म ही हमारे सुख-दुःख में कारण हैं। कर्मों की हीनता अर्हत् भक्ति से ही संभव है। जिनके पुण्य उदय होता है उन्हें कर्मों की वेदना नहीं होता है।

एक ही नाम, राशि वाले अनेक व्यक्ति होते हैं जिनके ग्रह आदि भी समान होते हैं, फिर भी उन्हें समान सुख-दुःख नहीं होते हैं। कोई सुखी, कोई दुःखी देखा जाता है। सांसारिक सुख-दुःख में शुभाशुभ कर्म ही कारण होते हैं, अतः इनके शमनार्थ हमें अर्हत्-भक्ति करनी चाहिए। जो मोक्षादि सभी सुखों की साधक है।

अशुभयोग (कालसर्प) निवारण की सावधानियाँ-

1. अशुभयोग (कालसर्प) निवारण करने वाले के मानसिक विकृति न हो।
2. अशुभयोग (कालसर्प) निवारण में मिथ्यात्व का पोषण न करें।
3. आठ वर्ष से कम उम्र न हो। छोटे बच्चों को गोद में लेकर अशुभ योग (कालसर्प) निवारण न करें।
4. लिपिस्टक, नेलपालिश या हिंसात्मक सौन्दर्य प्रसाधन का उपयोग करने वाले

अशुभ योग (कालसर्प) निवारण न करें।

5. सप्तव्यसन का त्यागी हो।
6. बीड़ी, पान, तम्बाकू, सिगरेट आदि नशीले पदार्थों का त्यागी हो।
7. काले नीले कपड़े पहन कर कोई धार्मिक अनुष्ठान न करें।
8. अशुभयोग (कालसर्प) निवारण में उतारा आगमोक्त नहीं है।
9. अशुभयोग (कालसर्प) निवारण में कोई भी क्रिया आगम विरुद्ध न करें।
10. अशुभयोग (कालसर्प) निवारण गृहस्थाचार्य के निर्देशनानुसार ही करें।

अशुभयोग (कालसर्प) निवारण की सामग्री–

थाली 2, कलश 2, चम्मच 2, कटोरी 2, प्लेट 1, ठोना 1, आरती 1, धूपदान 1, घी, केशर, जल, चावल, चटक गोला, धूप, बादाम, लौंग, रुई, माचिस, चौका, चौकी, आसन चटाई, मन्त्र लिखा हुआ, विनायक या सिद्धयन्त्र, सिंहासन, छत्र, दीपक छोटे-बड़े ,कलावा, यज्ञोपवीत (जनेऊ) मंगल कलश (श्रीफल,पीला कपड़ा, हल्दीगाँठ, सुपाड़ी, पीलीसरसों, रजतस्वस्तिक, पञ्चरत्न, चाँदी का सिक्का सहित) कुंड, रंगोली आदि।

अशुभयोग (कालसर्प) निवारण

यदि राहु और केतु से शेष सातों ग्रह घिरे रहें तो ऐसे योग को अशुभयोग कहते हैं।

राहु से केतु सर्वदा सप्तम रहता है, यदि सभी ग्रह राहु के बाद और केतु के पूर्व या केतु के बाद और राहु के पूर्व हों तो अशुभयोग होता है। इसे ही लोग कालसर्प कहते हैं।

मंगलाचरण, जलशुद्धि, अमृतस्नान, पात्रशुद्धि, नवतिलक, भूमिशुद्धि, रक्षासूत्रबन्धन, दिग्बन्धन, रक्षामन्त्र, शान्तिमन्त्राराधन, जिनाभिषेक, शान्तिधारा, मंगलकलश स्थापन, दीपक स्थापन, दैनिक पूजन, मन्त्र जाप कल्याणमन्दिर विधान एवं हवन करें।

ॐ ह्रीं श्रीं क्लीं ब्लूं ऐं अर्हं कमठोपद्रव-जिताय श्री पार्श्वनाथ-जिनेन्द्राय नमः।

इस मन्त्र का 21, 51, 81 हजार या सवा लाख जाप करें। दशांश आहुति दें। उपरान्त निम्न मन्त्रों से आहुति देवें।

ॐ ह्रीं अर्हं णमो ओहि जिणाणं अशुभयोग शान्तिर्भवतु स्वाहा।
ॐ ह्रीं अर्हं णमो परमोहि जिणाणं अशुभयोग शान्तिर्भवतु स्वाहा।
ॐ ह्रीं अर्हं णमो सव्वोहि जिणाणं अशुभयोग शान्तिर्भवतु स्वाहा।
ॐ ह्रीं अर्हं णमो अणंतोहि जिणाणं अशुभयोग शान्तिर्भवतु स्वाहा।

ॐ ह्रीं अर्हं णमो कोट्ठबुद्धीणं अशुभयोग शान्तिर्भवतु स्वाहा।
ॐ ह्रीं अर्हं णमो बीजबुद्धीणं अशुभयोग शान्तिर्भवतु स्वाहा।
ॐ ह्रीं अर्हं णमो पदाणुसारीणं अशुभयोग शान्तिर्भवतु स्वाहा।
ॐ ह्रीं अर्हं णमो संभिण्णसोदाराणं अशुभयोग शान्तिर्भवतु स्वाहा।
ॐ ह्रीं अर्हं णमो सयंबुद्धीणं अशुभयोग शान्तिर्भवतु स्वाहा।
ॐ ह्रीं अर्हं णमो पत्तेयबुद्धीणं अशुभयोग शान्तिर्भवतु स्वाहा।
ॐ ह्रीं अर्हं णमो बोहियबुद्धीणं अन्यगृहीतं श्रुतज्ञानं भवतु स्वाहा।
ॐ ह्रीं अर्हं णमो उजुमदीणं सर्वशान्तिर्भवतु स्वाहा।
ॐ ह्रीं अर्हं णमो विउलमदीणं अशुभयोग शान्तिर्भवतु स्वाहा।
ॐ ह्रीं अर्हं णमो दसपुव्वीणं अशुभयोग शान्तिर्भवतु स्वाहा।
ॐ ह्रीं अर्हं णमो चउदशपुव्वीणं अशुभयोग शान्तिर्भवतु स्वाहा।
ॐ ह्रीं अर्हं णमो अट्ठंगमहा णिमित्तकुसलाणं अशुभयोग शान्तिर्भवतु स्वाहा।
ॐ ह्रीं अर्हं णमो विउव्वणपत्ताणं अशुभयोग शान्तिर्भवतु स्वाहा।
ॐ ह्रीं अर्हं णमो विज्जाहराणं अशुभयोग शान्तिर्भवतु स्वाहा।
ॐ ह्रीं अर्हं णमो चारणाणं अशुभयोग शान्तिर्भवतु स्वाहा।
ॐ ह्रीं अर्हं णमो पण्णसमणाणं अशुभयोग शान्तिर्भवतु स्वाहा।
ॐ ह्रीं अर्हं णमो आगासगामीणं अशुभयोग शान्तिर्भवतु स्वाहा।
ॐ ह्रीं अर्हं णमो आसीविसाणं अशुभयोग शान्तिर्भवतु स्वाहा।
ॐ ह्रीं अर्हं णमो दिट्ठिविसाणं स्थावरजंगमकृतविघ्नविनाशनं भवतु स्वाहा।
ॐ ह्रीं अर्हं णमो उग्गतवाणं अशुभयोग शान्तिर्भवतु स्वाहा।
ॐ ह्रीं अर्हं णमो दित्ततवाणं अशुभयोग शान्तिर्भवतु स्वाहा।
ॐ ह्रीं अर्हंणमो तत्ततवाणं अशुभयोग शान्तिर्भवतु स्वाहा।
ॐ ह्रीं अर्हंणमो महातवाणं अशुभयोग शान्तिर्भवतु स्वाहा।
ॐ ह्रीं अर्हं णमो घोरतवाणं अशुभयोग शान्तिर्भवतु स्वाहा।
ॐ ह्रीं अर्हं णमो घोरगुणपरक्कमाणं अशुभयोग शान्तिर्भवतु स्वाहा।
ॐ ह्रीं अर्हं णमो घोरगुणाणं अशुभयोग शान्तिर्भवतु स्वाहा।
ॐ ह्रीं अर्हंणमोऽघोरगुणबंभयारीणं भूतप्रेतादिभयविनाशो भवतु स्वाहा।
ॐ ह्रीं अर्हं णमो आमोसहिपत्ताणं चिन्ताविनाशो भवतु स्वाहा।
ॐ ह्रीं अर्हं णमो खेल्लोसहिपत्ताणं सर्वापमृत्युविनाशो भवतु स्वाहा।
ॐ ह्रीं अर्हं णमो जल्लोसहिपत्ताणं जन्मान्तरवैरभावविनाशो भवतु स्वाहा।
ॐ ह्रीं अर्हं णमो विट्ठोसहिपत्ताणं अशुभयोग शान्तिर्भवतु स्वाहा।
ॐ ह्रीं अर्हं णमो सव्वोसहिपत्ताणं अशुभयोग शान्तिर्भवतु स्वाहा
ॐ ह्रीं अर्हं णमो मणबलीणं अशुभयोग शान्तिर्भवतु स्वाहा।

ॐ ह्रीं अर्हं णमो वचिबलीणं अशुभयोग शान्तिर्भवतु स्वाहा।

ॐ ह्रीं अर्हं णमो कायबलीणं अशुभयोग शान्तिर्भवतु स्वाहा।

ॐ ह्रीं अर्हं णमो खीरसवीणं अशुभयोग शान्तिर्भवतु स्वाहा।

ॐ ह्रीं अर्हं णमो सप्पिसवीणं अशुभयोग शान्तिर्भवतु स्वाहा।

ॐ ह्रीं अर्हं णमो महुरसवीणं अशुभयोग शान्तिर्भवतु स्वाहा।

ॐ ह्रीं अर्हं णमो अमइसवीणं सर्वव्याधिविनाशनं भवतु स्वाहा।

ॐ ह्रीं अर्हं णमो अक्खीणमहाणसाणं अक्षीणर्द्धिर्भवतु स्वाहा।

ॐ ह्रीं अर्हं णमो वड्ढमाणबुद्धिरिसस्स राजपुरुषादिभय विनाशनं भवतु स्वाहा।

ॐ ह्रीं अर्हं णमो सव्वसिद्धायदणाणं धन-धान्यसमृद्धिर्भवतु रत्नत्रय भवतु स्वाहा।

ॐ ह्रीं अर्हं णमो भयवदो महदि-महावीर-वड्ढमाण-बुद्धिरिसीणं समाधि-सुखं भवतु स्वाहा।

ॐ ह्रीं अर्हं णमो दुस्सहकट्ठणिवारयाणं श्रीजिणाणं सर्वदुःखनिवारणं भवतु स्वाहा।

ॐ ह्रीं अर्हं णमो इत्थितरो अविणासयाणं विट्ठोसहिपत्ताणं समस्तस्त्रीरोग-विनाशनं भवतु स्वाहा।

ॐ ह्रीं अर्हं णमो अपुव्वल-पइट्ठिइयाणंबलड्ढिपत्ताणं समस्तमनोवांछित-सिद्धिर्भवतु स्वाहा।

ॐ ह्रीं अर्हं णमो सव्वोसहिपत्ताणं अशुभयोग शान्तिर्भवतु स्वाहा।

ॐ ह्रीं अर्हं णमो सव्वसिद्धायदणाणं वंदिमोअप्पाणं समस्तबन्धन -भयविनाशनं भवतु स्वाहा।

ॐ ह्रीं अर्हं णमो दव्वंकराय सर्वार्थसिद्धिर्भवतु स्वाहा।

ॐ ह्रीं अर्हं णमो धम्मराए जपतिए अशुभयोग शान्तिर्भवतु स्वाहा।

ॐ ह्रीं अर्हं णमो पुत्त-इत्थिकराय सन्तानवर्धनं भवतु स्वाहा।

ॐ ह्रीं अर्हं णमो उण्हगदहारिए सर्वेषां रोगविनाशनं भवतु स्वाहा।

ॐ ह्रीं अर्हंणमो पासेसिद्धासुणंतिए सर्पविष विनाशनं भवतु स्वाहा।

ॐ ह्रीं अर्हं णमो इट्ठि मिट्ठि भक्खकराए सर्वांगपीडा निवारणं भवतु स्वाहा।

ॐ ह्रीं अर्हं णमो ह्रां ह्रीं ह्रूं ह्रौं ह्रः धन-धान्यसमृद्धिर्भवतु स्वाहा।

ॐ ह्रीं भवसमुद्रपतज्जन्तु तारणाय क्लींमहाबीजीक्षर सहिताय श्री पार्श्वनाथाय नमः सर्व शान्तिर्भवतु स्वाहा।

ॐ ह्रीं अनन्तगुणाय क्लींमहाबीजीक्षर सहिताय श्री पार्श्वनाथाय नमः सर्व शान्तिर्भवतु स्वाहा।

ॐ ह्रीं चिद्रूपाय क्लींमहाबीजीक्षर सहिताय श्री पार्श्वनाथाय नमः सर्व शान्तिर्भवतु

स्वाहा।

ॐ ह्रीं गहनगुणाय क्लींमहाबीजीक्षर सहिताय श्री पार्श्वनाथाय नमः सर्व शान्तिर्भवतु स्वाहा।

ॐ ह्रीं परमोन्नत गुणाय क्लींमहाबीजीक्षर सहिताय श्री पार्श्वनाथाय नमः सर्व शान्तिर्भवतु स्वाहा।

ॐ ह्रीं अगम्यगुणाय क्लींमहाबीजीक्षर सहिताय श्री पार्श्वनाथाय नमः सर्व शान्तिर्भवतु स्वाहा।

ॐ ह्रीं स्तवनार्हाय क्लींमहाबीजीक्षर सहिताय श्री पार्श्वनाथाय नमः सर्व शान्तिर्भवतु स्वाहा।

ॐ ह्रीं कर्मबन्धविनाशनाय क्लींमहाबीजीक्षर सहिताय श्री पार्श्वनाथाय नमः सर्व शान्तिर्भवतु स्वाहा।

ॐ ह्रीं सुध्येयाय क्लींमहाबीजीक्षर सहिताय श्री पार्श्वनाथाय नमः सर्व शान्तिर्भवतु स्वाहा।

ॐ ह्रीं अनंगमथनाय क्लींमहाबीजीक्षर सहिताय श्री पार्श्वनाथाय नमः सर्व शान्तिर्भवतु स्वाहा।

ॐ ह्रीं जितक्रोधाय क्लींमहाबीजीक्षर सहिताय श्री पार्श्वनाथाय नमः सर्व शान्तिर्भवतु स्वाहा।

ॐ ह्रीं महन्मृग्याय क्लींमहाबीजीक्षर सहिताय श्री पार्श्वनाथाय नमः सर्व शान्तिर्भवतु स्वाहा।

ॐ ह्रीं कर्मकिट्टदहनाय क्लींमहाबीजीक्षर सहिताय श्री पार्श्वनाथाय नमः सर्व शान्तिर्भवतु स्वाहा।

ॐ ह्रीं संसारविषसुधोपमाय क्लींमहाबीजीक्षर सहिताय श्री पार्श्वनाथाय नमः सर्व शान्तिर्भवतु स्वाहा।

ॐ ह्रीं सर्वजनवन्द्याय क्लींमहाबीजीक्षर सहिताय श्री पार्श्वनाथाय नमः सर्व शान्तिर्भवतु स्वाहा।

ॐ ह्रीं अशोकवृक्षविराजमानाय क्लींमहाबीजीक्षर सहिताय श्री पार्श्वनाथाय नमः सर्व शान्तिर्भवतु स्वाहा।

ॐ ह्रीं सुरपुष्पवृष्टिशोभिताय क्लींमहाबीजीक्षर सहिताय श्री पार्श्वनाथाय नमः सर्व शान्तिर्भवतु स्वाहा।

ॐ ह्रीं दिव्यध्वनिविराजिताय क्लींमहाबीजीक्षर सहिताय श्री पार्श्वनाथाय नमः सर्व शान्तिर्भवतु स्वाहा।

ॐ ह्रीं सुरचामर सहित विराजमानाय क्लींमहाबीजीक्षर सहिताय श्री पार्श्वनाथाय नमः सर्व शान्तिर्भवतु स्वाहा।

ॐ ह्रीं पीठत्रय नायकाय क्लींमहाबीजीक्षर सहिताय श्री पार्श्वनाथाय नमः सर्व शान्तिर्भवतु स्वाहा।

ॐ ह्रीं भामण्डल गण्डिताय क्लींमहाबीजीक्षर सहिताय श्री पार्श्वनाथाय नमः सर्व शान्तिर्भवतु स्वाहा।

ॐ ह्रीं देवदुन्दुभिनादाय क्लींमहाबीजीक्षर सहिताय श्री पार्श्वनाथाय नमः सर्व शान्तिर्भवतु स्वाहा।

ॐ ह्रीं छत्रत्रयमहिताय क्लींमहाबीजीक्षर सहिताय श्री पार्श्वनाथाय नमः सर्व शान्तिर्भवतु स्वाहा।

ॐ ह्रीं शालत्रयाधिपतये क्लींमहाबीजीक्षर सहिताय श्री पार्श्वनाथाय नमः सर्व शान्तिर्भवतु स्वाहा।

ॐ ह्रीं भक्त जनानवनपतिराय क्लींमहाबीजीक्षर सहिताय श्री पार्श्वनाथाय नमः सर्व शान्तिर्भवतु स्वाहा।

ॐ ह्रीं निजपृष्ठलग्न भयतारकाय क्लींमहाबीजीक्षर सहिताय श्री पार्श्वनाथाय नमः सर्व शान्तिर्भवतु स्वाहा।

ॐ ह्रीं विस्मयनीय मूर्तये क्लींमहाबीजीक्षर सहिताय श्री पार्श्वनाथाय नमः सर्व शान्तिर्भवतु स्वाहा।

ॐ ह्रीं कमठोत्थापितधूल्योपद्रव जिताय क्लींमहाबीजीक्षर सहिताय श्री पार्श्वनाथाय नमः सर्व शान्तिर्भवतु स्वाहा।

ॐ ह्रीं कमठकृत जलधारोपसर्ग निवारकाय क्लींमहाबीजीक्षर सहिताय श्री पार्श्वनाथाय नमः सर्व शान्तिर्भवतु स्वाहा।

ॐ ह्रीं कमठकृत पैशाचिकोपद्रव-जयनशीलाय क्लींमहाबीजीक्षर सहिताय श्री पार्श्वनाथाय नमः सर्व शान्तिर्भवतु स्वाहा।

ॐ ह्रीं धार्मिकवन्दिताय क्लींमहाबीजीक्षर सहिताय श्री पार्श्वनाथाय नमः सर्व शान्तिर्भवतु स्वाहा।

ॐ ह्रीं पवित्रनामधेयाय क्लींमहाबीजीक्षर सहिताय श्री पार्श्वनाथाय नमः सर्व शान्तिर्भवतु स्वाहा।

ॐ ह्रीं पूतपादाय क्लींमहाबीजीक्षर सहिताय श्री पार्श्वनाथाय नमः सर्व शान्तिर्भवतु स्वाहा।

ॐ ह्रीं दर्शनीयाय क्लींमहाबीजीक्षर सहिताय श्री पार्श्वनाथाय नमः सर्व शान्तिर्भवतु स्वाहा।

ॐ ह्रीं भक्ति हीन जन माध्यस्थाय क्लींमहाबीजीक्षर सहिताय श्री पार्श्वनाथाय नमः सर्व शान्तिर्भवतु स्वाहा।

ॐ ह्रीं भक्त जनवत्सलाय क्लींमहाबीजीक्षर सहिताय श्री पार्श्वनाथाय नमः

सर्व शान्तिर्भवतु स्वाहा।

ॐ ह्रीं सौभाग्यदायक पदकमलयुगाय क्लींमहाबीजीक्षर सहिताय श्री पार्श्वनाथाय नमः सर्व शान्तिर्भवतु स्वाहा।

ॐ ह्रीं सर्वपदार्थ वेदिने क्लींमहाबीजीक्षर सहिताय श्री पार्श्वनाथाय नमः सर्व शान्तिर्भवतु स्वाहा।

ॐ ह्रीं पुण्यबहुजनसेव्याय क्लींमहाबीजीक्षर सहिताय श्री पार्श्वनाथाय नमः सर्व शान्तिर्भवतु स्वाहा।

ॐ ह्रीं जन्ममृत्युनिवारकाय क्लींमहाबीजीक्षर सहिताय श्री पार्श्वनाथाय नमः सर्व शान्तिर्भवतु स्वाहा।

ॐ ह्रीं सर्वयति सेविताय क्लींमहाबीजीक्षर सहिताय श्री पार्श्वनाथाय नमः सर्व शान्तिर्भवतु स्वाहा।

ॐ ह्रीं दुष्टोपसर्ग विनाशकाय क्लींमहाबीजीक्षर सहिताय श्री पार्श्वनाथाय नमः सर्व शान्तिर्भवतु स्वाहा।

ॐ ह्रीं अतिशयगुरवे क्लींमहाबीजीक्षर सहिताय श्री पार्श्वनाथाय नमः सर्व शान्तिर्भवतु स्वाहा।

ॐ ह्रीं देहदेहि कलह निवारक क्लींमहाबीजीक्षर सहिताय श्री पार्श्वनाथाय नमः सर्व शान्तिर्भवतु स्वाहा।

ॐ ह्रीं श्रीं ऐं अर्हं क्रूर कमठोपद्रव जिताय क्लींमहाबीजीक्षर सहिताय श्री पार्श्वनाथाय नमः सर्व शान्तिर्भवतु स्वाहा।

ॐ ह्रां ह्रीं ह्रुं ह्रूं ह्रें ह्रैं ह्रौं ह्रः अ सि आ उ सा सम्यग्दर्शनज्ञानचारित्रेभ्यो ह्रीं नमः सर्वशान्तिर्भवतु स्वाहा ।

ॐ ह्रीं क्लीं श्रीं अर्हं श्रीवृषभनाथतीर्थंकराय नमः सर्वशान्तिर्भवतु स्वाहा।

ॐ ह्रीं श्रीशान्तिनाथाय जगच्छान्तिकराय सर्वोपद्रवशान्तिं कुरु-कुरु स्वाहा।

ॐ ह्रीं हं क्रौं श्रीं ह्रीं क्लीं शान्तिं तुष्टिं पुष्टिं कुरु-कुरु अ सि आ उ सा वीं क्ष्वीं हं सं तं पं द्रां द्रीं द्रावय-द्रावय श्रीं ह्रीं सर्वशान्तिर्भवतु स्वाहा।

इन मन्त्रों से आहुति दें पुण्याहवाचन कर शान्ति पाठ एवं विसर्जन करें।

नवग्रह-शान्ति-संस्कार

जन्म के समय ग्रह आकाश में जहाँ स्थित होते हैं, जन्म कुंडली में वे वहाँ स्थित रहते हैं, किन्तु गोचर ग्रह अपनी अपनी गति के अनुसार चलते ही रहते हैं। इसी कारण वे जब लग्न आदि अन्य-अन्य स्थानों में जाते हैं। तब प्रत्येक ग्रह का भिन्न-भिन्न प्रभाव उस व्यक्ति के जीवन पर पड़ता है। ग्रहों का शुभ स्थान में पहुँचने पर शुभ और अशुभ स्थान में पहुँचने पर अशुभ प्रभाव पड़ता है।

गुरु 1 वर्ष, राहु, केतु डेढ़ वर्ष, चन्द्रमा ढ़ाई दिन, सूर्य एक माह, मंगल, बुध, शुक्र, एक माह के भीतर ही एक राशि का भोग करते हैं अर्थात् एक राशि में रहते हैं।

प्रत्येक ग्रह जब जन्म-राशि में पहुँचता है, अथवा जन्म-राशि से 2, 3, 4, 5, 6, 7, 8, 9, 10, 11, अथवा 12 स्थानों में पहुँचता है तो वह व्यक्ति के जीवन में अपने अपने गुण और दोषों से प्रभावित करता है।

विंशोत्तरीदशा के द्वारा प्रत्येक ग्रह की फल प्राप्ति का समय जाना जाता है। सभी ग्रह अपनी दशा, अन्तर्दशा, प्रत्यन्तर्दशा और सूक्ष्मदशा में शुभाशुभ फल देते हैं। जो ग्रह उच्च-राशि, मित्र-राशि या अपनी राशि में रहता है, वह अपनी दशा में शुभ फल एवं जो ग्रह नीचराशि, शत्रुराशि या अस्तंगत हों, वे अपनी दशा में अशुभ फल करते हैं।

अशुभ कर्मोदय के निमित्त से जन्म-लग्न में ग्रहों की अशुभ स्थिति, अशुभ दृष्टि, विंशोत्तरी की अशुभ दशा एवं ग्रहों के अशुभ गोचर में आने पर उनके अशुभ प्रभाव होते हैं। इसके प्रभाव को कम करने के लिए नवग्रह-शान्ति संस्कार किया जाता है। व्यक्ति का जन्म उसके पूर्वोपार्जित कर्मों के अनुसार शुभाशुभ ग्रह नक्षत्रों में होता है। यह मात्र निमित्त-नैमित्तिक सम्बन्ध ही है। कर्मों को तो देखा पढ़ा नहीं जा सकता है, अत: ग्रह-नक्षत्रादिकों की स्थिति देखकर शुभाशुभ कर्मों को जाना जा सकता है। अशुभ योगों से अशुभ कर्म का उदय आने वाला है, ऐसी सूचना प्राप्त होने से व्यक्ति को शुभ कार्यों में लग जाना चाहिए।

इन ग्रहादिक की पूजा करने से भी कोई कार्य की सिद्धि नहीं होती है। किसी ग्रह विशेष के दोष शमनार्थ किसी विशेष तीर्थंकर की पूजा का निर्धारण ग्रह के रंग और तीर्थंकर के शरीर के रंगानुसार किया गया है। जिस रंग वाले ग्रह के दोष शमन

करना है, उसे उस रंग वाले तीर्थंकर की पूजा आराधना का कथन किया गया है। जबकि किसी भी तीर्थंकर की आराधना से, सभी ग्रहों का प्रभाव शमन हो सकता है।

नवग्रह-शान्ति-संस्कार की सावधानियाँ–

1. नवग्रह- शान्ति-संस्कार करने वाले के मानसिक विकृत न हो।

2. नवग्रहादि किसी को दुःख नहीं देते अतः इनकी पूजा उपासना आदि न करें।

3. नवग्रह-शान्ति-संस्कार में मिथ्यात्व का पोषण न करें।

4. नवग्रह-शान्ति-संस्कार के लिए कुदेवों की आराधना न करें।

5. नवग्रह-शान्ति-संस्कार गृहस्थाचार्य के निर्देशन में करें।

नवग्रह-शान्ति-संस्कार की सामग्री–

थाली 2, कलश 2, चम्मच 2, कटोरी 2, प्लेट 1, ठोना 1, आरती 1, धूपदान 1, घी, केशर, जल, चावल, चटक गोला, धूप, बादाम, लौंग, रुई, माचिस, चौका, चौकी, आसन चटाई, मन्त्र लिखा हुआ, विनायक या सिद्धयन्त्र, सिंहासन, छत्र, दीपक छोटे-बड़े ,कलावा, यज्ञोपवीत (जनेऊ) मंगल कलश (श्रीफल,पीला कपड़ा, हल्दीगाँठ, सुपाड़ी, पीलीसरसों, रजतस्वस्तिक, पञ्चरत्न, चाँदी का सिक्का सहित) कुंड, रंगोली आदि।

नवग्रह-शान्ति-संस्कार-विधि–अशुभ ग्रह-दशा में प्रतिदिन देव-दर्शन, अभिषेक, पूजन, जाप आदि कार्य करें। जिस ग्रह का अशुभ प्रभाव हो, उसी ग्रह सम्बन्धी मन्त्र का जाप मन्दिर में भगवान के सामने विधि पूर्वक करना चाहिए।

ॐ ह्रीं श्रीं सूर्यग्रहारिष्टनिवारक श्री पद्मप्रभ जिनेन्द्राय नमः सर्व शान्तिं कुरु-कुरु स्वाहा।

ॐ ह्रीं क्रौं श्रीं क्लीं चन्द्रग्रहारिष्ट निवारक श्री चन्द्रप्रभ जिनेन्द्राय नमः सर्व-शान्तिं कुरु-कुरु स्वाहा।

ॐ आं क्रौं ह्रीं श्रीं क्लीं भौमग्रहारिष्ट निवारक श्री वासुपूज्य जिनेन्द्राय नमः सर्व-शान्तिं कुरु-कुरु स्वाहा।

ॐ ह्रीं क्रौं आं श्रीं बुधग्रहारिष्ट निवारक श्री विमल-अनंत- धर्म-शान्ति-कुन्थु-अर-नमि-वर्धमान अष्ट जिनेन्द्रेभ्यो नमः सर्व-शान्तिं कुरु-कुरु स्वाहा।

ॐ औं ह्रीं क्रौं श्रीं क्लीं ऐं गुरुग्रहारिष्ट निवारक श्री ऋषभ अजित-संभव-अभिनन्दन-सुमति-सुपार्श्व-शीतल-श्रेयांस अष्ट जिनेन्द्राय नमः सर्व-शान्तिं कुरु-कुरु स्वाहा।

ॐ ह्रीं श्रीं क्लीं शुक्रग्रहारिष्ट निवारक श्री पुष्पदन्त जिनेन्द्राय नमः सर्व-

शान्तिं कुरु-कुरु स्वाहा।

ॐ ह्रीं क्रौं ह्रः श्रीं शनिग्रहारिष्ट निवारक श्री मुनिसुव्रत जिनेन्द्राय नमः सर्व शान्तिं कुरु-कुरु स्वाहा।

ॐ ह्रीं क्लीं ह्रूं राहुग्रहारिष्ट निवारक श्री नेमीनाथ जिनेन्द्राय नमः सर्व-शान्तिं कुरु-कुरु स्वाहा।

ॐ ह्रीं क्लीं ऐं केतुग्रहारिष्ट निवारक श्री मल्लिनाथ-पार्श्वनाथ जिनेन्द्राभ्यां नमः सर्व-शान्तिं कुरु-कुरु स्वाहा।

अशुभ विंशोत्तरी महादशा के प्रारम्भ होने पर ग्रहदशा शान्ति- संस्कार करें।

णमोकार महामन्त्र विधान, शान्तिविधान, शान्तिमन्त्र का जाप, हवन एवं निन लिखित मन्त्रों की आहुतियाँ दें।

ॐ ह्रीं अर्हं असंख्यात चन्द्रेन्द्र ज्योतिष्क विमान स्थित अकृत्रिम जिनालयजिनेभ्यो नमः स्वाहा।

ॐ ह्रीं अर्हं असंख्यात सूर्यप्रत्येन्द्र ज्योतिष्क विमान स्थित अकृत्रिम जिनालयजिनेभ्यो नमः स्वाहा।

ॐ ह्रीं अर्हं असंख्यात ग्रहज्योतिष्क विमान स्थित अकृत्रिम जिनालयजिनेभ्यो नमः स्वाहा।

ॐ ह्रीं अर्हं असंख्यात नक्षत्र ज्योतिष्क विमान स्थित अकृत्रिम जिनालयजिनेभ्यो नमः स्वाहा।

ॐ ह्रीं अर्हं असंख्यात तारा ज्योतिष्क विमान स्थित अकृत्रिम जिनालयजिनेभ्यो नमः स्वाहा।

ॐ ह्रीं अर्हं क्लीं क्रौं रोगोपद्रवापमृत्यु विनाशनाय नवदेवेभ्यो नमः स्वाहा।

ॐ ह्रीं अर्हं क्लीं क्रौं रोगोपद्रवापमृत्यु विनाशनाय अरहंतपरमेष्ठिने नमः स्वाहा।

ॐ ह्रीं अर्हं क्लीं क्रौं रोगोपद्रवापमृत्यु विनाशनाय सिद्धपरमेष्ठिने नमः स्वाहा।

ॐ ह्रीं अर्हं क्लीं क्रौं रोगोपद्रवापमृत्यु विनाशनाय आचार्यपरमेष्ठिने नमः स्वाहा।

ॐ ह्रीं अर्हं क्लीं क्रौं रोगोपद्रवापमृत्यु विनाशनाय उपाध्याय परमेष्ठिने नमः स्वाहा।

ॐ ह्रीं अर्हं क्लीं क्रौं रोगोपद्रवापमृत्यु विनाशनाय सर्वसाधु परमेष्ठिने नमः स्वाहा।

ॐ ह्रीं अर्हं क्लीं क्रौं रोगोपद्रवापमृत्यु विनाशनाय जिनधर्मेभ्यो नमः स्वाहा।

ॐ ह्रीं अर्हं क्लीं क्रौं रोगोपद्रवापमृत्यु विनाशनाय जिनागमेभ्यो नमः स्वाहा।

ॐ ह्रीं अर्हं क्लीं क्रौं रोगोपद्रवापमृत्यु विनाशनाय जिनचैत्येभ्यो नमः स्वाहा।

ॐ ह्रीं अर्हं क्लीं क्रौं रोगोपद्रवापमृत्यु विनाशनाय जिनचैत्यालयेभ्यो नमः स्वाहा।

ॐ ह्रीं अर्हं क्लीं क्रौं रोगोपद्रवापमृत्यु विनाशनाय जिनमुखोद्भूतवाग्वादिनीभ्यो नमः स्वाहा।

ॐ ह्रीं अर्हं क्लीं क्रौं नवग्रहदोष-निवारक-चतुर्विंशतितीर्थंकरेभ्यो नमः स्वाहा।

ॐ ह्रीं अर्हं क्लीं क्रौं सूर्यग्रहदोष-निवारक-पद्मप्रभ-जिनेन्द्राय नमः स्वाहा।

ॐ ह्रीं अर्हं क्लीं क्रौं चन्द्रग्रहदोष-निवारक-चन्द्रप्रभ-जिनेन्द्राय नमः स्वाहा।

ॐ ह्रीं अर्हं क्लीं क्रौं मंगलग्रहदोष-निवारक-वासुपूज्य-जिनेन्द्राय नमः स्वाहा।

ॐ ह्रीं अर्हं क्लीं क्रौं बुधग्रहदोष-निवारक-विमल-अनन्त- धर्म-शान्ति-कुन्थु-अर-नमि-वीर-जिनेन्द्रेभ्यो नमः स्वाहा।

ॐ ह्रीं अर्हं क्लीं क्रौं गुरुग्रहदोष-निवारक-ऋषभ-अजित- संभव-अभिनंदन-सुमति-सुपार्श्व-शीतल-श्रेयांस-जिनेन्द्रेभ्यो नमःस्वाहा।

ॐ ह्रीं अर्हं क्लीं क्रौं शुक्रग्रहदोष-निवारक-पुष्पदन्त-जिनेन्द्राय नमः स्वाहा।

ॐ ह्रीं अर्हं क्लीं क्रौं शनिग्रहदोष-निवारक-मुनिसुव्रतनाथ जिनेन्द्राय नमः स्वाहा।

ॐ ह्रीं अर्हं क्लीं क्रौं राहुग्रहदोष-निवारक -नेमीनाथ-जिनेन्द्राय नमः स्वाहा।

ॐ ह्रीं अर्हं क्लीं क्रौं केतुग्रहदोष-निवारक-मल्लिनाथ-पार्श्वनाथ जिनेन्द्रेभ्यां नमः स्वाहा।

ॐ ह्रीं अर्हं क्लीं क्रौं क्ष्म्ल्व्र्यूं ह्म्ल्व्र्यूं नवग्रहदोष शान्तये चतुर्विंशति तीर्थंकरेभ्यो नमः स्वाहा।

ॐ ह्रीं अर्हं क्लीं क्रौं ह्रां बीजाक्षर शक्ति सहित अरहंतपरमेष्ठिने नमः स्वाहा।

ॐ ह्रीं अर्हं क्लीं क्रौं ह्रीं बीजाक्षर शक्ति सहित सिद्धपरमेष्ठिने नमः स्वाहा।

ॐ ह्रीं अर्हं क्लीं क्रौं ह्रूं बीजाक्षर शक्ति सहित आचार्यपरमेष्ठिने नमः स्वाहा।

ॐ ह्रीं अर्हं क्लीं क्रौं ह्रौं बीजाक्षर शक्ति सहित उपाध्यायपरमेष्ठिने नमः स्वाहा।

ॐ ह्रीं अर्हं क्लीं क्रौं ह्रः बीजाक्षर शक्ति सहित सर्वसाधुपरमेष्ठिने नमः स्वाहा।

ॐ ह्रीं अर्हं ज्ञानावरणीकर्म रहित अनन्तानन्त-सिद्धपरमेष्ठिने नमः स्वाहा।

ॐ ह्रीं अर्हं दर्शनावरणीकर्म रहित अनन्तानन्त-सिद्धपरमेष्ठिने नमः स्वाहा।

ॐ ह्रीं अर्हं अन्तरायकर्म रहित अनन्तानन्त-सिद्धपरमेष्ठिने नमः स्वाहा।

ॐ ह्रीं अर्हं मोहनीयकर्म रहित अनन्तानन्त-सिद्धपरमेष्ठिने नमः स्वाहा।

ॐ ह्रीं अर्हं आयुकर्म रहित अनन्तानन्त-सिद्धपरमेष्ठिने नमः स्वाहा।

ॐ ह्रीं अर्हं नामकर्म रहित अनन्तानन्त-सिद्धपरमेष्ठिने नमः स्वाहा।

ॐ ह्रीं अर्हं गोत्रकर्म रहित अनन्तानन्त-सिद्धपरमेष्ठिने नमः स्वाहा।

ॐ ह्रीं अर्हं वेदनीयकर्म रहित अनन्तानन्त-सिद्धपरमेष्ठिने नमः स्वाहा।

ॐ ह्रीं अर्हं श्रीमदादि जगत्परमेश्वरान्त शतनाम धारक जिनेन्द्राय नमः स्वाहा।

ॐ ह्रीं अर्हं दिव्यभाषापत्यादि विश्वविद्या-महेश्वरान्त-शतनाम-धारक जिनेन्द्राय नमः स्वाहा।

ॐ ह्रीं अर्हं स्वष्ठिादि पुराणपुरुषोत्तमान्त-शतनाम-धारक-जिनेन्द्राय नमः स्वाहा।

ॐ ह्रीं अर्हं महाशोकध्वजादि-त्रिभुवनैकपितामह-पर्यन्त-शतनाम धारक जिनेन्द्राय नमः स्वाहा।

ॐ ह्रीं अर्हं वृक्षादि महेश्वरपर्यन्त-शतनाम-धारक-जिनेन्द्राय नमः स्वाहा।

ॐ ह्रीं अर्हं महामुन्यादि अरिञ्जयपर्यन्त-शतनाम-धारक-जिनेन्द्राय नमः स्वाहा।

ॐ ह्रीं अर्हं असंस्कृतादि दमीश्वरपर्यन्त-शतनाम-धारक-जिनेन्द्राय नमः स्वाहा।

ॐ ह्रीं अर्हं वृहदादि त्रिलोकाग्रशिखामणि पर्यन्त-शतनाम-धारक-जिनेन्द्राय नमः स्वाहा।

ॐ ह्रीं अर्हं त्रिकालदर्श्यादि पृथु पर्यन्त-शतनाम-धारक-जिनेन्द्राय नमः स्वाहा।

ॐ ह्रीं अर्हं दिग्वासादि धर्मसाम्राज्यनायक पर्यन्त शतनाम-शतनाम-धारक-जिनेन्द्राय नमः स्वाहा।

ॐ ह्रीं अर्हं अष्टाधिकसहस्रनाम-धारक-जिनेन्द्राय नमः स्वाहा।

ॐ ह्रीं श्रीं क्लीं अर्हं णमोकार महामन्त्राय नमः स्वाहा।

ॐ ह्रीं श्रीं क्लीं अर्हं पञ्चपद-पंचाशत-मात्रा-सहित-णमोकार महामन्त्राय नमः स्वाहा।

ॐ ह्रीं श्रीं क्लीं अर्हं पञ्चपद-पञ्चत्रिंशत् अक्षर-सहित-णमोकार महामन्त्राय नमः स्वाहा।

ॐ ह्रीं श्रीं क्लीं अर्हं प्रथमपदे सप्ताक्षर-संयुक्त -अरहंतपद-विभूषित-णमोकार-महामन्त्राय नमः स्वाहा।

ॐ ह्रीं श्रीं क्लीं अर्हं प्रथमपदे द्वादश-मात्रा-संयुक्त -अरिहंतपद विभूषित-णमोकार-महामन्त्राय नमः स्वाहा।

ॐ ह्रीं श्रीं क्लीं अर्हं द्वितीयपदे पंचाक्षर-संयुक्त -सिद्धपद विभूषित-णमोकार-महामन्त्राय नमः स्वाहा।

ॐ ह्रीं श्रीं क्लीं अर्हं द्वितीयपदे नवमात्रा-संयुक्त -सिद्धपद विभूषित-णमोकार-महामन्त्राय नमः स्वाहा।

ॐ ह्रीं श्रीं क्लीं अर्हं तृतीयपदे सप्ताक्षर-संयुक्त -आचार्यपद विभूषित-णमोकार-महामन्त्राय नमः स्वाहा।

ॐ ह्रीं श्रीं क्लीं अर्हं तृतीयपदे एकादशमात्रा-संयुक्त -आचार्यपद विभूषित-णमोकार-महामन्त्राय नमः स्वाहा।

ॐ ह्रीं श्रीं क्लीं अर्हं चतुर्थपदे सप्ताक्षरसंयुक्त -उपाध्यायपद विभूषित-णमोकार-

महामन्त्राय नमः स्वाहा।

ॐ ह्रीं श्रीं क्लीं अर्हं चतुर्थपदे एकादशमात्रा-संयुक्त -उपाध्यायपद विभूषित-णमोकार-महामन्त्राय नमः स्वाहा।

ॐ ह्रीं श्रीं क्लीं अर्हं पंचमपदे नवाक्षर-संयुक्त -साधुपद-विभूषित णमोकार-महामन्त्राय नमः स्वाहा।

ॐ ह्रीं श्रीं क्लीं अर्हं पंचमपदे पंचदशमात्रा-संयुक्त -साधुपद विभूषित-णमोकार-महामन्त्राय नमः स्वाहा।

ॐ ह्रीं श्रीं क्लीं अर्हं अरिहंत-मंगल-विभूषित-णमोकार महामन्त्राय नमः स्वाहा।

ॐ ह्रीं श्रीं क्लीं अर्हं सिद्ध-मंगल-विभूषित-णमोकार-महामन्त्राय नमः स्वाहा।

ॐ ह्रीं श्रीं क्लीं अर्हं साधु-मंगल-विभूषित-णमोकार-महामन्त्राय नमः स्वाहा।

ॐ ह्रीं श्रीं क्लीं अर्हं केवलीप्रज्ञप्तधर्ममंगल-विभूषित-णमोकार महामन्त्राय नमः स्वाहा।

ॐ ह्रीं श्रीं क्लीं अर्हं अरिहंतलोकोत्तमपद-विभूषित णमोकार-महामन्त्राय नमः स्वाहा।

ॐ ह्रीं श्रीं क्लीं अर्हं सिद्धलोकोत्तमपद-विभूषित-णमोकार- महामन्त्राय नमः स्वाहा।

ॐ ह्रीं श्रीं क्लीं अर्हं साधुलोकोत्तमपद-विभूषित-णमोकार महामन्त्राय नमः स्वाहा।

ॐ ह्रीं श्रीं क्लीं अर्हं केवलीप्रज्ञप्तधर्मलोकोत्तमपद-विभूषित-णमोकार महामन्त्राय नमः स्वाहा।

ॐ ह्रीं श्रीं क्लीं अर्हं अरहंतशरणपद-विभूषित-णमोकार महामन्त्राय नमः स्वाहा।

ॐ ह्रीं श्रीं क्लीं अर्हं सिद्धशरणपद-विभूषित-णमोकार महामन्त्राय नमः स्वाहा।

ॐ ह्रीं श्रीं क्लीं अर्हं साधुशरणपद-विभूषित-णमोकार- महामन्त्राय नमः स्वाहा।

ॐ ह्रीं श्रीं क्लीं अर्हं केवलीप्रज्ञप्तधर्मशरणपद-विभूषित- णमोकार-महामन्त्राय नमः स्वाहा।

ॐ ह्रीं श्रीं क्लीं अर्हं चत्तारिमंगल-लोकोत्तम-केवलीप्रज्ञप्तधर्म शरणपद-विभूषित-णमोकार-महामन्त्राय नमः स्वाहा।

इन मन्त्रों से आहुति दें, पुण्याहवाचन कर शान्ति पाठ विसर्जन करें।

मूल-शान्ति-क्रिया

अश्विनी, मघा, अश्लेषा, ज्येष्ठा, मूल एवं रेवती मूल संज्ञक नक्षत्र कहते हैं।

अश्लेषा, ज्येष्ठा, मूल नक्षत्र बड़े मूल एवं अश्विनी, मघा, रेवती छोटे मूल कहे जाते हैं।

अश्लेषा, ज्येष्ठा, मूल नक्षत्र में जन्मे बालक की मूल शान्ति उसी नक्षत्र में एवं अश्विन, मघा, रेवती नक्षत्र में जन्मे बालक की मूल शान्ति 12 दिन या शुभ दिन में करनी चाहिए।

मूल-शान्ति क्रिया में इन नक्षत्रों की पूजा नहीं की जाती है। ये नक्षत्र सुख-दुःख के कारण नहीं अपितु शुभाशुभ के सूचक हैं।

उक्त नक्षत्रों में जन्मे बालक पर अशुभ प्रभाव माना जाता है, अतः धार्मिक-अनुष्ठान के द्वारा भावों की विशुद्धि के माध्यम से अशुभ कर्मोदय के प्रभाव को कम किया जाता है। इससे बालक की परेशानियाँ, अशुभ परिणाम एवं उसके विकास की बाधाएँ कम हो जातीं हैं।

मूल-शान्ति-संस्कार की सावधानियाँ–

1. मूल-शान्ति-संस्कार करने वाला मानसिक विकृत न हो।
2. ग्रहादि किसी को दुःख नहीं देते अतः इनकी पूजा आदि न करें।
3. मूल-शान्ति-संस्कार में मिथ्यात्व का पोषण न करें।
4. मूल-शान्ति-संस्कार के लिए कुदेवों की आराधना न करें।
5. मूल-शान्ति-संस्कार गृहस्थाचार्य के निर्देशन में करें।
6. मूल-शान्ति-संस्कार में उतारे का महत्त्व नहीं है।

मूल-शान्ति-संस्कार की सामग्री–

थाली 2, कलश 2, चम्मच 2, कटोरी 2, प्लेट 1, ठोना 1, आरती 1, धूपदान 1, घी, केशर, जल, चावल, चटक गोला, धूप, बादाम, लौंग, रुई, माचिस, चौका, चौकी, आसन चटाई, मन्त्र लिखा हुआ, विनायक या सिद्धयन्त्र, सिंहासन, छत्र, दीपक छोटे-बड़े ,कलावा, यज्ञोपवीत (जनेऊ) मंगल कलश (श्रीफल,पीला कपड़ा,

हल्दीगाँठ, सुपाड़ी, पीलीसरसों, रजतस्वस्तिक, पञ्चरत्न, चाँदी का सिक्का सहित) कुंड, रंगोली आदि।

मूल-शान्ति-क्रिया-विधि—मंगलाचरण, जलशुद्धि, अमृतस्नान, पात्रशुद्धि, नवतिलक, भूमिशुद्धि, रक्षासूत्रबन्धन, दिग्बन्धन, रक्षामन्त्र, शान्तिमन्त्राराधन, जिनाभिषेक, शान्तिधारा, मंगलकलश स्थापन, दीपक स्थापन, दैनिक पूजन, शान्तिमन्त्र का जाप, शान्तिविधान एवं हवन करें।

निम्न मन्त्रों से आहुतियाँ दें।

ॐ ह्रीं श्रीं क्लीं अर्हं श्री वृषभनाथ तीर्थंकराय नमः स्वाहा।

ॐ ह्रीं श्रीं अर्हं विश्वविघ्नहराय क्लीं बीजाक्षर सहिताय श्री वृषभनाथ तीर्थंकराय नमः स्वाहा।

ॐ ह्रीं श्रीं अर्हं नानामरसंस्तुताय सकलरोगहराय क्लीं बीजाक्षर सहिताय श्री वृषभनाथ तीर्थंकराय नमः स्वाहा।

ॐ ह्रीं श्रीं अर्हं मत्यादि सुज्ञानप्रकाशनाय क्लीं बीजाक्षर सहिताय श्री वृषभनाथ तीर्थंकराय नमः स्वाहा।

ॐ ह्रीं श्रीं अर्हं नानादुःखसमुद्रतारणाय क्लीं बीजाक्षर सहिताय श्री वृषभनाथ तीर्थंकराय नमः स्वाहा।

ॐ ह्रीं श्रीं अर्हं सकलकार्य सिद्धिकराय क्लीं बीजाक्षर सहिताय श्री वृषभनाथ तीर्थंकराय नमः स्वाहा।

ॐ ह्रीं श्रीं अर्हं याचितार्थ प्रतिपादन शक्ति सहिताय क्लीं बीजाक्षर सहिताय श्री वृषभनाथ तीर्थंकराय नमः स्वाहा।

ॐ ह्रीं श्रीं अर्हं सकलपापकुष्टनिवारणाय क्लीं बीजाक्षर सहिताय श्री वृषभनाथ तीर्थंकराय नमः स्वाहा।

ॐ ह्रीं श्रीं अर्हं अनेकसंकट-संसार दुःख-निवारणाय क्लीं बीजाक्षर सहिताय श्री वृषभनाथ तीर्थंकराय नमः स्वाहा।

ॐ ह्रीं श्रीं अर्हं सकलमनोवाञ्छित फलदात्रे क्लीं बीजाक्षर सहिताय श्री वृषभनाथ तीर्थंकराय नमः स्वाहा।

ॐ ह्रीं श्रीं अर्हं अर्हज्जिन स्मरण जिनसम्भूताय क्लीं बीजाक्षर सहिताय श्री वृषभनाथ तीर्थंकराय नमः स्वाहा।

ॐ ह्रीं श्रीं अर्हं सकल तुष्टि पुष्टि कराय क्लीं बीजाक्षर सहिताय श्री वृषभनाथ तीर्थंकराय नमः स्वाहा।

ॐ ह्रीं श्रीं अर्हं वाञ्छितरूप फलशक्तये क्लीं बीजाक्षर सहिताय श्री वृषभनाथ तीर्थंकराय नमः स्वाहा।

ॐ ह्रीं श्रीं अर्हं लक्ष्मीसुखविधायकाय क्लीं बीजाक्षर सहिताय श्री वृषभनाथ तीर्थंकराय नमः स्वाहा।

ॐ ह्रीं श्रीं अर्हं भूतप्रेतादि भयनिवारणाय क्लीं बीजाक्षर सहिताय श्री वृषभनाथ तीर्थंकराय नमः स्वाहा।

ॐ ह्रीं श्रीं अर्हं मेरुवन्मनोबलकरणाय क्लीं बीजाक्षर सहिताय श्री वृषभनाथ तीर्थंकराय नमः स्वाहा।

ॐ ह्रीं श्रीं अर्हं त्रैलोक्य लोक वशंकराय क्लीं बीजाक्षर सहिताय श्री वृषभनाथ तीर्थंकराय नमः स्वाहा।

ॐ ह्रीं श्रीं अर्हं पापान्धकार निवारणाय क्लीं बीजाक्षर सहिताय श्री वृषभनाथ तीर्थंकराय नमः स्वाहा।

ॐ ह्रीं श्रीं अर्हं चन्द्रवत् सर्वलोकोद्योतनकराय क्लीं बीजाक्षर सहिताय श्री वृषभनाथ तीर्थंकराय नमः स्वाहा।

ॐ ह्रीं श्रीं अर्हं सकलकालुष्यदोष निवारणाय क्लीं बीजाक्षर सहिताय श्री वृषभनाथ तीर्थंकराय नमः स्वाहा।

ॐ ह्रीं श्रीं अर्हं केवलज्ञानप्रकाशित लोकालोकस्वरूपाय क्लीं बीजाक्षर सहिताय श्री वृषभनाथ तीर्थंकराय नमः स्वाहा।

ॐ ह्रीं श्रीं अर्हं सर्वदोषहर शुभदर्शनाय क्लीं बीजाक्षर सहिताय श्री वृषभनाथ तीर्थंकराय नमः स्वाहा।

ॐ ह्रीं श्रीं अर्हं अद्‍भुतगुणाय क्लीं बीजाक्षर सहिताय श्री वृषभनाथ तीर्थंकराय नमः स्वाहा।

ॐ ह्रीं श्रीं अर्हं सहस्रनामाधीश्वराय क्लीं बीजाक्षर सहिताय श्री वृषभनाथ तीर्थंकराय नमः स्वाहा।

ॐ ह्रीं श्रीं अर्हं मनोवाञ्छितफलदायकाय क्लीं बीजाक्षर सहिताय श्री वृषभनाथ तीर्थंकराय नमः स्वाहा।

ॐ ह्रीं श्रीं अर्हं षड्दर्शन पारंगताय क्लीं बीजाक्षर सहिताय श्री वृषभनाथ तीर्थंकराय नमः स्वाहा।

ॐ ह्रीं श्रीं अर्हं नानादुःखविलीनाय क्लीं बीजाक्षर सहिताय श्री वृषभनाथ तीर्थंकराय नमः स्वाहा।

ॐ ह्रीं श्रीं अर्हं सकलदोष विनिर्मुक्ताय क्लीं बीजाक्षर सहिताय श्री वृषभनाथ तीर्थंकराय नमः स्वाहा।

ॐ ह्रीं श्रीं अर्हं अशोकतरु विराजमानाय क्लीं बीजाक्षर सहिताय श्री वृषभनाथ तीर्थंकराय नमः स्वाहा।

ॐ ह्रीं श्रीं अर्हं मणिमुक्ता खचित सिंहासन प्रातिहार्य युक्ताय क्लीं बीजाक्षर

सहिताय श्री वृषभनाथ तीर्थंकराय नमः स्वाहा।

ॐ ह्रीं श्रीं अर्हं चतु:षष्ठि चामर प्रातिहार्य युक्ताय क्लीं बीजाक्षर सहिताय श्री वृषभनाथ-तीर्थंकराय नमः स्वाहा।

ॐ ह्रीं श्रीं अर्हं छत्रत्रय प्रातिहार्य युक्ताय क्लीं बीजाक्षरसहिताय श्री वृषभनाथतीर्थंकराय नमः स्वाहा।

ॐ ह्रीं श्रीं अर्हं त्रिलोक्याज्ञाविधायिने क्लीं बीजाक्षरसहिताय श्री वृषभनाथतीर्थंकराय नमः स्वाहा।

ॐ ह्रीं श्रीं अर्हं समस्त पुष्पजाति वृष्टि प्रातिहार्य युक्ताय क्लीं बीजाक्षरसहिताय श्री वृषभनाथतीर्थंकराय नमः स्वाहा।

ॐ ह्रीं श्रीं अर्हं कोटि भास्कर प्रभामण्डित भामण्डल प्रातिहार्य युक्ताय क्लीं बीजाक्षर सहिताय श्री वृषभनाथ तीर्थंकराय नमः स्वाहा।

ॐ ह्रीं श्रीं अर्हं जलधरपटल गर्जित सर्व भाषात्मक योजन प्रमाण दिव्यध्वनि प्रातिहार्य युक्ताय क्लीं बीजाक्षर सहिताय श्री वृषभनाथ तीर्थंकराय नमः स्वाहा।

ॐ ह्रीं श्रीं अर्हं पादन्यासे पद्मश्री युक्ताय क्लीं बीजाक्षर सहिताय श्री वृषभनाथ तीर्थंकराय नमः स्वाहा।

ॐ ह्रीं श्रीं अर्हं धर्मोपदेशसमये समवसरणादि लक्ष्मीविभूति विराजमानाय क्लीं बीजाक्षर सहिताय श्री वृषभनाथ तीर्थंकराय नमः स्वाहा।

ॐ ह्रीं श्रीं अर्हं हस्त्यादि गर्वदुद्धर भय निवारणाय क्लीं बीजाक्षर सहिताय श्री वृषभनाथ तीर्थंकराय नमः स्वाहा।

ॐ ह्रीं श्रीं अर्हं युगादिदेवनाम प्रसादात् केशरिभयविनाशकाय क्लीं बीजाक्षर सहिताय श्री वृषभनाथ तीर्थंकराय नमः स्वाहा।

ॐ ह्रीं श्रीं अर्हं संसाराग्नि ताप निवारणाय क्लीं बीजाक्षर सहिताय श्री वृषभनाथ तीर्थंकराय नमः स्वाहा।

ॐ ह्रीं श्रीं अर्हं त्वन्नाम नागदमनी शक्ति सम्पन्नाय क्लीं बीजाक्षर सहिताय श्री वृषभनाथ तीर्थंकराय नमः स्वाहा।

ॐ ह्रीं श्रीं अर्हं संग्राममध्ये क्षेमंकराय क्लीं बीजाक्षर सहिताय श्री वृषभनाथ तीर्थंकराय नमः स्वाहा।

ॐ ह्रीं श्रीं अर्हं वनगजादि भय निवारणाय क्लीं बीजाक्षर सहिताय श्री वृषभनाथ तीर्थंकराय नमः स्वाहा।

ॐ ह्रीं श्रीं अर्हं संसाराब्धितारणाय क्लीं बीजाक्षर सहिताय श्री वृषभनाथ तीर्थंकराय नमः स्वाहा।

ॐ ह्रीं श्रीं अर्हं दाहताप जलोदर अष्टदश कुष्ट सन्निपातादि रोगहराय क्लीं बीजाक्षर सहिताय श्रीवृषभनाथ तीर्थंकराय नमः स्वाहा।

ॐ ह्रीं श्रीं अर्हं नानाविध कठिन बन्धन दूर करणाय क्लीं बीजाक्षर हिताय श्री वृषभनाथ तीर्थंकराय नमः स्वाहा।

ॐ ह्रीं श्रीं अर्हं बहुविधविघ्न विनाशाय क्लीं बीजाक्षर सहिताय श्री वृषभनाथ तीर्थंकराय नमः स्वाहा।

ॐ ह्रीं श्रीं अर्हं सकलकार्य साधन समर्थाय क्लीं बीजाक्षर सहिताय श्री वृषभनाथ तीर्थंकराय नमः स्वाहा।

इन मन्त्रों की आहुतियाँ देकर पुण्याहवाचन का जल बालक के ऊपर सिञ्चन करें।

शान्तिपाठ, विसर्जन करें एवं दान दें।

शनिग्रह साढ़ेसाती, अढैया दोष निवारण

शनिग्रह साढ़ेसाती

जन्म-राशि व जन्म-राशि से दूसरे एवं बारहवें स्थान में स्थित शनि को साढ़ेसाती कहते हैं। शनि एक राशि पर ढाई वर्ष रहता है। इस प्रकार तीन राशियों के भ्रमण-काल में साढ़े-सात वर्ष पूरे होते हैं।

अढैया शनि–जन्म-राशि से चतुर्थ व अष्टम राशि में स्थित शनि अढैया शनि कहलाता है। शनिग्रह की इस अवस्था में आने पर उस व्यक्ति पर अशुभ प्रभाव पड़ता है। शनिग्रहादि किसी के शुभाशुभ के कर्ता-हर्ता नहीं हैं। ये मात्र अशुभोदय के सूचक है, जिससे हम सचेत हो सकते हैं।

ग्रहों की पूजा करने से किसी भी प्रकार के कार्य सिद्धि की संभावना ही नहीं है। अपितु वह जैनागम बाह्य क्रिया है। मिथ्यात्व का पोषण है। ये सुख-दुःख देने, न देने में साधक नहीं हैं। अपितु संसार वर्धक ही हैं, अतः हमें ग्रहों की पूजा नहीं करना चाहिए। तीर्थंकर अरहंत भगवान की पूजा करने से सभी दुःख स्वमेव दूर हो जाते हैं।

शनिग्रहादि दोष शान्ति संस्कार की सावधानियाँ–

1. शनिग्रहादि दोष शान्ति-संस्कार करने वाला मानसिक विकृत न हो।
2. ग्रहादि किसी को दुःख नहीं देते अतः इनकी पूजा उपासना आदि न करें।
3. शनिग्रहादि दोष शान्ति-संस्कार में मिथ्यात्व का पोषण न करें।
4. शनिग्रहादि दोष शान्ति-संस्कार में कुदेवों की आराधना न करें।
5. शनिग्रहादि दोष शान्ति-संस्कार गृहस्थाचार्य के निर्देशन में करें।
6. शनिग्रहादि दोष शान्ति-संस्कार में उतारे का महत्त्व नहीं है।
7. शनिग्रहादि दोष शान्ति के लिए मात्र वीतरागी देव, शास्त्र, गुरु की ही आराधना करें।

शनिग्रहादि दोष शान्ति संस्कार की सामग्री–

थाली 2, कलश 2, चम्मच 2, कटोरी 2, प्लेट 1, ठोना 1, आरती 1, धूपदान

1, घी, केशर, जल, चावल, चटक गोला, धूप, बादाम, लौंग, रुई, माचिस, चौका, चौकी, आसन चटाई, मन्त्र लिखा हुआ, विनायक या सिद्धयन्त्र, सिंहासन, छत्र, दीपक छोटे-बड़े ,कलावा, यज्ञोपवीत (जनेऊ) मंगल कलश (श्रीफल, पीला कपड़ा, हल्दीगाँठ, सुपाड़ी, पीलीसरसों, रजतस्वस्तिक, पञ्चरत्न, चाँदी का सिक्का सहित) कुंड, रंगोली आदि।

शनिग्रह, साढ़ेसाती, अढैया दोष निवारण विधि–

मंगलाचरण, जलशुद्धि, अमृतस्नान, पात्रशुद्धि, नवतिलक, भूमिशुद्धि, रक्षासूत्रबन्धन, दिग्बन्धन, रक्षामन्त्र, शान्तिमन्त्राराधन, जिनाभिषेक, शान्तिधारा, मंगलकलश स्थापन, दीपक स्थापन, दैनिक पूजन, शान्तिमन्त्र का जाप, शान्तिविधान एवं हवन करें।

प्रतिदिन अभिषेक, शान्तिधारा, एवं पूजा करें।

ॐ ह्रीं क्रौं ह्रः श्रीं शनिग्रहारिष्ट निवारक श्री मुनिसुव्रत जिनेन्द्राय नमः सर्व शान्तिं कुरु-कुरु स्वाहा।

प्रतिदिन पूजन के उपरान्त भगवान के सामने बैठकर इस मन्त्र का जाप करें। मुनिराजों को चतुर्विध दान दें। मिथ्यात्व से बचें।

हवन के बाद निन लिखित मन्त्रों की आहुतियाँ दें।

ॐ ह्रीं अर्हं क्लीं क्रौं चतुःषष्ठि ऋद्धि विभूषित मुनीन्द्रेभ्यो नमः स्वाहा।
ॐ ह्रीं अर्हं क्लीं क्रौं केवलज्ञान ऋद्धियुत् मुनीन्द्रेभ्यो नमः स्वाहा।
ॐ ह्रीं अर्हं क्लीं क्रौं मनःपर्ययज्ञान ऋद्धियुत् मुनीन्द्रेभ्यो नमः स्वाहा।
ॐ ह्रीं अर्हं क्लीं क्रौं अवधिज्ञान ऋद्धियुत् मुनीन्द्रेभ्यो नमः स्वाहा।
ॐ ह्रीं अर्हं क्लीं क्रौं कोष्ठबुद्धि ऋद्धियुत् मुनीन्द्रेभ्यो नमः स्वाहा।
ॐ ह्रीं अर्हं क्लीं क्रौं बीजबुद्धि ऋद्धियुत् मुनीन्द्रेभ्यो नमः स्वाहा।
ॐ ह्रीं अर्हं क्लीं क्रौं पदानुसारि ऋद्धियुत् मुनीन्द्रेभ्यो नमः स्वाहा।
ॐ ह्रीं अर्हं क्लीं क्रौं संभिन्नश्रोतृ ऋद्धियुत् मुनीन्द्रेभ्यो नमः स्वाहा।
ॐ ह्रीं अर्हं क्लीं क्रौं दूरस्पर्श ऋद्धियुत् मुनीन्द्रेभ्यो नमः स्वाहा।
ॐ ह्रीं अर्हं क्लीं क्रौं दूरास्वादन ऋद्धियुत् मुनीन्द्रेभ्यो नमः स्वाहा।
ॐ ह्रीं अर्हं क्लीं क्रौं दूरघ्राण ऋद्धियुत् मुनीन्द्रेभ्यो नमः स्वाहा।
ॐ ह्रीं अर्हं क्लीं क्रौं दूरदर्श ऋद्धियुत् मुनीन्द्रेभ्यो नमः स्वाहा।
ॐ ह्रीं अर्हं क्लीं क्रौं दूरश्रवण ऋद्धियुत् मुनीन्द्रेभ्यो नमः स्वाहा।
ॐ ह्रीं अर्हं क्लीं क्रौं दशपूर्व ऋद्धियुत् मुनीन्द्रेभ्यो नमः स्वाहा।
ॐ ह्रीं अर्हं क्लीं क्रौं चौदहपूर्व ऋद्धियुत् मुनीन्द्रेभ्यो नमः स्वाहा।
ॐ ह्रीं अर्हं क्लीं क्रौं अष्टांगमहानिमित्त ऋद्धियुत् मुनीन्द्रेभ्यो नमः स्वाहा।

ॐ ह्रीं अर्हं क्लीं क्रौं प्रज्ञाश्रमण ऋद्धियुत् मुनीन्द्रेभ्यो नमः स्वाहा।
ॐ ह्रीं अर्हं क्लीं क्रौं प्रत्येकबुद्धि ऋद्धियुत् मुनीन्द्रेभ्यो नमः स्वाहा।
ॐ ह्रीं अर्हं क्लीं क्रौं वादित्व ऋद्धियुत् मुनीन्द्रेभ्यो नमः स्वाहा।
ॐ ह्रीं अर्हं क्लीं क्रौं अणिमा ऋद्धियुत् मुनीन्द्रेभ्यो नमः स्वाहा।
ॐ ह्रीं अर्हं क्लीं क्रौं महिमा ऋद्धियुत् मुनीन्द्रेभ्यो नमः स्वाहा।
ॐ ह्रीं अर्हं क्लीं क्रौं लघिमा ऋद्धियुत् मुनीन्द्रेभ्यो नमः स्वाहा।
ॐ ह्रीं अर्हं क्लीं क्रौं गरिमा ऋद्धियुत् मुनीन्द्रेभ्यो नमः स्वाहा।
ॐ ह्रीं अर्हं क्लीं क्रौं प्राप्तिविक्रिया ऋद्धियुत् मुनीन्द्रेभ्यो नमः स्वाहा।
ॐ ह्रीं अर्हं क्लीं क्रौं प्राकाम्य ऋद्धियुत् मुनीन्द्रेभ्यो नमः स्वाहा।
ॐ ह्रीं अर्हं क्लीं क्रौं ईशत्व ऋद्धियुत् मुनीन्द्रेभ्यो नमः स्वाहा।
ॐ ह्रीं अर्हं क्लीं क्रौं वशित्व ऋद्धियुत् मुनीन्द्रेभ्यो नमः स्वाहा।
ॐ ह्रीं अर्हं क्लीं क्रौं अप्रतिघात ऋद्धियुत् मुनीन्द्रेभ्यो नमः स्वाहा।
ॐ ह्रीं अर्हं क्लीं क्रौं अन्तर्ध्यान ऋद्धियुत् मुनीन्द्रेभ्यो नमः स्वाहा।
ॐ ह्रीं अर्हं क्लीं क्रौं कामरूप ऋद्धियुत् मुनीन्द्रेभ्यो नमः स्वाहा।
ॐ ह्रीं अर्हं क्लीं क्रौं नभचारण ऋद्धियुत् मुनीन्द्रेभ्यो नमः स्वाहा।
ॐ ह्रीं अर्हं क्लीं क्रौं जलचारण ऋद्धियुत् मुनीन्द्रेभ्यो नमः स्वाहा।
ॐ ह्रीं अर्हं क्लीं क्रौं जंघाचारण ऋद्धियुत् मुनीन्द्रेभ्यो नमः स्वाहा।
ॐ ह्रीं अर्हं क्लीं क्रौं पुष्पचारण ऋद्धियुत् मुनीन्द्रेभ्यो नमः स्वाहा।
ॐ ह्रीं अर्हं क्लीं क्रौं अग्निचारण ऋद्धियुत् मुनीन्द्रेभ्यो नमः स्वाहा।
ॐ ह्रीं अर्हं क्लीं क्रौं फलचारण ऋद्धियुत् मुनीन्द्रेभ्यो नमः स्वाहा।
ॐ ह्रीं अर्हं क्लीं क्रौं तंतूचारण ऋद्धियुत् मुनीन्द्रेभ्यो नमः स्वाहा।
ॐ ह्रीं अर्हं क्लीं क्रौं श्रेणीचारण ऋद्धियुत् मनीन्द्रेभ्यो नमः स्वाहा।
ॐ ह्रीं अर्हं क्लीं क्रौं बीजांकुरचारण ऋद्धियुत् मुनीन्द्रेभ्यो नमः स्वाहा।
ॐ ह्रीं अर्हं क्लीं क्रौं उग्रतप ऋद्धियुत् मुनीन्द्रेभ्यो नमः स्वाहा।
ॐ ह्रीं अर्हं क्लीं क्रौं दीप्तितप ऋद्धियुत् मुनीन्द्रेभ्यो नमः स्वाहा।
ॐ ह्रीं अर्हं क्लीं क्रौं महातप ऋद्धियुत् मुनीन्द्रेभ्यो नमः स्वाहा।
ॐ ह्रीं अर्हं क्लीं क्रौं घोरतप ऋद्धियुत् मुनीन्द्रेभ्यो नमः स्वाहा।
ॐ ह्रीं अर्हं क्लीं क्रौं तप्ततप ऋद्धियुत् मुनीन्द्रेभ्यो नमः स्वाहा।
ॐ ह्रीं अर्हं क्लीं क्रौं घोरपराक्रम ऋद्धियुत् मुनीन्द्रेभ्यो नमः स्वाहा।
ॐ ह्रीं अर्हं क्लीं क्रौं अघोरब्रह्मचर्य ऋद्धियुत् मुनीन्द्रेभ्यो नमः स्वाहा।
ॐ ह्रीं अर्हं क्लीं क्रौं मनबल ऋद्धियुत् मुनीन्द्रेभ्यो नमः स्वाहा।
ॐ ह्रीं अर्हं क्लीं क्रौं वचनबल ऋद्धियुत् मुनीन्द्रेभ्यो नमः स्वाहा।
ॐ ह्रीं अर्हं क्लीं क्रौं कायबल ऋद्धियुत् मुनीन्द्रेभ्यो नमः स्वाहा।

ॐ ह्रीं अर्हं क्लीं क्रौं आमर्शौषधि ऋद्धियुत् मुनीन्द्रेभ्यो नमः स्वाहा।
ॐ ह्रीं अर्हं क्लीं क्रौं क्ष्वेलौषधि ऋद्धियुत् मुनीन्द्रेभ्यो नमः स्वाहा।
ॐ ह्रीं अर्हं क्लीं क्रौं जल्लौषधि ऋद्धियुत् मुनीन्द्रेभ्यो नमः स्वाहा।
ॐ ह्रीं अर्हं क्लीं क्रौं मल्लौषधि ऋद्धियुत् मुनीन्द्रेभ्यो नमः स्वाहा।
ॐ ह्रीं अर्हं क्लीं क्रौं विप्रौषधि ऋद्धियुत् मुनीन्द्रेभ्यो नमः स्वाहा।
ॐ ह्रीं अर्हं क्लीं क्रौं सर्वौषधि ऋद्धियुत् मुनीन्द्रेभ्यो नमः स्वाहा।
ॐ ह्रीं अर्हं क्लीं क्रौं मुखनिर्विष ऋद्धियुत् मुनीन्द्रेभ्यो नमः स्वाहा।
ॐ ह्रीं अर्हं क्लीं क्रौं दृष्टिनिर्विष ऋद्धियुत् मुनीन्द्रेभ्यो नमः स्वाहा।
ॐ ह्रीं अर्हं क्लीं क्रौं आशीर्विष ऋद्धियुत् मुनीन्द्रेभ्यो नमः स्वाहा।
ॐ ह्रीं अर्हं क्लीं क्रौं दृष्टिर्विष ऋद्धियुत् मुनीन्द्रेभ्यो नमः स्वाहा।
ॐ ह्रीं अर्हं क्लीं क्रौं क्षीरस्रावी ऋद्धियुत् मुनीन्द्रेभ्यो नमः स्वाहा।
ॐ ह्रीं अर्हं क्लीं क्रौं मधुरस्रावी ऋद्धियुत् मुनीन्द्रेभ्यो नमः स्वाहा।
ॐ ह्रीं अर्हं क्लीं क्रौं अमृतस्रावी ऋद्धियुत् मुनीन्द्रेभ्यो नमः स्वाहा।
ॐ ह्रीं अर्हं क्लीं क्रौं सर्पिस्रावी ऋद्धियुत् मुनीन्द्रेभ्यो नमः स्वाहा।
ॐ ह्रीं अर्हं क्लीं क्रौं अक्षीणमहालय ऋद्धियुत् मुनीन्द्रेभ्यो नमः स्वाहा।
ॐ ह्रीं अर्हं क्लीं क्रौं अक्षीणमहानस ऋद्धियुत् मुनीन्द्रेभ्यो नमः स्वाहा।

पुण्याहवाचन कर शान्ति-पाठ एवं विसर्जन करें।

सन्दर्भ ग्रन्थ सूची

1. आदिपुराण-आचार्य जिनसेन
2. षोडश-संस्कार-पं. लालाराम शास्त्री, सन् 1924
3. गृहस्थाचार-गणिनी आर्यिका श्री सुपार्श्वमति माताजी
4. संस्कार-मंजूषा-आर्यिका श्री विज्ञानमति माताजी
5. श्रावक-संस्कार निर्देशिका-आर्यिका श्री चन्दनामति माताजी
6. प्रतिष्ठा पराग-प्रतिष्ठाचार्य पं. गुलाबचन्द्र जैन पुष्प
7. जैन संस्कार-विधि-प्रतिष्ठाचार्य पं. नाथूलाल जैन शास्त्री
8. जैन विवाह-विधि-पं. सनत कुमार विनोद कुमार जैन
9. अन्तिम-संस्कार-पं. सनत कुमार विनोद कुमार जैन
10. ज्येतिष-विज्ञान -पं. सनत कुमार विनोद कुमार जैन
11. जैन गर्भ-संस्कार-डॉ. विक्रम शहा
12. भक्ता मर-विधान-आचार्य सोमसेन जी
13. कल्याण मन्दिर-विधान-श्री देवेन्द्रकीर्ति जी
14. चौसठ ऋद्धि- विधान-कवि स्वरूपचन्द्र जी
15. नवग्रह-विधान
16. णमोकर पैंतीसी-विधान
17. वास्तु-शुद्धि विधान-आर्यिका स्वस्तिभूषण माता जी
18. सूतक-पातक समाधान-मुनि श्री भावसागर जी

❑❑❑

णाणं पयासयं

भारतीय ज्ञानपीठ